外语教材研究与开发译丛

TESOL 教学材料开发
Materials Development for TESOL

弗蕾达·米山（Freda Mishan）
伊沃尔·蒂米斯（Ivor Timmis）著
朱叶秋 译

上海外语教育出版社
SHANGHAI FOREIGN LANGUAGE EDUCATION PRESS

图书在版编目(CIP)数据

TESOL教学材料开发/(爱尔兰)弗蕾达·米山(Freda Mishan),(英)伊沃尔·蒂米斯(Ivor Timmis)著;朱叶秋译. -- 上海:上海外语教育出版社,2025.(外语教材研究与开发译丛). -- ISBN 978-7-5446-8378-4

Ⅰ.H319.39

中国国家版本馆CIP数据核字第2025S8A253号

© Freda Mishan & Ivor Timmis
This Chinese translation edition is published by arrangement with Edinburgh University Press Ltd.
Licensed for sale in the People's Republic of China.
本书中文翻译版由爱丁堡大学出版社授权上海外语教育出版社有限公司出版。
仅供在中华人民共和国境内销售。

图字:09-2019-713号

出版发行:**上海外语教育出版社**
　　　　　(上海外国语大学内) 邮编:200083
电　　话:021-65425300(总机)
电子邮箱:bookinfo@sflep.com.cn
网　　址:http://www.sflep.com
责任编辑:梁晓莉

印　　刷:上海新艺印刷有限公司

开　　本:635×965　1/16　印张18　字数249千字
版　　次:2025年6月第1版　2025年6月第1次印刷

书　　号:ISBN 978-7-5446-8378-4
定　　价:75.00元

本版图书如有印装质量问题,可向本社调换
质量服务热线:4008-213-463

译丛前言

教材是教学内容的载体,也是开展教学的工具,因而教材的研发直接关系到人才培养的成效,关系到国家和民族的未来。新中国成立之后,党和国家高度重视教材工作,组织编写了各类统编教材,覆盖义务教育、职业教育、高等教育等各个层面。党的十八大以来,以习近平同志为核心的党中央明确提出教材建设是国家事权,成立了国家教材委员会,组织首届全国教材建设奖评选,教材的研究和开发迎来新的发展契机。

外语教材有两个值得重视的特点。第一是使用面广。在基础教育阶段,按照国家课程教学要求,各地从小学阶段开始就陆续开设英语课程;在职业教育和高等教育阶段,如中职、高职、本科以及研究生教育阶段,外语也都是必修基础课。第二是外语教材同样承担着传承知识和文化的使命。外语教材中的选文既有语言的要求,也有内容的要求,它和语文、历史等科目的教材一样,一方面传授学科知识,另一方面也在文化价值的传承和塑造中起到不可忽视的作用。

尽管外语教材如此重要,我们在外语教材编写的理论研究和实践探索方面离新时代要求还有比较大的差距,一些基础性的、重大的问题还没有很好解决。比如,外语教材和语文教材有哪些异同?语言教育如何结合价值教育?数字教材和智慧教学的边界在哪里?

要解决好这些问题,需从两个方向用力。首先,要改变教材研究和开发的业余性质,培养一支专门的队伍。从我国外语教材编写的历史看,一般是从事外语教学的教师,在有教材编写的需求时,根据课程教学要求,组织编写所需的外语教材。研究方面也是如此。可喜的是,近几年来,随着党和国家对教材工作的重视,各院校、研究机构都将教材编写、选用和研究列入工作目标,成立学校教材委员会及研究机构,设立教材建设和考核目标。教材开发和研究成果的数量、质量都有明显的提升。

  其次,要借鉴国外外语教材编写的成果。国外英语作为外语的教材开发(materials development)有着特定的历史,如英国的英语教育教材主要面向国外外语学习者,为巩固和提升英语在国际化发展中的地位服务,而美国的英语教材主要面向外来移民,主要目的是让移民快速融入本国的社会生活。因此在开发教材的过程中,教材编写作者或机构除了善于融合使用先进的教学方法和科学技术之外,也都非常注重将特定的文化和理念等融入课程内容中,并在推广英语语言和文化的同时,逐渐累积并总结出一套较为完整的教材研发理论和实践体系。

  作为外语教育出版者,我们长期关注并梳理国外教材的出版以及相关研究成果,希望能够筛选一批精品译介到国内,一方面可以作为外语教材开发的参考,另一方面也可为汉语国际教育提供借鉴。"外语教材研究与开发译丛"就是我们从搜集到的约20种教材研发专著中精选出的6种,全部译成汉语出版,希望语言教材和其他学科教材的编写者和研究者都能从中受益,更期待能繁荣并助力具有中国特色的外语教材研究与开发事业。

上海外语教育出版社

孙 玉

2023年8月

目 录

致谢 ··· vii
缩略词 ··· ix

1 前言 ·· 1
   1.1 为什么我们需要关于教学材料开发的书？ ······················· 1
   1.2 什么是教学材料？ ··· 2
   1.3 我们需要教学材料做什么？ ······························· 4
   1.4 本书的目的 ··· 9
   1.5 本书结构 ·· 9

2 有原则的教学材料开发 ······································· 11
   2.1 引言 ··· 11
   2.2 情感和认知挑战在语言学习材料中的重要性 ··················· 12
   2.3 语言学习材料的输入和输出 ····································· 22
   2.4 觉知提升与语言学习材料 ·· 28
   2.5 延伸阅读一 ··· 33
   2.6 延伸阅读二 ··· 36
   2.7 结论 ··· 38
   2.8 补充阅读 ··· 39

3 教学材料、方法和语境 ……………………………………… 41
   3.1 引言 …………………………………………………………… 41
   3.2 英语教学和英语全球多样化 ………………………………… 43
   3.3 教学法和英语教学材料 ……………………………………… 51
   3.4 英语教材 ……………………………………………………… 55
   3.5 延伸阅读一 …………………………………………………… 63
   3.6 延伸阅读二 …………………………………………………… 66
   3.7 结论 …………………………………………………………… 68
   3.8 补充阅读 ……………………………………………………… 69

4 教学材料评估和调整 ……………………………………………… 71
   4.1 引言 …………………………………………………………… 71
   4.2 有原则的评估的必要性 ……………………………………… 72
   4.3 评估的性质 …………………………………………………… 73
   4.4 教学材料调整 ………………………………………………… 86
   4.5 延伸阅读一 …………………………………………………… 91
   4.6 延伸阅读二 …………………………………………………… 93
   4.7 结论 …………………………………………………………… 94
   4.8 补充阅读 ……………………………………………………… 95

5 为技术环境重新概念化教学材料 ………………………………… 96
   5.1 引言 …………………………………………………………… 96
   5.2 语境：技术常态化 …………………………………………… 98
   5.3 为技术环境重新概念化教学材料：作为产品的教学材料和
       作为过程的教学材料 ………………………………………… 101
   5.4 使用技术的教学材料模板 …………………………………… 115
   5.5 延伸阅读一 …………………………………………………… 116

5.6　延伸阅读二 ································· 121
　　5.7　结论 ····································· 123
　　5.8　补充阅读 ································· 123

6　培养阅读和听力技能的教学材料 ···················· 126
　　6.1　引言 ····································· 126
　　6.2　培养阅读技能的教学材料 ··················· 127
　　6.3　培养听力技能的教学材料 ··················· 139
　　6.4　延伸阅读一 ································· 146
　　6.5　延伸阅读二 ································· 149
　　6.6　结论 ····································· 151
　　6.7　补充阅读 ································· 152

7　培养口语和写作技能的教学材料 ···················· 154
　　7.1　引言 ····································· 154
　　7.2　培养口语技能的教学材料 ··················· 154
　　7.3　培养写作技能的教学材料 ··················· 165
　　7.4　延伸阅读一 ································· 175
　　7.5　延伸阅读二 ································· 177
　　7.6　结论 ····································· 178
　　7.7　补充阅读 ································· 179

8　词汇和语法教学材料 ····························· 181
　　8.1　引言 ····································· 181
　　8.2　词汇教学材料 ····························· 181
　　8.3　语法教学材料 ····························· 196
　　8.4　延伸阅读一 ································· 204

  8.5 延伸阅读二 …… 206
  8.6 结论 …… 207
  8.7 补充阅读 …… 209

9 教学材料设计：从过程到结果 …… 211
  9.1 引言 …… 211
  9.2 制作顺序 …… 212
  9.3 实际制作顺序 …… 223
  9.4 创作过程 …… 227
  9.5 延伸阅读一 …… 231
  9.6 延伸阅读二 …… 233
  9.7 结论 …… 235
  9.8 延伸阅读 …… 236

10 结论 …… 238

参考文献 …… 243

致　谢

本书作者及出版社特此向以下版权材料来源致以谢意，感谢允许本书使用版权材料：

第3章：图3.1摘自 *New Headway Intermediate Student's Book* (p. 14), Soars, L. and Soars, J. (2009), Oxford University Press。

第6章：图6.1摘自 *New English File: Upper-Intermediate — Student's Book* (p. 15), Oxenden, C. and Latham-Koenig, C. (2008), Oxford University Press。

第6章：图6.4摘自 Dellar/Walkely. *Innovations Advanced*. 1E. © 2007 Heinle/ELT, a part of Cengage Learning, Inc.经许可后使用。

本书作者感谢以下各方的付出和支持：

Ivor Timmis感谢Heather Buchanan、Felicity Parsisson、Philip Prowse、Sarah Skelton和Jane Templeton对章节草稿提出的意见。

Freda Mishan感谢利莫瑞克大学艺术、人文和社会科学学院以及语言文学、文化和传播学院给了学术假，让她撰写本书。衷心感谢对外英语教学/语言学部门的同事们在此期间给予的耐心和支持。在个人方面，Freda非常感谢Kevin和Reuben的宽容和支持，并将本书献给她已故的父亲Ezra，"我仍然活在他的学术光环之下。"

缩略词

缩略词	英文全称	中文译名
BANA	Britain, Australasia and North America	英国、澳大拉西亚和北美
BNC	British National Corpus	英国国家语料库
CALL	computer-assisted language learning	计算机辅助语言学习
CEFR	Common European Framework of Reference	欧洲语言共同参考框架
CL	corpus linguistics	语料库语言学
CLIL	content and language integrated learning	课语整合式学习
CLT	communicative language teaching	交际教学法
CMC	computer-mediated communication	计算机中介交流
CoBuild	Collins Birmingham University International Language Database	柯林斯伯明翰大学国际语言数据库
COCA	Corpus of Contemporary American English	美国当代英语语料库
C-R	consciousness-raising	意识提升
DDL	data-driven learning	数据驱动学习
EAP	English for academic purposes	学术英语
EFL	English as a foreign language	英语作为外语
EIL	English as an international language	英语作为国际语言
ELF	English as a lingua franca	英语作为通用语
ELT	English language teaching	英语教学
ER	extensive reading	泛读
ESL	English as a second language	英语作为第二语言
ESOL	English for speakers of other languages	其他语言使用者英语
ESP	English for specific purposes	专门用途英语
EUROCALL	European Association for Computer-Assisted Language Learning	欧洲计算机辅助语言学习协会
FFI	form-focused instruction	形式聚焦教学

续　表

缩略词	英文全称	中文译名
HLT	humanistic language teaching	人本主义语言教学
IATEFL	International Association of Teachers of English as a Foreign Language	国际英语教师协会
ICT	information and communications technologies	信息与通信技术
IELTS	International English Language Testing System	雅思（国际英语语言测试系统）
IWB	interactive whiteboard	交互式电子白板
L1	first language	一语
L2	second language	二语
MALL	mobile-assisted language learning	移动辅助语言学习
MICASE	Michigan Corpus of Academic Spoken English	密歇根大学学术口语语料库
NES	native English speaker	英语本族语者
NLP	neuro-linguistic programming	神经语言程序学
NNES	non-native English speaker	非英语本族语者
NNEST	non-native English-speaking teacher	非英语本族语教师
OLPC	One Laptop per Child	每个孩子一台笔记本电脑
PPP	present, practise, produce	讲授、练习、产出
RP	Received Pronunciation	英式标准发音
SACODEYL	System Aided Compilation and Open Distribution of European Youth Language	系统辅助编译和开放发布的欧洲青少年语言语料库
SLA	second language acquisition	二语习得
SNS	social networking site	社交网站
TBLT	task-based language teaching	任务型语言教学
TESOL	teaching English to speakers of other languages	对母语为非英语人士的英语教学
TL	target language	目标语
TLC	target language culture	目标语文化
TPR	total physical response	全身反应法
USPs	unique selling points	独特卖点
VLE	virtual learning environment	虚拟学习环境

1 前 言

1.1 为什么我们需要关于教学材料开发的书?

我们要问的第一个问题是,"为什么我们需要一本关于教学材料开发的学术书籍,即使它是以实践为导向的?"毕竟,教学材料开发本质上是一种实践活动,而不是理论活动,况且这一实践领域的专业知识并不匮乏。多年来,得益于出版社的支持,专业的教材编写者编写了大量的英语教学材料,包括针对特定技能、语境或目的的专门教学材料。这些丰富的材料为希望自己制作教学材料以补充现有教学材料的教师提供了模式或模板。表面上看,这似乎已经满足了教学材料开发领域的需要。然而,经过认真审视,我们认为,这种既定做法产生的影响是一把双刃剑:虽然这可以确保有大量的教学材料可供使用,并且新的教学材料不断涌现,但也会造成以现有教学材料作为开发新教学材料的唯一参照点的情况。换言之,可能会使大家趋于按以前的范例克隆新的教学材料,以适应市场的预期需求。出版发行的教学材料通常是"中介"教学材料开发的结果,在这个过程中,出版社和教育部门等利益相关方可能会对所开发的教学材料施以强大的影响;这与"无中介教学材料"的开发形成鲜明对比,"无中介教学材料"开发没有中介的介入,教学材料编写者可以直接参与确定语言学习原则(Timmis 2014)。Tomlinson(2001: 66)将教学材料开发视为一个专门领域,并给出如下定义:"教学材料开发既是一个研究领域,也是一项实践工作。教学材料开发作为研究领域,研究的是语言教材设计、实施及评估的原则和过程"。

同样，McGrath（2002: 217）认为，"教学材料代表了原则转化为实践的第一阶段。"我们也认同应当强调原则：本书所探讨的就是有原则的教学材料开发。有原则的教学材料开发指的是，开发教学材料时，不仅考虑当前已有的实践做法，还会超越实践层面，参考第二语言习得和语言教学理论中的首要原则。本书的作者之一 Ivor Timmis 回忆了他第一次进行有原则的教学材料开发的经历：

> 我第一次接触有原则的教学材料开发，是我的博士生导师建议我在论文中写一个与教学材料相关的单元。我的第一反应是这很"无趣"，第二个反应是这很"简单"，但我错了。事实证明，写作过程远比我预想的有趣，也更具挑战性。

本书关于教学材料设计的内容旨在帮助读者批判性地评估当前教学材料设计的做法，思考如何有原则地针对特定技能、特定语言方面以及特定语境设计教学材料，并就可用资源的种类和教学材料制作过程提供一些实际指导。开篇中，我们问了一个简单的问题："为什么我们需要一本关于教学材料开发的书？"这里，我们来思考另外两个看似简单、其实不然的问题：

- 什么是教学材料？
- 我们需要教学材料做什么？

1.2 什么是教学材料？

针对这个问题，Tomlinson（2011a: 2）给出了一个有趣的答案，他这样定义教学材料：

> ［教学材料是］教师和学生可以用来促进语言学习的任何东

西。显然,教学材料可以是视频、视频光盘、电子邮件、油管(YouTube)视频、词典、语法书、读物、练习册或影印练习,也可以是报纸、食品包装、照片、母语人士的特邀现场演讲、老师的指导、写在卡片上的任务或学习者之间的讨论。

这个定义颇为发人深省,从中我们可以有诸多发现。首先,它将我们引向了电子媒介(视频、视频光盘、电子邮件和油管视频)。应当承认,电子媒介的性质不断变化,将会不断拓展教学材料的定义范围(见第五章)。其次,它指向了纸质教学材料(词典、语法书、读物、练习册或影印练习)这一更传统的领域。第三,该定义考虑到了实物教具(报纸、食品包装和照片)。前三类都是人工制品或成品,但第四类,除了"写在卡片上的任务"以外,其他教学材料都涉及过程(母语人士的特邀现场演讲、老师的指导以及学习者之间的讨论),大多数教师可能不会把这一类归入教学材料(但这也是我们在第五章将讨论的一个类别)。无论你赞同与否,Tomlinson(2011a)的定义的价值在于,它引发了关于教学材料构成的讨论,并鼓励我们寻找非传统的教学材料。Tomlinson(2011a)指出,教学材料是教师和学生使用的,用来促进语言学习的任何东西。我们还可以更进一步认为教学材料的界定性征是教学材料设计者在设计教学材料时将教学目的也纳入其中。在此基础上,我们可以对资源和教学材料加以区分。例如,油管视频在没有被赋予教学目的之前,只是一种资源。这里所指的教学目的可以是简单的问题,也可以是复杂的扩展性项目或任务。同样,学习者话语未经处理,就只是一种资源。要将其从资源转化成教学材料,可以让学习者录下并转写他们自己的说话;也可以听一下学习者的说话,标注出比较好的语言用法,或者引导学习者纠正一两个有意思的错误。学习者话语是资源未得到充分利用的一个实例。如果他们说的话就这么消失在空气中,又怎么能被当作教学材料?但是从中我们也可以看到积极的一面,资源是无限的,都有转化为教学材料的潜力,使这一潜力受限的正是我们的教学想象力。

1.3　我们需要教学材料做什么？

语言教学需要教学材料，我们常常觉得这是理所当然的事。但开发教学材料时，要做到目标明确，我们就要问一个基本问题："我们需要教学材料做什么？"要回答这个问题，可以从Thornbury（2000b）的一篇文章说起。文章中，Thornbury认为，事实上，我们不需要教学材料，或者至少不需要到像目前使用教学材料的这种程度。Thornbury（2000b）的无材料或轻材料教学法的灵感源自电影制作领域的道格玛学派（the Dogme school），他们最早使用最少的技术"花招"制作电影。Thornbury（2000b: 2）希望将此方法应用到英语教学中：

> 我认为是时候把道格玛式的原则应用到课堂上了。虽然英语作为外语（English as a foreign language）似乎跟好莱坞没有什么共同之处，但毫无疑问，英语作为外语的教学从未有过如此丰富的资源。除了大量的（我不太愿意使用"多样化"这个词）印刷教材，还有视频、光盘、可复印的资源包、活页式单词表，甚至还有网站，更不用说标准练习册、教师用书以及用于课堂和家庭学习的磁带，这么多互补的教学材料，让人无法取舍。还有大量可用的补充教学材料，以及可以从互联网上轻松下载的，或者更传统的靠非法复印得来的真实语料。还有畅销的自学语法书、个人词汇列表、动词短语词典、索引软件包——不一而足。但是故事在哪里？在这诸多的教学材料中，学生的内心世界在哪里？真正的交流在哪里？它们常常被淹没于大量的复印件、视觉辅助教具、幻灯片、MTV片段和古氏积木之中，故事情节早已丢失在某处。

Thornbury将道格玛原则应用于英语教学课堂，他认为课堂上最重要的资源是学生和老师(2000b)。他抱怨老师们太痴迷于语法和教学材料驱动的课程,实际上教学材料已经成为学生和老师之间的障碍,埋葬了学生的"内心生活"。对Thornbury来说,老师和学生之间的谈话质量才是至关重要的(有意思的是,这一理念背离了职前培训课程的口号:减少老师说话的时间)。"教学——就像说话一样——应该关注教室里的人所关心的当地的、相关的问题,而不是课本人物的遥远世界,也不是语法结构的虚拟世界"(Thornbury 2000b: 2)。

Thornbury(2000b)拒绝使用常规的教学材料,拒绝教学材料的常规用法,并称之为"纯洁誓言",还呼吁我们也与他一起发愿。需要记住的是,在某种程度上,Thornbury可能是在故意唱反调,但是他的观点的确突显了教学材料的两个潜在问题:教学材料可能会主导课程,而不是支持课程;老师可能是在教教学材料,而不是在教学生。

Thornbury(2000b)对教学材料相当不屑一顾,这自然引起了其他同行的反应。Gill(2000: 18-19)写了一篇有趣的回应,他反对一味排斥教学材料,特别是如果没有经验的老师这样做:

> 我……认为,如果你真有机会使用、评估了Scott(即Thornbury)所担心的那些资源以后,然后决定不使用它们,那么在课堂上采取"纯洁"政策就会容易得多。不使用教学材料应当是基于经验的明智选择。我有20年的教学经验,现在,根据我的专业判断,如果我认为某种情况不适合使用教学材料,我很乐意不带任何教学材料,就这么走进教室。但对经验不足的教师来说,他们还在寻求形成自己的风格,不断尝试和试错的试验过程无疑是学习如何成为好老师的一个关键因素。(Gill 2000: 19)

Gill(2000)认为在拒绝资源之前需要先使用和评估资源,这一观点指出了Thornbury(2000b)的道格玛方法中的一个讽刺之处:老师们内化了教材出版物中的流程、常规安排和全部内容以后,在课堂上通常能更好地即兴发挥。Gill(2000)还指出了一个关键点,即方法要与语境匹配起来。他从自己的经验出发，根据资源的可利用性、学习者的期望和学校的政策等因素，提出了使用或多或少教学材料的不同情况。这里，值得一提的是McGrath（2006，引自McGrath 2013: 152）在一项研究中的观察，研究中他要求学习者用比喻的方式描述教材，考察他们对教材的看法：

> 从学习者对教材的正面形象描述可以清楚地看出，他们尊重教材……并且重视书中的内容以及它们所能带来的好处。在某些情况下，教材甚至被拟人化了（例如，"我的母亲""我的朋友"，不过也有诸如"魔鬼""职业杀手"之类的负面词语）。

这里还要补充一点，Thornbury建议要关注学习者的"内心生活"，这似乎在很大程度上是西方的教育观念（Gadd 1998）。

在本前言里，我们强调了有原则的教学材料开发的必要性，Gill（2000: 19）也提出了类似观点，即需要以有原则的方式使用教学材料：

> 我相信，我们使用的所有工具，从最简陋的粉笔到最强大的多媒体中心，如果以有原则的方式使用，都具有潜在的价值。我的职责是，向学员们介绍尽可能广泛的工具，指导他们制定自己的原则来评估和使用（或不使用）这些工具。

Gill（2000）强调要有原则地使用教学材料，这与我们之前关于有原则的教学材料开发的讨论相呼应。事实上，可以说，如果老师对如何进行教师话语已经有了教学计划，那么Thornbury（2000a, 2000b）所说的教师话语本身就是教学材料。Gill（2000）对使用教学材料的必要性进行了有趣的辩解，但他并没有详细解释我们为什么需要教学材料，只是说学习者普遍期待有教学材料，老师们也发现教学材料很有用。我们仍然需要更深入地了解我们需要教学材料的原因。2011年在曼谷举办的教材开发短期课上，一些在东南亚工作的

英国文化协会教师被问起:"你想用教学材料做什么?"以下是他们给出的部分答案(答案的分类原因请见下文):

我们希望教学材料能够:
a. 引起学习者的兴趣
b. 有足够的挑战性
c. 让学生感到他们上的课有合理的规划
d. 对学生和老师都给以支持和指导,并提供结构和进度上的安排(即使是非显性的)
e. 提供与课文相关的各种经验
f. 是介绍和(或)强化词汇或语法的资源
g. 教给学习者真正需要的新技能和新策略
h. 提供其他文化的相关知识
i. 成为激励学生接触语言、使用语言的助力"跳板"
j. 激发对非语言问题的兴趣
k. 引导学习者更有自主性
l. 有一定的灵活性,可供其他教师使用,或供教师进行个性化调整
m. 为教师提供合理的教学原则

我们认为这些答案囊括了教学材料的五个关键性目的:

1. 教学材料**满足心理需要**(a, b, c, d)。首先,通过课文、主题、任务和视觉资料,教学材料可以给学习者提供动力,而这种动力仅靠教师是难以维系的。其次,在有一整套课程教材的情况下,它们至少给学习者和教师一种进展有序的感觉,同时,这也的确满足他们认为学习需要教学材料的期待。尽管大量证据表明,语言上的进步是不稳定、不系统的,但相信自己正在取得稳定的和系统性的进步本身很重要。
2. 教学材料**提供与语言接触**的机会(e)。教师本身当然是学习者接

触目标语言的重要来源，但精心选择的听力和阅读文本，以及视觉媒介可以给学习者提供广泛的接触范围——不同的口笔语体裁和风格、不同的口音等，而这是教师本身无法提供的。

3. 教学材料**是信息的载体**(f, g, h)。教学材料可以提供语法和词汇方面的信息，以及目标语文化和其他文化方面的信息，这些信息可能比教师本人的信息更加准确和全面。教学材料还可以训练学习者的不同技能和策略。

4. 教学材料**可以激发其他活动的开展**(i, j, k, l)。教学材料（例如文本或任务）可以引发学习者的口头或书面回应，可以是对文本的即时反应，也可以是拓展性的讨论、辩论或项目。教学材料也可以具有更广泛的教育价值，引导学习者了解超越自身经验的主题，同时促进其更独立自主地学习。此外，教学材料还可以激发教师思考如何最优化地利用它们。

5. 教学材料**可以进行教师教育**(m)。教学材料，特别是那些有配套教师用书的教材，可以为教师提供良好的实践模式，尤其是如果教师用书为这种教学方法提供了明确的依据。

如上所述，教学材料可以有多种目的，使用方式也因语境不同而不同，具体取决于课程目标、教师的经验和信心，机构的要求以及学习者的期望等因素。Richards (2001: 251, 引自 McGrath 2013: ix) 强调了教学材料在语言教学中的重要性：

> 教学材料是大多数语言课程的关键组成部分。无论教师使用的是教科书、机构准备的材料，还是自己的材料，教学材料通常是学习者获得大部分语言输入和课堂上进行语言练习的基础。对于缺乏经验的教师而言，教学材料也可以作为教师培训的基础。

1.4 本书的目的

前言的开篇，我们提出了"为什么需要关于教学材料开发的书"这一问题，现在，我们以"为什么需要这本教学材料开发的书"这一问题作为前言的结尾。Tomlinson（2011b）认为，在过去的二三十年间，教学材料开发日益被视为一个研究领域，而不仅仅被当作一项实际工作。越来越多的TESOL教学课程中开设了教学材料开发这一模块（事实上，这可能是本书会摆在你面前的原因），也出现了许多教学材料评估和/或教学材料开发方面的出版物（如Harwood 2010, 2014; McGrath 2002, 2013; Mishan & Chambers 2010, Tomlinson 2011b, 2013a）。但这本书是教学材料开发的一门教程。本书旨在全面涵盖教学材料开发的主要理论和实践问题，而不是关注于专业性的问题。读完本书，我们希望你能够以有原则的、有效的方式评估、调整和开发教学材料，我们也希望此次的阅读之旅能让你乐在其中。

1.5 本书结构

本书是关于教学材料开发的教程，共分八个核心章节（第2—9章），涵盖了上文提到的这一领域中的所有基本方面。上文呼吁要进行"有原则的教学材料开发"，本书的第一个核心章节（第2章）讨论了这方面的内容。这一章基于我们对二语习得的现有知识，力图确立教学材料开发的核心原则。在第3章中，我们关注了教学材料-文化界面，考察英语语言全球多样化对教材的影响，以及英语教学出版业与其所服务的文化语境多样性之间的关系，英语教学出版也是下一章的特色内容。鉴于教材教学在TESOL英语教学领域中的重要地位，我们在第4章论证为了系统评估教学材料，制定有依据的标准是教学材料开发中不可或缺的组成部分。在第5章中，我们转向技术层面，探究如何拓展语言学习材料的传统概念，将数字环境也包括其中。第6章和第7章侧重于传统意义上的"四种技能"的教学材料：**第6章**介绍了阅读和听力技能教学材料的开发，**第7章**介绍了口语和写作技能教学材料的开发。**第8章**介绍了词汇和语法教学材料的开发，并指出语料库语言学研究在将语料库确立为这类教学材料重要资源方面所产生的影响。本书以教学材料制作的一章（**第9章**）为结束章节。众所周知，教学材料的制作过程一向令人难以捉摸，第9章探究了这一过程，并介绍了多种教学材料和框架。

各核心章节的结构如下：

- 引言
- 三个输入部分（请注意：第6章、第7章和第8章仅包含两个输入部分，因为这三章分别涵盖两种技能）
    - 每个输入部分包括三项任务，供课堂使用及课外自学。这些任务各不相同，包括：
        - 评估语言学习材料和/或与其开发相关的原则
        - 在教学语境中，尝试与其相关的各种概念和教学材料
        - 小型研究或教学材料开发项目
- 两个延伸阅读部分
    - 每部分包括：
        - 一篇研究性文章或章节的摘要，附有文章中的小段内容
        - 两项任务：
            - 在教学语境中尝试不同的概念
            - 小型研究项目
- 结论
- 补充阅读（附指导性的评论）

2 有原则的教学材料开发

2.1 引言

教学材料开发本身没有特定的"理论",这是因为,正如我们将在本章中论证和说明的那样,教学材料开发直接借鉴,或者我们认为应当直接借鉴我们对学习者如何习得第二语言的认知:"每次老师对内容或方法做出教学上的决定时,他们实际上对学习者如何学习已经做出了假设"(Ellis 1994: 4)。二语习得研究的领域广泛而多样,涌现出大量的理论。Long在1993年的综述中概述了40—60种理论,并且这一数字在此后数年还有所增长。二语习得理论多种多样,同时,人们对二语习得的研究发现是否"足够可靠,可以应用于语言教学法"(Ellis 2010: 34),或者确切地说,对如何应用这些研究结果,一直犹豫不定,这就意味着二语习得研究对教学方法的影响比预期的要慢,对教学材料开发的影响则更慢(同上)。但是,我们同意Tomlinson的主张,是到了鼓起勇气,采取行动的时候。"这不应该阻止我们把确定知道的二语和外语学习知识应用到开发旨在促进这一进程的教学材料中去"(Tomlinson 2011a: 7,强调部分为原文所标)。

为了将研究发现和理论应用于教学材料开发,我们采用的方法是搜寻影响语言学习的众多因素,从中分离出那些与学习材料有明显对应关系的因素。这些因素包括"情感领域"(与情绪有关)和"认知领域"(与理性有关)中的学习者内在因素,当然也包括外部因素,即语言输入本身("教学材料")、教师和学习环境。基于对这些因素的讨论,我们提取出一套适用的"基于二语习得的教学材料开发原则",进而形成有原则的语言学习材料开发的基准。当然,原则不应被误解为规则,而应与特定学习语境相关的变量结合起来,这些变量包括:社会文化问题、课程限制、教学材料开发者的信念、偏好的教学风格等。

最后,需要指出的是,编写本章时,我们采用"回归到二语习得基础"的方法,我们认为教学法,如交际教学法(communicative language teaching, CLT)、任务型语言教学(task-based language teaching, TBLT)等,并不能为教学材料开发原则提供有效的信息,这是因为这些教学法本身是对与二语习得观念相关的教学"解释"(参见Spiro 2013)。更重要的是,它们孕育自不同的文化,并受所处文化中的语言教学惯例的影响(关于这一点,详见第3章)。本章并没有全面综述二语习得研究,读者可以参考该领域的综合性著作,如Rod Ellis(如1997;2008)以及Ritchie和Bhatia(2009)的著作。

2.2 情感和认知挑战在语言学习材料中的重要性

动　机

本节将探讨学习成功的最强预测因素——动机:"一个人如果接触到第二语言的语料,只要有动机,就必然会学习这种语言"(Pit Corder 1974: 22,强调部分为笔者标记)。本节中,我们还将思考如何设计语言学习材料,激发动机的各个方面。

动机是一个多层面的概念,涵盖情感和认知两个维度。动机研究领域的主要人物之一Dörnyei把它描述为"由努力、意志和态度构成的'引擎'"(1998: 122)。尽管——或许说是因为——动机是二语习得领域中"调查"最"深入"的变量之一(Dewaele 2009: 634),但它仍然是"整个社会科学中最难以捉摸的概念之一"(Dörnyei 2001: 2)。人们普遍认为,动机"激励人类行为,并为其指明方向,从而决定了人类行为"(Dörnyei 1998: 117)。虽然关于动机是如何做到这一点的,存在"种种令人迷惑的理论立场"(Ellis 2004: 538),但这一点却被人们对动机的普遍看法掩盖了。

我们将冲破复杂的理论争论,提出在我们看来与语言学习材料的设计相关的核心概念。第一个概念涉及动机"驱动"的概念化。值得注意的是,这些概念的演变反映出心理学领域日益强大的影响力。二语习得的动机理论中最早的,也许是最著名的区别之一是综合性动机和工具性动机。前者由"对语言群体所代表的人和文化的真挚的个人兴趣"(Lambert 1974: 98)所驱动,与工具性动机形成鲜明对比。语言学习在工具性动机中被认为是"达到目的的一种手段",是为了得到更好的工作或有更好的教育前景等,甚至只是为了取悦父母或家人。这两个术语(从20世纪80年代中期开始)后来被内在动机和外在动机所代替。内在动机指"为了体验快乐和满足感(如做特定的活动或满足好奇心而得到的快乐)而进行的行为"(Dörnyei 1998: 121)。外在动机,与工具性动机一样,由某种外部奖励驱动。动机的"两极"泾渭分明,后来通过Deci和Ryan的"自我决定"这一概念(参见,例如,1985)得以调和。据此,动机首先被视为一种自我推动的行为。最近的研究中,二语学习的动机已经延伸到心理学领域,与发展二语"身份"这一概念的联系更为紧密(相关延伸阅读,参见Dörnyei 2009),而这一概念又与语言学习中的社会语言学方面联系在一起(参见,例如Coupland 2001)。Dörnyei的理论与横跨二语习得和心理学两个领域的另一个概念相通,即可渗透的"语言自我"(Guiora, Beit-Halllahmi, Brannon, Dull & Scovel 1972):用通俗的话来说,就是报道中经常提到的,说另一种语言时有变成了"另一个人"的感觉。

我们要探究的第二个方向是动机的情感领域。尽管如上所述,动机涉及情感和认知这两个领域的各个方面,但从文献可以看出,动机很容易受到情感因素的影响,也很容易受到语言教学材料直接影响或刺激的因素的影响。

这些因素包括上文中已经讨论过的因素,以及我们认为在这方面特别容易受到影响的其他因素。这些因素将在下文中具体讨论:

- 内在兴趣
- （语言）自信和自尊
- 焦虑（见下文关于"情感过滤"的讨论）
- 活动的内在价值，即"值得"（worthiness）

在教学语境中，表现出兴趣通常被认为是动机的"外在表现"，因此，对教学材料开发者和教师来说，"内在兴趣"这个概念尤为重要。实际上，"热情、注意力、行动和享受［被认为］是动机的指称对象和组成部分"（Peacock 1997: 145-6），这些词也可以用来定义动机："本研究中，'动机'被定义为对课堂教学材料的兴趣和热情"（同上：145）。动机对学习者而言是内在的，虽然我们无法最终控制动机，但是我们可以设法提供可能激发内在兴趣的教学材料。

如果动机可以等同于内在兴趣，那么它无疑也可以等同于享受（Gardner 1995）和参与这两个概念："如果学生能够有效地参与到学习任务中，并且能够持续参与其中，那么老师就会认为他/她有学习动机"（Crookes & Schmidt 1991: 480）。从某种意义说，参与学习任务既是表现，也是原因：参与不仅是动机的一个指标，也是语言习得的一个重要因素，"我们知道参与对长期学习至关重要"（Tomlinson 2003a: 234）。

当然，参与既是认知领域的一个方面，也是情感领域的一个方面——"学习者……需要在情感和认知上都参与到语言体验中。"（Tomlinson 2011a: 7）参与也是我们在考虑语言输入时将进一步探讨的问题。

情 感

这一节中，我们强调情感因素在语言习得中的重要性，并请大家思考情感因素对语言学习材料的影响。"情感"这一概念是指"影响行为的情绪、感觉、心情或态度的不同方面"（Arnold & Brown 1999: 1）。如今，在语言学习以及健康和普通教育等其他领域中，人们都高度重视情感，承认情感、身体和认知之间的相互关系。在这种情况下，情感是指包括从积极到消极在内的影响学习的各种感觉。积极的情绪因素包括快乐、幸福、自信、自尊和共情；消极的因素包括压力和焦虑，以及恐惧、愤怒和抑郁，不幸的是，这些消极因素在教育环境中十分常见（Arnold & Brown 1999）。

值得注意的是，在讨论情感对语言学习影响的文献中，对消极情感的关注占了主导地位（正如 Arnold & Brown 1999, Shauahan 1997 所言）。在所有的情感因素中，焦虑是一个消极因素，它"很可能是学习进程中无处不在的阻碍因素"（Arnold & Brown 1999: 8）。Ellis（2008）指出，正因如此，对焦虑的研究也最为广泛。这表明，就其可能造成的情感"障碍"而言，语言学习语境本身（通常被认为）是一个内在的消极环境（例如，参见 Arnold & Brown 1999）。事实上，Krashen（如 1982）将情感对语言学习的影响概念化为对学习的一种情感"过滤"，积极情绪会减弱情感过滤，而消极情感则增强情感过滤，进而"阻碍"学习。Krashen 断言，"令人生畏的决心和挣扎不是语言发展过程中的一部分"（Krashen 2009: 184）。虽然部分二语习得的学术著作多少忽略了情感过滤这一概念（Ellis 2008 和 Ritchie & Bhatia 2009，在他们的二语习得综合书卷中，几乎没有提及这一理论），但对专业人士来说，这一概念通常具有很强的吸引力，是一种方便的"速记表述方式"，承认了情感反应在学习中的重要性。

情感不仅会影响语言学习，对其更是至关重要。Tomlinson 写道："如果学习者在接触使用中的语言时，没有任何情绪感受，他们就不太可能从中习得任何东西"（Tomlinson 2010: 89）。他强调，这适用于一系列情绪，甚至对教学材料开发者和教师通常回避的情绪而言（虽然这一点是有争议的），都是如此："大笑、喜悦、兴奋、悲伤和愤怒都可能促进学习"（Tomlinson, 2003b: 18）。

也有人以情感投入的名义指出，引发愤怒和悲伤等"消极"因素有一定风险："在存在焦虑、恐惧、压力、愤怒或抑郁等过度消极的情绪时，我们最佳的学习潜力可能会受到损害"（请见下框；Arnold & Brown 1999: 2）。不过，用那首著名的歌曲来形容就是，有感觉总比没有感觉好:"淡然、麻木和虚无不能[促进学习]"(Tomlinson 2003b: 18)。

> 英语教学资源书《禁忌与问题》(*Taboos and Issues*, MacAndrew & Martinez 2002)中包括的单元有:
> 酷刑、卖淫、枪支犯罪、艾滋病、安乐死、抑郁症

当然,教师和教学材料编写者在处理挑衅性或禁忌性话题时,需要根据学习者的年龄、背景、情感成熟程度等来决定是否要在情感因素的问题上冒险。

关键是要认识到,通过制作那些利用情感的教学材料可以获得多大的收益。事实上,激发积极的情感是20世纪70年代和80年代出现的所谓"人本主义"语言教学方法的精神实质。例如,暗示教学法(suggestopedy)利用音乐来诱导出一种有利于语言习得的放松状态(Lozanov 1978)。人本主义语言教学与Moskowitz(如1978)和Rinvolucri(如2002)等专业人士密切相关,将语言学习置于个人发展和自我意识的整体背景之中。神经语言程序学(Bandler & Grinder 1979)运用多元智能原理(见Gardner 1983和其他文献)和全脑学习原理(如Ellison 2001),通过想象力、创造力和身体活动刺激不同的感官,最大限度地发挥学习潜力。

在实践中,这些教学法往往不是孤立地使用,而是与其他方法结合在一起。但只要它们是根据特定的语言教学情境,精心挑选并适当应用的,就可以带来愉悦、放松和享受的学习体验,从而提高学习效果(见1998年Gadd的文章"Towards less humanistic English teaching")。

上文中提到与第二语言习得关键因素——动机——相互作用的各种情感因素,自尊、自信和共情即在其中。我们将简要考察语言学习材料在培养这些因素方面所发挥的作用。

自尊即"一种基于效能感的价值自我判断,一种与环境有效互动的感觉"(Oxford 1999: 62),会受到语言学习情境的影响,因为这些情境会"使学习者失去正常交流方式……以及他们像正常人那样

表现的能力"(同上)。如果将这一点与语言自信(相信自己有能力学习第二语言)联系起来,并注意语言自信是如何从与目标语的频繁接触中产生的(Ellis 2008: 684,报告了Clement在1986年的一项研究),我们就可以得出熟悉度的特点。

熟悉度也会影响另一个重要的情感因素——共情。在语言学习语境中,我们可以将共情理解为对目标语及其文化的认同或"倾向"。因此,它包含了学习者对目标语和目标语文化的态度。鉴于此,熟悉度(相对于"陌生的")是选择和设计语言学习材料时要考虑的一个重要因素(这是第3章"教学材料、方法和语境"中的一个问题)。

还有一个影响动机的情感因素就是"活动的内在价值"(Williams & Burden 1997,引自Dörnyei 1998: 126),也可以称之为(或被感知到)"值得"。这可以说是表面效度的一个方面(简单来说,指是否做了声称要做的事),因为它是学习者对教学材料或任务是否产生兴趣以及在情感或认知努力方面的投入是否得到回报的评估。因此,教学材料开发人员在开发教学材料时,考虑是否"值得"似乎至关重要,因为如果不值得,学习者就有可能在表面上执行任务,他们的唯一动机(本质上是外在动机)只是完成任务。此外,从过去15年间的三篇教材综述——2001年(Tomlinson, Dat, Masuhara & Rubdy)、2008年(Masuhara, Hann, Yi & Tomlinson)和2013年(Tomlinson & Masuhara)——来看,这一方面在某些已出版的教学材料中有些被忽视了。

认 知 挑 战

"教学材料应该通过鼓励智力、审美和情感方面的投入,最大限度发挥学习潜力"(Tomlinson 2011a: 21,强调部分为笔者标记)。

我们由情感领域转向认知领域,并不意味着认知是情感的对立面。相反,正如Arnold和Brown(1999: 1)强调的那样,前者是后者的必要补充,提醒我们"全脑"学习这一将"理性的"左脑与"情感的"右脑"相结合"的概念,对语言学习和一般学习产生了相当大的影响(例如,上文提到的人本主义语言教学运动)。

认知卷入(cognitive involvement)对学习很重要,至少从保持长期记忆方面来看是如此,其根源在于心理学领域。Lockhart和Craik (1990: 109)在综述关于加工水平对记忆影响的研究时总结道:"现在人们普遍认为,记忆表现与原始体验背后的加工过程有直接、强烈的联系"。语言习得和教学材料开发的研究也随之意识到认知卷入的重要性,那些"对加工能力有分析性、创造性、评价性……要求"的教学材料"可以使学习更加深入和持久"(Tomlinson 2011a: 21)。认知卷入通过激活"有意识和无意识的探究(inquiry)认知过程,帮助……发现和吸收语言行为的模式和规则",最大限度发挥学习潜力(Kumaravadivelu 1996: 243)。这类教学材料的基本特点是它们对智力的要求比较高。简单来说就是,"比起没有意义的信息,有意义的教学材料能让学习者学得更快,记得更好"(Ghosn 2013: 64)。

如果我们看一下已出版的教学材料,就会发现它们在智力挑战水平方面往往有所欠缺。Tomlinson等人(2001)调查了成人英语课程的八本教材,发现只有四本有足够的挑战性。之后,Masuhara等人在2008年的一篇评论里指出,就"需要学生进行智力和/或情感投入的成人教学内容及任务"(2008: 309)方面来看,有挑战性的教材数量一直在下降(在审阅的八本里只有三本)。撰写本书时,最新的综述研究发现已减少到(六本教材里)只有一本(Tomlinson & Masuhara 2013)(评估具体标准和过程参见Tomlinson et al. 2001, Masuhara et al. 2008, Tomlinson & Masuhara 2013)。在为语言水平较低的学生准备的教材中,这可能是一个问题:"尽管学生的语言水平有限,但有些主题和话题对成年学生有一定吸引力,他们也需要有应对这些主题和话题时所带来的挑战和刺激"(Lazar 1994: 116)。但这并不意味着要排斥少儿语言学习者,孩子们仍处在认知的发展阶段,挑战对他们来说更为重要。这就要求教师在教他们目标语的同时,也要满足他们的发展需求(Hughes, 2013)。

因此,我们要考虑的是,如何通过在学习材料中调动认知域来创造挑战。认知域指我们对心智技能的运用以及我们处理知识的方式。Bloom分类法一直是教育领域认知技能的默认参考分类,最初于1956年提出(Bloom, Engelhart, Furst, Hill & Krathwohl 1956),此后定期修订(Anderson & Krathwohl 2001年的修订版见图2.1)。Bloom分类法从我们如何处理知识的角度阐明了认知投入(cognitive engagement)的连续梯度,简化图示参见图2.2。

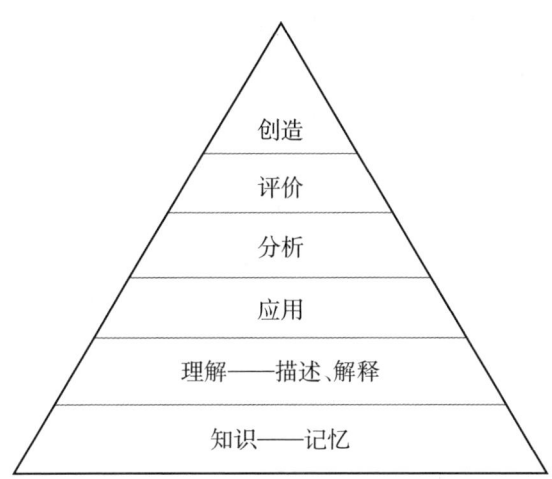

图2.1　Anderson与Krathwohl(2001)修订的Bloom分类法

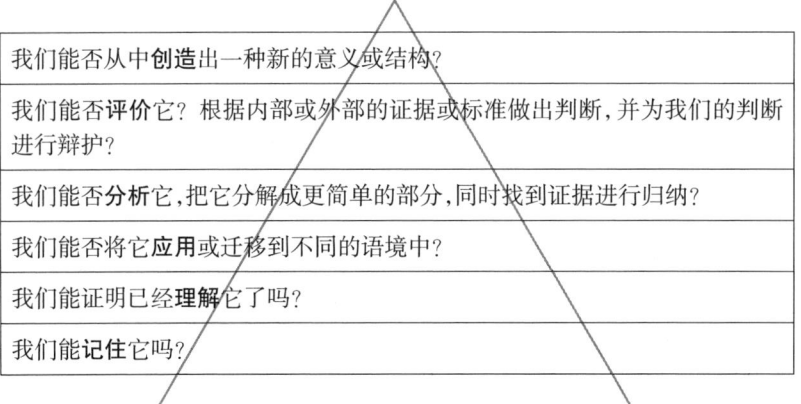

图2.2　我们如何处理知识,基于Anderson和Krathwohl(2001)修订的Bloom分类法

很明显，只有让语言材料在Bloom分类法的较高层次上发挥作用，并尽量减少较低层次上的作用，才能真正激发认知投入："学习者在认知上投入到他们被赋予使用的文本和任务中是……非常重要的"(Tomlinson 2013a: 12)（我们要强调的是，这些"任务"包括以语言为中心的活动，见第8章）。Tomlinson继续指出："他们需要使用推理、联系、预测和评价等更高层次的思维技能"（同上）[1]。那么，我们可以从较高层次的思维技能中提取出什么（就像Tomlinson所做的那样），用于教学材料设计呢？文献中一直都从学习活动[2]角度来解读Bloom分类法。根据2001年的版本（由Anderson和Krathwohl修订），我们给出了一些学习活动示例，可以用来激发图2.3（此图的另一个版本为第6章的图6.3，与听力和阅读材料相关）中的一系列认知过程（从技能金字塔的顶点"向下"展开）。

第2.4节中将会扩展认知卷入的概念，将"注意"（noticing）这一概念包括其中。同时，我们将了解"挑战"是如何成为在语言习得研究中与"输入"（语言学习的重要部分）相关的一个重要概念。

任务2.1

"动机对学习者而言是内在的，虽然我们无法最终控制动机，但是我们可以设法提供可能激发内在兴趣的教学材料。"

- 列出对你的教学或学习语境来说，可能有"内在兴趣"的教学材料/话题。
- 有没有什么教学材料/主题在本质上是"有趣"的？
- "兴趣"是由什么决定的？

任务2.2

- 回顾"情感因素"一节以及你自己的语言学习和（或）教学经验，对教学材料设计有什么启示吗？

以这些启示为标准，评价某一语言学习材料（可以是你自己的材料，也可以是一本教材）。

认知技能水平	过程	提示性词语	活动示例
创造	基于给定的信息，重构、扩展、建立、计划、假设、生成新的模式/结构	create, compose, predict, design, devise, formulate, imagine, hypothesise	基于输入内容，设计或进行角色扮演、广告、游戏或迷宫活动；编写输入内容的续集或者前传，转换体裁/媒介，例如，将书面输入转换为听觉/图形输出，或将报纸文章转换为对话、诗歌或博客
评价	根据对标准的评价，做出判断并进行论证，或为做出的判断和论证进行辩护；与自己的价值观/观点联系起来；批判/评论	judge, debate, justify, critique, review, argue	编写特定情况或语境下的一套行为规范，例如，校规、特定文化中的待客之道；进行辩论；写一篇评论文章或述评
分析	将信息分成各个组成部分，确定各部分之间的相互关系，以及与整体结构之间的关系；推理（并区分事实和推理）；区分；组织；解构	compare, contrast, categorise, deconstruct	进行一个小型研究项目（设计一个调查，收集和分析数据）
应用	进行抽象化并重新应用于不同的情况；选择和/或连接信息/想法；实施、改变	illustrate, interpret, transfer, infer, change, complete	将输入内容改为不同的体裁或媒介，例如，将报纸文章改写为对话，或者描写一张照片
理解	确定书面/语音/图形交流的含义，即解释信息	explain, paraphrase, summarise, exemplify, categorise, predict	（以书面、口头或图形的形式）复述或概括输入的内容
记忆	回忆数据或信息	tell, list, draw, locate, recite	制作一个列表、时间表或者事实图表；事实性问题的答案列表

图2.3 认知过程和TESOL教学活动示例，改编自Anderson和Krathwohl（2001）修订的Bloom分类法和网络资源

任务 2.3

下面我们简要地了解一下"心流"这一心理学概念（Csikszentmihalyi 1997 和其他文献）。阅读引文和简要提纲，思考"心流"和语言学习材料之间的关系，最后进行"辩论"活动。

心流体验被描述为"我们的感受、我们的愿望和我们的想法和谐一致的……瞬间……运动员称之为'进入状态'（in the zone）"（Csikszentmihalyi 1997: 29）。它与学习的相关性来自于 Csikszentmihalyi 对心流体验的描述："当一个人面对一组明确的目标，需要做适当的反应时，心流往往就会出现"（同上）；"当一个人的技能完全投入到应对一个基本可控的挑战时，心流往往就会出现"（同上：30）（这为二语习得中的"可理解输入"这一概念提供了一个心理学维度，"可理解输入"指高于学习者当前水平，但又可以应对的输入——后文将对此进行讨论）。

Csikszentmihalyi 将心流体验描述为"学习磁石"（同上）。

- 分成两组，选择立场，并就下面的论题进行辩论：

> 心流是参与的极致状态，教学材料开发人员在编写教学材料时应该追求这种状态。

2.3 语言学习材料的输入和输出

输 入

"一个人如果接触到第二语言的语料，只要有动机，就必然会学习这种语言"（Pit Corder 1974: 22，强调部分为笔者标记）。Pit Corder 的这句话在前文引用过，它指出了第二语言学习的两个基本要求：动机（我们在前文讨论过）和语言输入。输入无疑是语言学习的重要组成部分，而输入带来的挑战的多少和挑战的大小是二语习得领域中的研究课题，相关研究持续不断且成果丰硕，对教学材料开发有直接影响。

在此，我们由 Stephen Krashen 的成果说起。与他的情感过滤假说一样，多年前，Krashen 的输入假说（Krashen 1985 及其他文献）激发了许多教师在教学上的想象力。这一假说认为语言习得所需要的正是"可理解的"输入（比学习者当前水平高一点的输入），Krashen 将其设定为"i+1"，同时配以适当的情感条件（"低情感过滤"）。像情感过滤一样，"i+1"这一公式同样令人难忘，对教师和教学材料开发人员相当具有吸引力，兼具常识性和实用性。然而，应当注意的是，可理解输入假说经常受到该领域其他研究者的质疑（例如，Greg 1984, Grigg 1986）。

就这一概念对教学材料开发的影响而言，争论的主要焦点在于是否应把可理解性与习得性相提并论。例如，Gilmore 参考 Leow（1993）的观点指出，理解输入和习得语言之间不存在"因果关系"（Gilmore 2007: 110）。如果提高可理解性不一定有助于语言习得，那么把它作为教学材料设计的主要关注点的做法必然会受到质疑。

当然，使教学材料"易于理解"的主要策略是"简化"。这是一个复杂的问题，也是语言学习材料开发的核心问题。让我们来研究一下这种做法，看看它对语言习得的影响。

任务 2.4

列出你熟悉的、已出版的或是你自己开发的教学材料中，明显"修改"或"简化"过的地方，修改可能涉及（并请添加到以下这个清单中）：

- 缩短句子
- 用常用词替换不常用的词

拟定清单时，请思考"修改"和"简化"对作为语言输入的文本有什么影响。

任务 2.5

比较两份摘录：《卫报在线》(*The Guardian newspaper online*)

上的原文和教材 New English File（中高级、学生用书）(Oxenden & Latham-Koenig 2008b）中的简化版材料，看一看后者使用了哪些简化策略。请推测简化的依据是什么，并思考其对语言习得可能产生的影响。

其中一位作者（Mishan 2005）的早期著作就"简化还是不简化"问题，讨论了如何处理语言学习材料和教材中的真实输入语料，并参考大量的二语习得研究，证明了不简化更为合理。例如，Mishan 引用了Yano、Long 和Ross（1994）、Leow（1993）以及Long 和Larsen-Freeman（1991）的开创性研究，证明语言简化不一定能提高可理解性或者促进吸收（intake，吸收指学习者注意到，并因此可以习得的那部分输入）。他们的结论中最重要的部分是简化：

- 实际上可能会妨碍理解（Blau 1982，该文章报告了关于测试学习者短句和复杂句理解的研究）
- "对摄入没有促进作用"（Leow 1993: 333）

我们参考了后续研究以及研究综述（见下文），怀着复杂的心情，重申这一立场。但同时也要指出的是，尽管存在各种反证，"商业出版的教学材料仍然把语言简化作为主要的修改策略"（Gor & Long 2009: 446）。Gor 和Long（2009）以及Yano 等人（1994）认为简化会使输入变得贫乏，降低其习得潜力，许多研究者都持此观点。Gor 和Long 引用他人的研究指出，首先，简化的教学材料，如教科书中的对话和其他的教学材料，虽然对学习者来说更易于理解，但是"往往构成了生硬的、零碎的、不自然的、在心理语言上不恰当的目标语样本"（2009: 447）。Crossley、Louwerse、McCarthy 和McNamara 的研究证实，简化后的"非典型的""短小、不连贯的"句子（2007: 27），实际上会使句法复杂化，表达方式不自然，并会妨碍理解（同上）。更重要的是，在教学设置中——我们应当注意到这也适用于学术英语（English for academic purposes, EAP）以及课语整合式学习（content and language integrated learning, CLIL）的语境——Gor 和 Long 指出"在教师演讲、书面文本、家庭作业等中的语言简化……往往会淡化课程内容（2009: 447）。

因此，可理解性的代价是"二语样本流失了大量的学习者要进步就必须接触的内容"（Gor & Long 2009: 447），而且，还"流失"了语义内容。正如 Gor 和 Long 强调的那样，只有有效接触到以前未知的形式（同上，强调部分为原文所标），才有可能习得语言。这并不是说语言学习中不能有任何简化，而是说，简化一般最好用于语言实践活动，而不是应用于语言输入中。这里，也要指出"简化"文本（包括上述"简化"过程）和"简单"文本之间的区别。例如，对于少儿学习者，教师自然会使用"更简单"的书籍、分级读物等，其设计既适合相应发展，也适合不同水平的学生。

许多关于简化的研究同时考察了能够促进理解和习得的变化，并把关于互动假说的互动研究（Long 1996 及其他文献）作为研究的出发点（请见 2.4 节）。互动假说（自 1983 年首次出现以来，已经经历了多次发展变化）以"意义协商"过程为基础，在这个过程中，学习者共同合作，最终达到相互理解。意义协商时，他们使用的策略以及接收到的输入都有助于促进语言习得。

在此将互动研究作为出发点似乎意义非同一般。找出学习者"意义协商"达成相互理解的方式，不仅从二语习得研究的角度来看是有价值的，同时还检验了交际语言教学（communicative language teaching, CLT）实践中的二语习得基础。在另一个层面上，这也为教学材料编写者提供了创作对话的模式，这些对话既符合日常实际，又适于学习掌握，更广泛地说，它还提供了修改文本的方法，使文本易于习得。

互动中与教学材料开发特别相关的一个方面是互动者所做的修改（例如，参见 Long & Larsen-Freeman 1991，以及 Yano et al. 1994）。总的来说，研究表明，说话者倾向于使用精心设计过的语言变化，而不是上文中讨论的那些简化策略。

这些语言变化包括：

- 增加冗余：使用完整的名词短语，而不用代词或回指指示词，例如 "*your phone's on the desk*" 而不是 "*it's there*"
- 释意："*he's out*" 改成 "*he's not here*"
- 插入连词，阐明从句之间的概念关系：*next*、*therefore*、*however*
- 主题显著性：例如，"*did you like the film?*" 改为 "*the film – did you like it?*"
- 确认语义及请求说明："*do you mean …?*"

可以看出，与许多文本简化的做法相反，这些精心设计的语言变化实际上往往扩展了输入内容或者使输入变长。你可以将以上所列的内容与任务2.4中做出的清单内容进行比较。

下面，我们以学习者在信息差活动中的"意义协商"为例，说明什么是精心设计的语言变化。这个活动要求学习者描述一个房间。

任务2.6

- 上文提到，精心设计的变化有不同类型。请在以下摘录的对话中标出变化类型的实例。
- 这对设计学习材料，特别是创作对话有什么意义？

    111 Donna: Do you have a cobweb next to the clock on the wall?

    112 Mika: Yes. A cobweb?

    113 Donna: A spider makes a cobweb.

    114 Mika: Spider!

    115 Donna: Spider web. A Spider's web.

    116 Mika: Web aa

    117 Donna: You have that?

    118 Mika: yes

    119 Donna: er you know a cobweb or spider web.

    120 Mika: (??) the spider's the making spider made it.

    121 Donna: Right, it's called a web.

    122 Mika: um … what can I say? Under the clock. Pee coo clock?

123 Donna: Cuckoo clock?

124 Mika: Cuckoo clock, um ... There's two drawerr ...

125 Donna: Oh. Umhum I think it's a filing cabinet.

126 Mika: Cabinet. There's cabinet with two draw ...

127 Donna: drawers

(Nakahama, Tyler & van Lier 2001: 398-9)

输入和教学材料：一些值得思考的问题

关于"可理解输入"，最后，我们想提出一个可能有争议的观点，即"可理解性"现在是一个被高估和过时的概念。至少在西方，如今的"数字原生代"学习者（该术语来自 Prensky 2001；见第5章）出生在一个技术已经高度常态化的社会，不担心会"不理解"。网页、社交网络平台和数字界面充斥着对我们许多人来说毫无意义的术语（缓存、馈送、集线器等），我们认为这些是信息里附带的内容，干脆忽略不理（就像我们处理搜索词产生的大量"点击结果"时所做的那样），只是在"需要知道"时，才会了解它们。根据"可迁移技能"的论点，即在语言学习中磨炼出来的技能和策略可以扩展应用为"生活技能"，反过来肯定也是适用的。因此，如今我们专注于实现可理解性，也许是过于谨慎了，因为学习者拥有处理这一问题所需的所有技能，尤其是"忽略"不熟悉的术语这一能力（见 Mishan 2010a）。我们建议，现在是否应该考虑将 Krashen 的"$i+1$"修改为 $i+2$、$i+3$、$i+4$ 了？

输入不仅提供语言，而且释放语言（Tomalin 2000）

鉴于我们可以从各种媒介中获得大量可用的输入资源——从油管视频到报纸，从杂志到脸书（Facebook），换个角度看传统的教学实践，对教学材料设计来说，会颇有收获。我们可以转变看待输入的角度，从它可以提供什么语言语料转变为它可以释放什么。俗语说"一图胜千言"，如果我们思考学习者对输入资源会有什么想法，而不是把它当作需要加工处理的语言输入，资源就被指数级地打开了。首先，这使我们不再痴迷于将教学材料难度和语言水平程度匹配起来。比如，语言水平较低的学习者可以在任何层面上参与讨论一篇"难"的文章，即使仅从标题或附带插图入手。相反，一篇"简单"的文本也可能会引发较高水平的学生展开辩论，或者可以激发其创造力。

输　出

学习者的输出是强调同伴互动的交际教学法和任务型教学法等语言教学法的核心内容。在本节中，我们将简要探讨输出在二语习得研究中的基础以及其对教学材料设计的启示。与此最相关的两个理论是上一节中讨论的互动假说（Long 1996），以及可理解输出假说（Swain 1985）。从本质上说，输出既是语言习得过程的产物，也是语言习得过程的一部分。输出假说认为，学习者被"推动"着以对话者可理解的方式进行输出，从而进行学习。首先，这可以迫使学习者关注语言形式，"语言产出要求学习者进行句法加工"（Ellis 2008: 261）。重要的是，"产出"以一种"理解"本身无法实现的方式参与句法加工（同上），"可以这么说，学习者……在理解时可以假装懂了，但在产出过程中无法假装"（Swain 1995: 127）。其次，以这种方式进行输出有助于学习者"自动化他们的语言和语篇知识"（Ellis 2008: 261）。二语习得研究领域对此已经有了相关验证，例如，de Bot 在关于可理解输出假说研究的综述中总结道："输出在提高流利性方面起着直接作用"（de Bot 1996: 553）——这一论述也有助于验证教师和材料开发人员的做法，对他们来说，增强互动是设计课程和教学材料的主要参数之一。

2.4　觉知提升与语言学习材料

"注意的重要性"

20世纪70年代末出现的交际教学法认为学习者互动可以刺激"无意识"的语言习得，并众所周知地（或者说是臭名昭著地）将学习者互动放于首要位置,从而成功地使语法教学(至少是其"强势的"[最初]形式)被摒弃十多年。到了20世纪80年代末,学习者、教师、教学材料开发者,尤其是应用语言学家开始抵制交际教学法。随着Schmidt(1990)在这方面的及时研究,意识在语言教学中的作用突然得以恢复,这是他关于"注意"的开创性工作的结果。Schmidt从觉知、努力、理解水平、表达知识的能力,以及最重要的注意这些方面分析了"无意识与有意识"学习中的复杂概念。他总结说,虽然没有人可以否认语言学习无意识的那一面(毕竟,我们还远远不能窥视语言学习者头脑中的黑匣子),但是"潜意识的语言学习是不可能的……注意是输入转为吸收的必要和充分条件"(Schmidt 1990: 129)。这是对无意识学习效果的作用的反驳,它严重破坏了交际教学法的二语习得研究基础。

随着这项研究逐渐深入到语言教学实践和教学材料开发中,我们看到,教学上将注意解释为"觉知提升"(awareness-raising)和"意识提升"(consciousness-raising)的活动。意识提升鼓励学习者自己去注意,也就是说,去"归纳"出语法、词汇模式、语用学(语境和语言意义的关系)和音韵学上的惯常用法(Schmidt明确地将"注意"广泛应用到所有这四个方面;1990: 149)。从20世纪90年代后期开始,意识提升逐渐渗透到教材中,遵循归纳式学习的原则,而不进行明确阐述,并取得了不同程度的成功(关于这一点的评论,见Mishan 2013b)。下面的摘录内容可以让我们了解教材中是如何理解意识提升的。

哪些动词形式可以从简单动词变为连续性动词,或反之亦然?在意思上有什么变化?

1. What did you do in New York?

2. I know you don't like my boyfriend.

3. I had a cup of tea at 8:00.

4. Someone's eaten my sandwich.

5. I'm hot because I've been running.

(Soars & Soars 2005: 16)

二语习得中出现"注意"这一概念的同一时期,语料库语言学也"闯入"了教学法之中。当时,语料库语言学要"注意"语料库数据中的模式(词汇、语法、语篇、语用等),因此,这一领域中构想出的教学应用可以与二语习得理论完美"契合",也就不足为奇了。早期的应用是数据驱动学习(例如,Johns 1991):学习者(以索引的形式)挖掘原始数据,揭示语法模式,从中推断使用规则(更多内容参见第5章关于数据驱动学习的部分),这可能是最接近于语料库语言学研究本身的教学方法。

将形式聚焦教学研究纳入教学材料和教学大纲设计

形式聚焦教学(form-focused instruction, FFI),即语法和词汇的显性教学,仍然是大多数英语教学教材中教学大纲的决定性特征(例如,参见Tomlinson 2013a: 11)。在这一节中,我们将简要探讨有关形式聚焦教学的二语习得研究、语言教学材料以及教学大纲之间的重要交集,借以评判强调形式聚焦教学的重要性在多大程度上是合理的。为此,我们主要借鉴了Ellis(2008),对形式聚焦教学研究进行元分析研究(或总结)。

元分析研究表明,通过显化知识,即教授规则(通过传统的"讲授、练习、产出"[present, practice, produce, PPP]或以其他顺序进行的"显性的"形式聚焦教学)或帮助学习者发现规则(通过刚才讨论的意识提升活动完成的"隐性的"形式聚焦教学),形式聚焦教学可以有效加速和提高习得的准确性。但是,形式聚焦教学是如何起作用的,为什么会起作用,以及对习得的影响何时出现,这些都还在探索之中。教学可能通过提升学习者对某一特征的意识(即促进"注意")来进行,以供日后参考和习得,但在表现上会有所延迟,或者形式聚焦教学似乎"教"了一个特征,但这一特征随后会被遗忘。有些语言特征比其他语言特征更具"可教性",有些特征则可以"自然"习得。就教学大纲的设计而言,也许最能说明问题的研究发现是"语法教学可能无法改变发展性结构的自然习得顺序"(Ellis 2008:

863)。所有这一切的核心是一个不可控的变量,即学习者,其学习受到包括从天资到态度和情感状态在内的一系列因素的影响。

总的来说,这些应用语言学研究的结论并没有为设计教学大纲提供明确的规范,但我们认为,这也是一个创新的契机。一种创新是使教学大纲具有"回应性"(responsive),而不是规定性。这就像Tomlinson制定教学大纲时用的文本驱动法一样(如2003c),他根据各种输入文本和活动所涵盖的内容,追溯性地构建出一个"内容清单"。这就相当于承认一心关注教学大纲设计的"覆盖面"有多大是毫无意义的,"就好像教学材料可以囊括语言的方方面面,而不能只提供一系列的语言快照"(Prowse 2011: 158)。当然,不再把覆盖面作为一个因素来考虑,对教学大纲所含内容进行有依据的选择就显得格外重要。这方面的内容将会在第8章加以讨论,讨论时将会参考基于语料库的词汇和语法教学大纲的制定标准。

二语习得研究在教学材料开发中的应用

本章中,我们努力确定教学材料开发可以从二语习得研究中借鉴些什么。综合上文探讨的四个关键概念,即输入、互动、输出和注意,加上前面讨论的情感和认知投入的重要性,看来我们已经找到了将语言习得融入教学材料之中的完美条件,即有意义的、有目的的互动。也就是说,在情感和认知上有意义,在智力上和/或在激励或动机方面有目的。这证明了交际教学法的基本范式:活动为交流提供真正的"理由",为进行交流创造意义协商的条件。

任务2.7

输入+输出(互动)+情感+认知→有意义、有目的的互动→语言习得

- 在教材或你自己设计的教学材料中找一些为学生设置的"互动"任务。
- 评估这些任务在多大程度上对你的学习语境中的学生是"有意义的"

和"有目的的"。为了有效评估,请从本章里到目前为止讨论的内容中提取评估标准,比如以下标准(并请补充其他标准):
☐ 这个任务有趣吗?与我的学习语境中的学生相关吗?
☐ 对我的学生来说,这个任务(在智力上)具有挑战性吗?
☐ 这个任务可以鼓励学生进行交流(比如有真正的信息差)吗?

任务 2.8

- 根据对二语习得关键因素的讨论以及你自己的阅读、经验和思考,推断出可以促进习得的教学材料设计原则。请补充到下面的清单中:

"为了使教学材料能够促进习得,它们需要:
☐ 激发积极的情感(快乐、愉悦等)。"

- 阅读 Tomlinson 编著的《语言教学中的材料开发》(*Materials Development in Language Teaching*)(2011a)的第一章(请见下文的"延伸阅读一"),并将你的原则与书中的原则进行比较。

任务 2.9

回顾你在任务 2.8 中制定的原则,从逻辑上来说,下一步要做的是,使用这些原则来设计教学材料的开发指南。我们的上述示例原则可以扩展如下:

为了使教学材料能够促进习得,它们需要:	怎么做?通过设计:
激发积极的情感(快乐、愉悦等)	与学习者相关,并且对学习者有吸引力的教学材料

2.5 延伸阅读一

Tomlinson, B. (2011a). Introduction: principles and procedures of materials development. In B. Tomlinson (ed.), *Materials Development in Language Teaching*, **2nd edn (pp. 1–31). Cambridge: Cambridge University Press.**

这一章旨在确立基于二语习得的教学材料开发原则。我们推荐的这个阅读材料可以让你了解这个领域最活跃、最有影响力的教学材料开发实践者 Brian Tomlinson 是如何做到这一点的。在他编辑的《语言教学中的材料开发》(*Materials Development in Language Teaching*)(这也是他 1998 年开创性著作的第二版)一书的第一章中,Tomlinson 根据教师和二语习得研究者的建议,给出了一个"学习原则和步骤的汇编"(第 7 页)。这一汇编被认为有助于进行有效的语言学习。Tomlinson 这一章的主旨,与我们的主旨一样,是从二语习得研究领域中我们对二语习得"所知道的",推断出与教学材料开发直接相关的发现,并制定出可以将这些发现应用于教学材料开发的原则。当然,就我们对二语习得"所知道的"情况而言,在 Tomlinson 看来,在二语习得研究者之间还存在"相当大的"和"有启发性的"分歧。但是,他总结说:"我相信现在已经达成共识,二语习得研究可以作为制定语言教学标准的信息库"(第 8 页)。

Tomlinson 所说的"信息库"包括语言习得的六大核心原则:

1. 语言习得的先决条件是学习者在语言使用中接触到丰富的、有意义的和可理解的语言输入。
2. 为了使学习者最大限度地接触到使用中的语言,需要让他们在情感和认知上参与语言体验。
3. 获得积极情感的语言学习者比没有获得积极情感的语言学习者更有可能获得交际能力。

4. 习得和使用一语(L1)时人们通常会使用一些智力资源,二语(L2)学习者也可以从使用这些智力资源中受益。
5. 语言学习者可以从注意输入内容的显著特征和发现如何使用这些特征的过程中受益。
6. 学习者需要有机会使用语言,达到交际目的。(第7页)

这一章里概括了这些原则对教学材料开发的启示,并给出了关于"如何做……"方面的建议。阅读时,你可以将以下内容与你在任务2.8中拟定的内容进行比较:

教学材料应:
1. 达到一定效果
2. 帮助学习者感到轻松
3. 帮助学习者培养信心
4. 在学习者看来,是相关和有用的
5. 要求并促进学习者自我投资
6. 考虑到学习者必须已经准备好学习教学知识点
7. 让学习者接触真实使用的语言
8. 引导学习者注意到输入内容的语言特征
9. 为学习者提供使用目标语达到交际目的的机会
10. 考虑到积极教学效果的延迟性
11. 考虑到学习者有不同的学习风格
12. 考虑到学习者在情感态度上的不同
13. 允许在教学之初有沉默期
14. 通过鼓励智力、审美和情感上的投入,最大限度发挥学习潜能
15. 不要过于依赖控制性练习
16. 提供结果反馈的机会(概括/改编自第8-23页)

Tomlinson在讨论他的教学材料开发原则时,还穿插介绍了国际上教学材料开发的情况,不可避免地将其与教材中的做法进行了对比。在这方面,他一贯坦率直言:

在最近一次对新出版的低水平学习者教材的分析中，我发现十本教材中有九本中的控制性练习比语言使用的机会要多得多。现在可能全世界的学习者都在浪费时间做操练（drills）、听对话和重复对话。（第22页）

对于希望熟悉该领域基础知识的读者来说，这一章非常值得一读。Tomlinson信守他提出的原则（从他的2003a、2010、2013a、2013b以及其他文献中可以看出），从这一点来看，他在这一领域的贡献有很强的一致性。

任务2.10

图2.4中的内容摘自教材 *New Cutting Edge*（中高级，学生用书）（Cunningham & Moor 2005），并已添加说明，表明其符合Tomlinson在"延伸阅读一"中提出的基于二语习得的教学材料开发原则。请用类似的方法分析教材中的一小段材料。

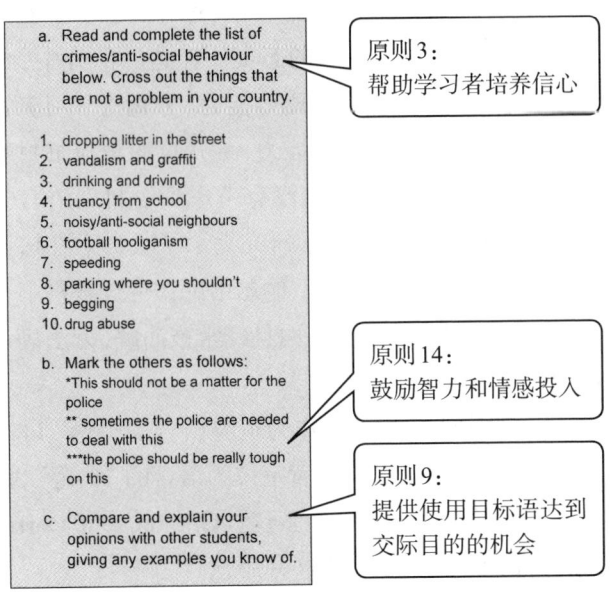

图2.4 节选自 *New Cutting Edge*（中高级，学生用书）（Cunningham & Moor 2005: 30），已添加说明

任务 2.11

教学材料开发在应用语言学领域仍被视为"一项本质上是非理论性的活动"。(McGrath 2013: xi, 引自 Samuda 2005: 232)

基于你对 Tomlinson 那一章节和本书第 1 章的阅读,以及你自己在此领域的研究,提出支持或反对这一立场的论据。

2.6 延伸阅读二

Gilmore, A. (2007). Authentic materials and authenticity in foreign language learning. *Language Teaching*, **40(2): 97–118.**

事实上,文章中涉及的内容比文章标题显示的更为广泛。该文章已经被证明对教学材料开发领域有开创性的贡献,涵盖了与本章以及本书中其他章节相关的四个方面。

文章主要部分的第一个标题是"真实语言和教科书材料间的差距",标题清楚地体现了 Gilmore 的态度。在这一部分中,他从交际能力(分为语言能力、语用能力和语篇能力,分别指学习者在语言结构、礼貌和体裁/语域变异方面的能力)的角度对教科书材料进行评估。Gilmore 特别批评教科书语料没有考虑到语料库语言学方面的研究发现,也没有注意到已有大量研究揭示了教科书在口语体裁范围和话轮转换模式等方面的问题。他总结说:"传统教科书材料给学习者提供的目标语样本量少质劣,而且经常被曲解,无法满足他们的许多交际需求。"(第 103 页)

文章的下一部分"关于英语作为世界语言的辩论"讨论了本书第 3 章中讨论的问题,包括将母语者定位为语言的"典范",而非通用语的典范,以及棘手的目标语文化问题(Gilmore 参考 Cortazzi 和 Jin 1999 等文献,讨论了"通用文化"这一命题)。

文章接下来的部分与本章内容("真实性"和"动机")密切相关。其中,Gilmore 对两个假设提出了挑战,即真实材料是"一种驱动力"(第106页)以及真实材料"本质上比人为设计的材料更加有趣"(第106-7页)。Gilmore的理由是(a)"真实材料"一词在研究中使用不一致,(b)因此,该领域的研究结果是不可信的。人们可以感受到他对这些发现的失望之情:"研究者在这个问题(动机和真实性之间的联系)上的共识,本可以对教学材料设计有重大意义"(第107-8页)。

接下来的两个部分,"文本难度和任务设计"以及"文本修改、可理解性和二语习得",也是对本章内容的补充。在"文本修改、可理解性和二语习得"这部分中,Gilmore仔细分析了大量关于文本修改对可理解性和习得的影响研究,并考察了本章中提到的简化和细化修改等自变量。在"结论"部分,他实际上转向了互动主义和建构主义的观念,引用了Mariani(1997)的论点,即有效的学习取决于课堂支持程度与挑战水平。这似乎将学习的责任放在了任务设计和实施上,而不是文本处理上。

在结论部分,Gilmore分析了抵制课程体系和教学材料出版变革的原因,其中包括应用语言学和语言实践之间的分歧。这正是我们在本章中努力解决的一个问题。

任务2.12

可能的话,请查阅该文全文。从以下内容中,选取Gilmore文章中的一个领域,查找进一步的相关研究(期刊文章或书籍):

- 思考教材和真实材料之间差距所带来的影响。
- 考察真实材料和动机之间关系的研究情况。
- 考察文本处理和语言习得之间关系的研究情况。

任务2.13

可能的话,请查阅该文全文。重点关注第6节"文本难度和任务设计":

- 汇总作者给出的影响文本难度的因素,并补充你自己的因素,例如:

□ 惯用语
　　□ 文化参照
- 根据Gilmore的文章以及你自己的经验,指出这些"难点"对任务设计有何影响,例如:
　　□ 要平衡足够的挑战度和足够的支持度

2.7 结　论

本章的主要目的是,根据以下因素对语言习得的重要性,制定以二语习得为基础的教学材料开发原则:

- 情感,例如:动机、参与
- 认知挑战
- 真实使用的丰富语言输入样本
- 有意义的使用语言的机会
- 关注在输入和输出中遇到的、经过明智选择的语言结构

　　Ellis确定了二语习得研究和教学材料开发之间关系,以此结束本章再适当不过了:"从某处选来的教学材料需要进行微调,而二语习得可以作为其思想源泉"(他以任务为例),"二语习得领域提出的教学材料开发建议是有研究基础和理论基础的"(2010: 52)。

　　阅读本章时,你可能会问,鉴于教材是许多教师默认的学习材料(正如我们将在第3章中进一步讨论的那样),这些基于二语习得的原则是否真的是教材开发的基础?关于这个问题的探讨可以参考第4章,它讨论了根据这些因素和其他因素评估教学材料的过程。然而,与此同时,我们将会转向语言学习材料开发的其他决定性因素:语言学习材料所处的文化和教学语境。

2.8 补充阅读

Arnold, J. (ed.) (1999). *Affect in Language Learning,* Cambridge: Cambridge University Press.

直至撰写本书时,这本书仍然是关于情感和语言学习的最全面的著作。多年来,情感一直被视为"心理功能的灰姑娘"(第1页),这本书确立了情感在语言习得中的中心地位,是语言教学材料开发人员的重要参考资料。

Dörnyei, Z. (1998). Motivation in second and foreign language learning. *Language Teaching*, 31: 117–35.

作者是语言教学领域杰出的动机研究专家,文章总结了关于什么是动机的相关研究,并概述了什么是动机这一对学习至关重要的"复杂、多层面的概念"。

Ellis, R. (2008). *The Study of Second Language Acquisition*, 2nd edn. Oxford: Oxford University Press.

这是一本关于二语习得研究的综合性著作,是教学材料开发者将他们的教学材料设计与合理的语言学习原则联系起来的重要参考资料。

Schmidt, R. (1990). The role of consciousness in second language learning. *Applied Linguistics*, 11(2): 129–58.

这篇开创性的文章标志着支持交际教学法(即语言习得是"潜意识的")的理论发生了大转向。Schmidt声称,"潜意识的语言学习是不可能的","吸收"取决于学习者有意识地注意语言的各个方面。这在应用语言学和教学法中都引起了共鸣。Schmidt将意识提升的理念进入到教学法中,而意识提升现在已稳步融入到了教学法和学习材料中。

Spiro, J. (2013). *Changing Methodologies in TESOL*. Edinburgh: Edinburgh University Press.

这本书是"爱丁堡TESOL教材丛书"(*Edinburgh Textbooks in TESOL*)的第一册,是对本书的宝贵补充。顾名思义,"变化中的方法论"着眼于语言教学在时间和空间上的演变,确立了在21世纪的语言教学中,我们在方法论、对教学和学习的态度、对教师和学习者的态度、文化能力(新增的一个维度)以及技术对读写能力和学习的影响等方面所处的位置。这本书涵盖诸多领域,采用"实操型"的互动形式,给出了许多发人深省的问题、任务和案例研究,具有很高的可读性。各部分自成一体,方便查阅。

Tomlinson, B. (2012). State of the art review: materials development for language learning and teaching. *Language Teaching*, 45(2): 143–79.

这篇综合性文章概述了教学材料开发的现状,简要介绍了这个相对较新的领域的历史,对当前文献进行综述,并探讨了教学材料开发的不同方面,如教材评估和调整。文章强调了将教学材料开发与应用语言学研究相结合的重要性,并对教学材料开发中的常见问题,包括出版的教学材料相对于电子教学材料的地位、意识形态、真实性以及教科书的人性化等问题展开评论。文章最后回顾了当前的教学材料开发项目和研究,并指明未来的发展方向。

注 释

1. 值得注意的是,对教材中的问题类型的分析(Freeman 2014)显示,仍有相当多的问题涉及两个较低的层次。第6章对此有更详细的报告。
2. 关于Bloom分类法的相关问题和活动,可以参考http://www.utar.edu.my/fegt/file/Revised_Blooms_Info.pdf(2013年8月6日检索)。

3 教学材料、方法和语境

任务 3.1

结合以下问题,思考图 3.1 中摘自教材 *New Headway*(中级,学生用书)(Soars & Soars 2009: 14)的材料。

- 材料中各种场景的背景或语境是什么样的?
- 你熟悉这些场景/语境吗?
- 这些背景或语境是否有"普遍性"?
- 你能辨别出使用的是哪种语言变体(英式英语、美式英语等)吗?
- 材料中隐含了哪种或哪些教学方法?

3.1 引言

任务 3.1 中预设了本章要讨论的内容:英语教学材料中的文化和语境变量,其核心部分是英语语言的全球多样化问题。我们将考察其对英语教学材料的影响,并从英语教学材料的内容和设计两方面回答以下问题:

- 哪种英语?
- 哪种文化?
- 哪种教学法?

我们随后将据此分析英语教学教材的定位问题。最后，我们将在世界范围内考察英语教学材料的制作范围情况，并聚焦关注国际上日益增多的"本地化"做法，也就是，在特定地理语境下，为特定地理语境开发教学材料。

图3.1　摘自 *New Headway*（中级，学生用书）(Soars & Soars 2009: 14)

3.2 英语教学和英语全球多样化

尽管已经有很多人讨论过这个问题，但从逻辑上来说，要将语言学习的教学材料置于文化语境中，首先要看一下20世纪60年代英语教学行业诞生时的英语全球图景（英语教材行业将在第3.4节中介绍）。英语语言"地图"的广度是由英国和美国这两大力量决定的，前者随着其殖民地的不断减少而业已衰落，后者则正享受着战后的经济繁荣，这使得英语在全球范围内留下了广泛的"足迹"。根据Crystal（2003: 108）的数据，如今，世界上有超过三分之一的人口（22.14亿人）"经常接触"英语，其中在出于经济和/或政治原因希望实现国际化的国家，例如俄罗斯、中国和日本，几乎有一半的人把英语作为一门外语来使用。前大英帝国还带来了另外一个说英语的群体，他们把英语作为第二语言使用，这一现象出现在印度、新加坡、中国香港行政特区等国家及地区，总人数约为4.22亿，具体数字取决于判断使用第二语言的熟练程度标准是什么。最后是以英语为第一语言的传统中心：英国、北美、澳大利亚等地，我们看到，大约有3.23亿的人以英语为一语，非一语人士比一语人士多大约两倍。因此，从统计数据来看，英语在非本族语者中使用得最为普遍，这已经体现在了"英语作为国际语言"（English as an international language）和"英语作为通用语"（English as a lingua franca）（见下文）这两种说法中。Kachru（1985）在其著名的模型中将语言世界"地图"（见图3.2）图解为三个同心圆：传统中心是英语的"内圈"，以英语为第二语言的国家为"外圈"，以英语为国际语言的国家为"扩展圈"。Kachru对英语的概念化标志着从"世界英语（world English）"（如Crystal 2003）一词所隐含的共性到"世界英语变体（world Englishes）"（如Kachru & Nelson 2006）或"全球英语变体（global Englishes）"[1]的突破，这是朝着使英语与其"内圈"根源脱钩，并赋予其更多"本地"身份的方向迈出的重要一步。这里要强调的是，这一领域的文献中，围绕

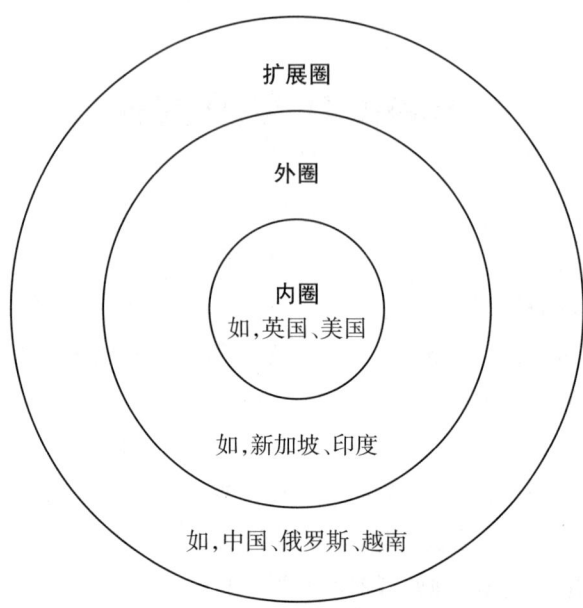

图3.2　基于Kachru（1985）的英语三圈层（three circles of English）模型

"Englishes"的术语受到社会政治议程的影响，我们需要对这些社会政治基础有所了解（这方面的相关参考文献包括Galloway & Mariou 2014, Gagliardi & Maley 2010, McKay 2002）。

Kachru的模型清晰明了，成为说明英语在不同地区的不同地位的有用的"简略表达"（Bruthiaux 2003: 159）（它一直是这一领域研究中有影响力的参照点）。然而，随着人们对全球英语多样性认识的不断加深，英语教学中的反帝国主义运动也在不断发展，这一运动的成员包括Pennycook、Phillipson、Holliday和Canagarajah等。这些"反帝国主义者"认为，将"内圈"中的人定为英语本族语者，并暗示其他圈子里的人不能有这种身份，是有问题的。首先，有了"内圈"的语言"所有权"就意味着剥夺"外圈"的权力（如Rubdy & Saraceni 2006）。其次，从纯数字的角度来看，这样定义的本族语者在统计上属于少数（见上文数据），因此，本族语者可能会被归为"精英"。由此引申开来，把本族语者的一个或多个英语变体假定为教学材料的使用规范，可以理解为是"本族语者霸权"（至高无上）（如Modiano

2000),这忽略了语言的社会文化现实:全世界有75个不同地区(Crystal 2003: 106)多达8.8亿人使用英语,这种语言拥有从官方一语到非官方二语的"特殊地位";同时,这也忽略了英语作为国际语言的作用(见下文)。据称,鉴于这种情况,英语学习者的目标是建立在(少数)本族语者规范的基础之上的这一假设(Howatt & Widdowson 2004)也受到了质疑。此外,有人认为,由于这些规范属于包括英国在内的"内圈""中心",而英国对最初传播英语的帝国主义对外扩张负有责任,因此"对社会文化价值观的专制强加……也包含了一种持续的殖民化"(Howatt & Widdowson 2004: 361)。这场反帝国主义运动显然对英语"所有权"提出了前所未有的挑战,正如我们将在后面看到的那样,也对英语教学行业提出了前所未有的挑战。即使不从社会政治角度来看,英语已从其"内圈"根源分离出来,有了多种身份,这必然给语言教育者和教学材料开发者提出了一些根本性的问题。第一个问题是"谁的英语?",这在上文已经简要讨论过了。第二问题是"教学材料中要效仿哪种英语?",这将在下文进行讨论。最后,我们将直击语言教学的核心问题,即"哪种文化?"。

哪种英语?

本节中,我们将简要介绍英语变体,以便在开发语言学习材料时,思考需要选择哪种英语。每个说英语的国家都有自己公认的标准,受人推崇的语言变体通常是广播中使用的那种,大家普遍听得懂,但用的人并不多(Crystal 2003: 110),实际上,这是少数人使用的语言变体。英式标准发音(Received Pronunciation)就属于这一类,早期英语教学以此为教学标准,如今,说这种英语的非本族语者比本族语者要多(Crystal 2003),现在只有不到3%的英国人使用这种英语,它已经成为英式英语中濒临灭绝的少数人使用的一种变体——它本身也"日益成为世界英语的一种次要方言"(同上: 365)。

如上所述,在Kachru和其他人的著作里所营造出来的全球英语意识的氛围中,"英语本族语者"一词已经变得有些政治化了。即使从纯粹的社会语言学角度来看,在越来越多的社会使用多种语言,本族语者身份也越来越难以定义了。例如,它是指童年时的一语、流利度、语法直觉和/或交际范围吗?(如果这可以被当作本族语者身份的标准),那么任何情况下,本族语者身份都可以指"本族人"说"内圈"内部的各种语言变体。

接下来是通常所说的"国际英语"(International English),学术界对此有不同的定义,最常用的是"英语作为国际语言"和"英语作为通用语"。"英语作为国际语言"指英语的使用跨越了Kachru(1985)的"内圈""外圈"和"扩展圈"语境,用于国内和国际交流。"英语作为国际语言"的主要特点是,它不与任何国家或文化相关联(如McKay 2002)。而"英语作为通用语"指的是来自非英语国家、不同一语背景的人之间使用英语作为他们的共同语言,例如,一群来自意大利、中国和瑞典的学生可能会用英语交谈。需要强调的是,"英语作为国际语言"和"英语作为通用语"都指情景性使用,两者都不是单一的可识别的语言"变体"(尽管有学者试图描述"英语作为通用语"的特点,如参见Jenkins 2007)。

全球英语范式对英语教学和教学材料有何启示?首先,如上所述,这一拓宽的视角使人们对关于英语所有权和本族语者身份的基本假设的合理性提出了质疑(虽然这些假设造就了最初的英语教学出版业,这一点将在第3.4节中展开讨论)。其次,新的语言特征(如英语作为国际语言、英语作为通用语等)并没有明确定义的文化基础,这使得"语言-文化纽带"这一概念变得更加复杂,这一点将在下文进行讨论。第三,鉴于非英语本族语者的人数远远超过英语本族语者的人数,英语本族语者的模式是否还有可持续性,或者说,是否还值得教或学?这让我们开始审视全球英语这一概念如何与利益相关方(教师、学习者,当然还有教学材料开发者)相适应。

全球英语、英语教学材料、学习者和教师

作为英语教学课堂上最主要的教学材料[2],教材可能仍然是影

响教授哪种英语变体的主要因素。欧洲市场倾向于英式英语教材，而亚洲市场，如日本、韩国和泰国（第38页），则倾向于美式英语教材（第3.4节概述了教材的全球使用情况）。有研究分析了"内圈"制作的教材中的英语变体使用情况，结果表明，代表全球英语变体的教材逐渐增多，尽管还不足以按比例代表国际上使用的英语变体。虽然出现了更多的地区性英语变体（如参见 Gray 2010 关于英国语境的著作），但这些变体往往以修改过的形式呈现。因此，标准的英语本族语者的英语变体在"内圈"制作的教材中仍然占主导地位（对2008年至2011年间，英国出版社出版的六本教材中的60种真实文本的分析结果显示，英式英语仍然占有优势［Clavel-Arriotia & Fuster-Márquez 2014］，这一发现似乎很有代表性）。

对利益相关方，即语言学习者和教师的实证研究也证实了教材的这一情况。研究表明，"本族语者"规范（英式或美式标准）仍在心理上具有稳固的地位（如参见 Timmis 2002, Johnstone Young & Walsh 2010, Jenkins 2010, Sifakis & Sougari 2010）。Johnstone Young 和 Walsh（2010）调查了来自14个不同国家的26名教师，他们发现：

> 大多数被调查的教师对英语变体都采取了他们认为是非常实际和务实的观点，这表明他们需要相信有一种"标准"的英语形式。即使被调查者承认这并不符合世界范围内英语的实际使用情况，他们仍支持这种观点（2010: 135）。

一项针对希腊公立学校英语教师的大规模研究证实了这一点。在英语变体上，教师们表现出"明显的内圈取向"（Sifakis & Sougari 2010: 312），他们承认"世界英语这一现实情况"（同上: 314），但同时认为"英语教师的'工作'是教标准英语"（同上）。尽管对学习者本身的调查还较少见，但一些研究表明，学习者倾向于达到像母语一样的流利度（Sybing 2011）。事实上，母语者发音被视为"成就的基准"（Timmis 2002: 242）；正如在 Johnstone Young 和 Walsh 的研究中，一位韩国受访者说道,"大多数韩国人梦想成为(原文如此)英语母语者"(2010: 132)。由此看来,许多学习者对概念上的"恰当的"英语仍然充满向往,换句话说,他们仍然向往那种"有声望的变体"。

哪种文化?

人们普遍认为语言和文化密不可分;教"语言和文化"(Byram, Morgan & Colleagues 1994),并且在语言教学中不把文化当作"可有可无的第五种能力"(Kramsch 1993: 1)也非常重要。从20世纪90年代开始,这些观点都变得更加主流。然而,在全球英语的地理图景下,已经没有一个单一的文化"核心",我们遇到的问题是教"哪种文化"。

> 240名菲律宾受访者被问及英语属于哪种文化时,93.8%的人认为英语是一种国际语言,7.5%的人认为它是一种亚洲语言,12%的人说它属于菲律宾……没有人表示英语是属于英国或美国的。(Dat 2008: 264)

> 英语在欧洲已经获得了一种身份,几十年来不断地吸收和展示不同的新旧价值观,逐步经历了一个欧洲化的过程。(Berns 1995: 30)

> 如果我们相信今天的英语确实是一种全球性的语言,我们也必须承认其动态的多元文化背景。(Nault 2006: 316)

这些引语体现了英语作为全球语言的多重文化身份,以及由此带来的"语言-文化联系"概念的复杂化:"现在全世界都在说英语,谈论英语的'目标文化'毫无意义",Nault写道(同上: 324)。"……谈论一种不与特定文化紧密联系在一起的语言更为现实"(Alptekin 1996: 58)。当然,也有一种相反的观点,认为这是由反帝国主义者"制造"出来的问题,"本族语者文化与已经在非英语文化中留下文化印记的语言是分不开的"(Sybing 2011: 467)。这一观点与英语教学教材中隐含的态度更为相近,我们将在后面对这点进行讨论。

然而,要在全球英语语境中开发英语教学材料,问题就在于如何捕捉文化这一"移动着的目标"——如何在文化上表现一种具有多重身份的语言。已出版的英语教学材料做过这方面的尝试,并经历了一段曲折的历史(见第3.4节)。自20世纪70年代以来,早期的英语教学书籍源自"内圈",以英国或美国为背景和参照点,同时也反映了"内圈"的隐性文化价值观。牛津大学出版社的 *Streamline English* 系列教材(Hartley & Viney 1978, 1979, 1985, 1987)就有那个时代图书的特色。20世纪90年代出现了"国际化"教学材料的趋势(以 *International Express Intermediate* [Taylor 1997] 为例)。为了解决文化方面的问题,这些教学材料使用机场、国际酒店、商务会议等"中性"场景,展现了Pulverness所蔑称的"文化无人区"(1999: 5)。随后是所谓的"全球教科书",这类教学材料采用了更多元文化和更具世界性的视角,但因为对文化的处理比较肤浅,人们对此一直感到不满(见第3.4节)。这也使人们对本地化的兴趣日益浓厚起来,即在非"内圈"(特别是"扩展圈"和"外圈")的语境中制作教材,并为非"内圈"所用(见第3.6节),这两个圈子中都使用英语,但在全球教材中又相对被忽略。本地化尤其适用于"外圈"国家(如新加坡和印度),这些国家既有全国性的英语教学材料,也有地方性的教学材料,如书籍、报纸和其他文化产品。这些语境中的本地化材料可以将英语学习置于熟悉的文化参照点中,文化参照点包括具体概念,如国家大事、地标和名人,以及抽象概念,如价值观、抱负、家庭关系等等(Munandar & Ulwiyah 2012)。版本控制(versioning,即制作全球教材的本地化版本)就使用了类似的原则(见第3.6节)。

尽管这样构想出来的本地化似乎解决了文化熟悉度的问题,但它也有自身的局限性。如果所有关于学生经历以外的人物、地点和事件的部分都被要取代或删除,这难道不是剥夺了学生学习他们可能感兴趣的或者可能有价值的信息和知识的机会吗?(McGrath 2013: 67)。Timmis指出,语言学习可以被视为学生接受广泛的教育培养的一部分，而教育培养包括分析能力和其他认知能力的培养在内（2014: 257）。少儿语言学习者的情况与此相同，甚至更为重要。为了"向孩子们介绍一个他们视野之外的世界"（Eapan 2014: 10），教学材料必须包括"'外来'文化思想"。

更为根本的是，完全固守本土可能会错失语言学习的一个关键维度，即扩大视野，留出足够的距离来批判性地看待本族语者文化本身，也就是提高跨文化意识。对全面发展的语言学习者来说，这有助于培养其至关重要的能力——跨文化能力，即与来自其他文化背景的人有效互动的能力。（这方面研究有大量文献，感兴趣的读者可以参考Byram 1997, Deardorff 2009, Risager 2007及其他相关文献。）

教学材料与"文化束缚"

拓宽文化视野与增加文化相关性/熟悉度之间有着微妙的平衡关系，教学材料开发者怎样才能摆脱这种文化上的"束缚"？一种可能的解决方案是"相对主义"：教哪些与目标语相关的文化，取决于学习和使用文化的地理语境。在英语作为国际语言和英语作为通用语的情况下，文化不需要参考母语为英语的文化（Saville-Troike 2003, Yuen 2011）。Cortazzi和Jin（1999）的分类即与此相关，他们区分了三种类型的文化材料：目标文化教学材料（使用英语为一语的国家的文化），源文化教学材料（内容为学习者的自己文化），以及国际目标文化教学材料（使用英语和非英语国家的混合文化）。采用这种方法时，至关重要的是，要根据教学/学习语境选择教学材料。这取决于学生的一语和学习语境、目标语的多样性及其相应的文化，所有这些都要与学习者群体的需求、愿望以及（我们还要加上）想象力的范围相平衡。理想情况下，使用了这些参照点的教学材料，既可以用于培养语言技能，也可以培养跨文化能力。

任务3.2
- 思考以下这两种关于语言学习和语言多样性的对立立场：

教学材料、方法和语境

- □ "母语和母语的神秘感可能会从语言学家关于语言的一系列专业神话中悄然消失"（Kachru 1982: vii）。
- □ 一位居住在爱尔兰的俄罗斯移民到剑桥参加英语暑期强化班。当她被安排在一个亚洲寄宿家庭时，她要求转到一个说"正确"英语的"英语母语"家庭（来自个人轶事）。

- 讨论：作为教学材料开发者，我们应该如何调和这些对待英语变体的矛盾态度？
- 思考：这种矛盾心理是否可以在我们设计的教学材料中得到调和？如果可以，要如何调和？

任务3.3

寻找一些为"英语作为国际语言"和"英语作为通用语"语境设计的教学材料。找出材料中涉及的以下问题和概念（这些问题和概念在上文中已经讨论过）：

- 英语作为通用语/英语作为国际语言
- 哪种英语
- 哪种文化
- 英语本族语者和非英语本族语者
- 在英语作为通用语/英语作为国际语言语境中与英语的关系
- 跨文化能力

3.3 教学法和英语教学材料

我们在上文探讨了为争夺英语所有权和地位而进行的复杂的社会政治、社会文化和社会语言学斗争，与之相关的另一个方面，当然是教学法。虽然教学法本身已经超出了本书的研究范围，但是它是影响教学材料开发的另一重要因素。读者可以从网络上搜索国际英语教学领域的主要教学法（语法翻译法、交际教学法和任务型语言教学）的概述，第9章的第6节也概述了任务型语言教学的流程。我们会以批判的态度对待教学法，探讨这些教学法体现的价值体系，以及为世界不同地区开发教学材料的意义所在。我们对待教学法的这种方式隐含了Akbari（2007）和其他人提出的"批判教育学"的概念，即教育体系是社会体系的反映。

在西方，所有50岁以下的英语教师都是在交际法时代成长起来的。与任何文化价值体系一样，交际法的理念已经根植于他们的教育哲学中，他们很难客观地对待这种方法。因此，交际教学法或多或少已经成为一代语言教师默认的教学方法，而这种不加批判的态度存在一定的危险，尽管他们这种态度是无意识的。

交际教学法和任务型语言教学在西方的教学传统中发展起来，这种传统在很大程度上（至少在语言教学中）摒弃了过去认为知识是"基于传递的""流动的"这一观念。这其中隐含的信念和价值观意味着，这些教学方法顺应了教师和学生之间，以及学生和学生之间的互动。但正如Edge（1987）指出的那样，这些行为模式并非"没有价值观"，它们可能会与其他文化的传统不一致。与日本、韩国和中国等东亚国家的文化规范相比，这些方法中隐含的与等级制度和尊重相关的西方规范相对宽松。而这些东亚国家有着共同的儒家传统，非常尊重长辈和老师（Humphries 2012），有非常清晰的老师和学生的角色划分（Hu 2002）。由此得出的一个推论是，在这些东亚国家文化中，价值观不一定归因于教学语境中的同伴输入（例如，见McGrath 2013），而这就破坏了交际教学法的一个基本原则。在交际课堂中，教师失去中心位置，会被认为是放松了对课堂的"控制"，这可能会让许多非英语本族语者的教师感到不安（据统计，全球范围内的大多数英语教师是非英语本族语者）。不受教师主导的课堂让教师文化和教师专业培训十分反感（如，Hu 2002），也给教师在语言资源方面造成了一定压力（Prodromou & Mishan 2008）。

此外，与重视个人竞争力的西方个人主义文化相比，许多亚洲文化是"集体主义"文化，这种文化的驱动力是大家必须达成群体共识。这可能会与结对活动和小组活动等交际活动相抵触，因为这些活动需要合作,重视合作,但同时需要争论,重视争论。

交际教学法中其他可能让他们同样感到很陌生的行为源于 Prodromou 和 Mishan 所说的对"情感坦诚"的"狂热崇拜"(2008: 201),这源自北美精神分析等传统,在教材中表现为所谓的"个性化"的活动(如表达个人观点和分享经历)。交际教学法与任务型语言教学(尤其是数字化的教学法,参见第5章)包含了西方所重视的其他特征:扁平的等级制度和交流的"混杂性"。

处理教学上的不匹配

对上文中提到的教学中出现的不匹配的情况,没有西方背景的教学材料开发者和教学材料使用者会有不同的反应。某些情况下,教学材料开发者和使用者努力诱导学习者和教师使用交际性的行为模式和实践模式,这是有问题的。《中国的交际法语言教学:进步与阻力》("Communicative language teaching in China: progress and resistance", Yu 2001)一文的标题就体现了这一点,标题隐含了对交际原则无条件的接受,并认为交际原则是普遍有效和普遍适用的。

其他人则认为需要文化上的"交汇"。例如,一项伊朗的行动研究(Modirkhameneh & Samadi 2013)报告了如何通过使用"双语编织"方法使传统的语法翻译方法带上交际性色彩,研究使用了语码转换,即阅读材料的语言在母语和目标语之间转换。日本的一项研究(Shimada 2009)也讨论了如何将日本传统教科书中采用的方法和风格与海外教科书的方法和风格结合起来。

然而,亚洲文献中最明显的一点是其矛盾心理:已经意识到传统的方法和教学材料无法培养出能够用目标语交流的学习者,但又不愿意放弃它们去接受国外的方法和材料。这可能会造成不尽如人意的妥协,比如,以更传统的方式改造交际性材料。有两个颇具代表性的案例研究,一个来自阿曼(Tasseron 2017),另一个来自埃及(Abdel Latif 2017)。这两个研究显示,教师们"剥去"了教材中交际性的部分,只留下了语法的"骨架",以适应他们国家惯用的注重形式的教学方法。这样做的最终结果是，教学材料和教学方法只在口头上强调交际性（例如，关于中国语境中的情况，参见 Hu 2002, Li 1998, Liu, Mishan & Chambers 2017；关于日本语境中的情况，参见 Humphries 2012）。与之相对的另一端是那些公开反对"以说英语的人为中心"的人，他们强加一种所谓的"教学法正确性"（methodological correctness）(Prodromou & Mishan 2008: 194)，而这与当地语境以及当地学生的学习需求和愿望都不相符。

总之，教学方法不可避免地有一定的价值取向，在教学材料中落实具体的教学方法时，我们需要把它们放在语境中仔细定位。教学法是我们在探讨英语教学材料的文化基础和社会语言基础时要考虑的最后一个问题，下一节将讨论包含这些文化基础和社会语言基础的，也是我们最常用的产品：英语教材。

任务 3.4

以下两个引文有鲜明对比。根据上文关于教学方法的讨论，请思考这两段引文在多大程度上符合你们教学语境中的教学材料使用情况：

> "又是这样……我们总是用来自另一个星系的英语教学方法。"（Arikan 2004: 46 中受访的一位土耳其教师，引自 McGrath 2013: 172）

> 将……"新"与"旧"结合，使交际教学法与传统的教学结构一致起来……使之现代化，而不是西方化。(Modirkhameneh & Samadi 2013: 17)

任务 3.5

访问互联网，查找以下论文的在线（pdf）版本：

Littlewood, W. (2006). Communicative and task-based language teaching in East Asian classrooms. 这是作者在 2006 年 6 月于韩国首尔举行的韩国英语教师协会国际会议上宣讲的会议论文的修订版。论

教学材料、方法和语境　　　　　　　　　　　　　　　55

文虽然着重讨论东亚语境中的情况，但其中提出的许多问题也是各地教师所共同关心的，因此，该文值得全文阅读。

Littlewood总结说：

> 现在人们普遍认为，没有一种方法或一套流程能适合所有语境下的所有教师和学生。教师可以借鉴他人的想法和经历，但不能简单地将其当作现成的配方：他们要相信自己的想法，开发适合自己具体情况的教学方法。

请思考Littlewood的建议对以下情况有什么启示：

- 对于是教师，同时又是教学材料开发者的人来说
- 对于我们使用、调整和开发的教学材料来说

任务3.6

> 许多处于边缘地带的教师会使用以任务为基础、以过程为导向、以学生为中心的教学法，因为这种教学法带有核心专业圈子的权威烙印。但是……他们（学生）似乎更喜欢更正式的、以结果为导向的、以教师为中心的教学法，这种教学法是被核心专业圈子诋毁的。(Canagarajah 1999: 14)

参考本节以及网上对教学法的讨论，请思考Canagarajah的说法在多大程度上符合你自己的教学环境中的学生情况。

3.4　英语教材

已有文献（如Howatt & Widdowson 2004）清楚地描绘出英语教学出版的历史。20世纪60年代初，在多种因素共同作用之下，英语教学得以"繁荣"发展。其中一个因素是，新兴的"共同市场"（现在的欧盟）对语言教学产生了兴趣，欧洲委员会随后也开展了相关

工作。另一个因素是,在英国和美国,人们意识到,无论是对本族语教师来说,还是就学习材料而言,英语教学都非常有市场,并且可以出口。当时,英国新兴出版业的中心是总部设在牛津和剑桥的受人尊敬的学术出版社,在美国则是朗文、麦克米伦和剑桥大学出版社的美国分部。如今,英语教学出版在英国是一个价值数十亿英镑的增长产业,在很大程度上仍然由英国出版商的同一核心集团所主导。

英语教材:派系主义

如上所述(第3.2节),在这个刚刚意识到后殖民主义对英语语言的影响的世界里,英语教学行业的集中化本质在一些在该领域工作的人中播下了怨恨的种子。于是,一个坚定的反教材团体建立起来了,并不可避免地遭到了亲教材阵营的反击,这就导致了这一领域的两极分化,并一直持续到今天。在这里,我们将探讨双方论点,也请你思考一下自己的立场。

支持教材的人往往会强调实际因素。对教学机构而言,教材可以提供现成的、有成本效益的、标准化的、可以纳入其英语课程体系的教学大纲。教材由历史悠久的国际出版社(见上文)出版,这使其有一定的权威性、可信度和质量保证。如今,大多数教材都是纸质书和数字综合性教学材料包的一部分,综合性教学材料包括学生用书、教师用书、练习册、光盘(CD)、视频光盘(DVD)、配套的网站或电子学习平台,以及越来越多的移动应用程序。对繁忙的老师来说,这些材料可以节省时间;对没有经验的老师来说,这些材料是他们的指南。当然,还有学习者,他们可以用这样一个教学大纲记录学习进度,并利用它进行复习。有人指出,基于这些实际因素的论点是针对教材反对者的意识形态论点(尽管有人注意到,这些论点缺乏建设性的观点)进行的辩护,但这一辩护并"不太能鼓舞人心"(Hadley 2014: 206)。

正如我们上面提到的,早期的反教材"运动"公开地"反对帝国主义"。反对早期教材的典型论点是，出版教学材料的行业有一个"英美心"，即为带贬义标签的"BANA"国家，BANA国家指英国、澳大拉西亚和北美（Holliday于1994年提出的术语），这一说法类似于Kachru的"内圈"。这种教材只会助长帝国主义和本族语者的霸权——因此实际上是一种"新"殖民主义。看一下早期的英语教学材料（如前面提到的两个系列，牛津大学出版社的 *Streamline English* 系列或朗文的 *Strategies* 系列），我们很难不对这种解释表示赞同。这些教材中的语言主要被设定为英国或美国的背景下的英式或美式英语。人们谴责早期的教材带有"隐藏的课程体系"（Cunningsworth 1995: 90），其中嵌入和投射了西方的价值观和态度（例如消费主义、对美和对性别角色的看法，见Harwood 2014）。有人指出，这些价值观和态度不仅是西方的，更主要是白人的和中产阶级的（如Dendrinos 1992, Rossner 1988, Canagarajah 1999, Gray 2010）。按照这种观点，学习外语充其量是"一种文化教化，人们从中获得了新的文化参照系和新的世界观，反映了目标语和说目标语的人的文化参照体系和世界观"（Alptekin 2002: 58），最糟糕的是，这是一种意识形态的"灌输"（Dendrinos 1992），学习者被期望接受另一种文化的价值观和行为参数，并在其范围内行事。当然，正如我们上面讨论的那样，这些影响也延伸到了教学传统之中。

"全球化"教材

为了回应这些批评，并摆脱"新帝国主义"的烙印（Pulverness 2003: 426），从20世纪90年代开始，出现了所谓的"全球化"教材，努力更好地迎合英语的多样性、不同状态和需求。教材设计考虑到了多元化的世界市场，为英语描绘了更广阔的国际和文化语境。如今，全球化教材已经被大家广泛认可，正如教材编写者Bell和Gower（2011: 137）所描述的那样，全球化教材是"功能齐全、光彩夺目的多媒体教材包"。这类教材包括世界各地使用者都很熟悉的图书，如牛津大学出版社的 *New Headway*、*New English File* 和 *Cutting Edge*，朗

文的 *Intermediate Matters* 以及麦克米伦的 *Inside Out*。

但全球化教材也有自身的问题,对安抚根深蒂固的反教材派也几乎无所作为。对其最主要的批评仍然是它缺乏对目标市场的文化适宜性和/或相关性(见 Harwood 2014 对英语教材的文化研究的综述)。据称,所谓的"全球化"在很大程度上是只表面文章,教材在英语国家的文化相对主义或多元化再现方面,仍然只是口头上说说而已(Pulverness & Tomlinson 2013: 445)。

其中一个至关重要的方面是语用学(Harwood 2014: 7)。就像关于整个文化领域方面的说法一样,这"不应该被视为教科书教学大纲中一个可有可无的额外内容"。这涉及教学法中传统上所说的"功能语言":表达观点、给出建议、表示歉意等言语行为。问题在于,语用规范不易于迁移,它们由文化决定,因此会受到国家甚至地区差异的影响(关于语用学的更多信息,参见 Cutting 2014)。在全球化教材中,语言的社会逻辑语境仍然受限于教材对英式英语或美式英语的偏好。此外,研究者指出,在教授言语行为时,需要设定一个深层社会文化语境,而这超出了大多数教材的范围(Harwood 2014, Munandar & Ulwiyah 2012, Cohen & Ishihara 2013)。

英语教材:利益相关方

就这些方面,征求利益相关方的意见非常重要。关于教师对教材看法,目前的研究数量有限,关于学习者看法的研究则更少(McGrath 2013),而且重要的是,这些研究往往是由教材的批评者而不是支持者进行的。批评者认为,教材使用的多(见注释2),可能是出于实用主义的考虑,而不是因为真的喜欢(另见下文)。但是,教师,尤其是新手教师,往往会把教材当成专家编写的手册。尽管调整教材很常见(例如,参见 McGrath 2013 引用的研究),但教材仍然是课堂教学的"骨架"。即使在非"内圈"环境中,在语法、听力、发音、总体准确性和制作质量等方面,相较于本地教材,许多教师仍然更加信任全球化教材(Zacharias 2005 报告了在印度尼西亚的一项研究)。

同样，学习者也认为教材是"我们学习知识所必不可少的"(Shawer, Gilmore & Banks-Joseph 2008: 19)。教材是学生可以拿在手里的资源(Hadley 2014: 229)——给他们一种具体的"清晰[感]、方向[感]和进步[感]"(同上)。一项大规模的教材纵向研究，可以看作对教材批评者的令人信服的"回应"，该研究对700名使用全球教材的日本学生进行了为期六年的跟踪调查，结论是"有强有力的迹象表明，全球教材在帮助二语学习方面可以发挥重要作用，而不会损害二语学习"(Hadley 2014: 230，强调部分为笔者标记)。

英语教材：实用主义

最后，保持洞察力也很重要。英语教学材料出版是一个价值上亿英镑的产业，为全球经济做出了重大贡献，相对而言，它还不曾受到学术界人士批评的影响。尽管教材制作者并非没有意识到英语的政治和社会文化景观正在不断变化，英语在世界上的地位和使用情况也在不断演变，但是一方面要满足多元文化的国际市场需求，一方面要考虑商业可行性，两者之间的紧张关系在很大程度上无法调和——并且商业主义必然会胜出。就如Singapore Wala所说，教材"本来就是这样"，"因为它必须这么做"(2003: 60)。(可以说，)最终妥协的结果是，许多教师对教材"爱恨交加"，他们发现自己既依赖教材，又不满教材的要求。这就是教学材料的评估和调整的重要性，当然，还有教学材料开发本身的重要性，这一点将在后面的章节中有所涉及。

英语教学教材："反拨效应"

本书要特别指出教材的广泛使用对教学材料编写的影响。Sheldon在1988年写道(第239页)，"这里可能是一个封闭的循环，在闭环中，一些教科书只是另一些教科书的发展和模仿"——这显然不是一个新现象。自Sheldon写出他的观点以来，市场上教材"泛滥",在结构、方法和内容方面进一步巩固了全球化教材的范式,这在教材期待和表面效度方面对教材使用者产生一定影响,同时,也影响了教材编写者:"教师和课程体系设计者倾向于模仿畅销教材的方法,认为这一定是学习者和教师想要的"(Tomlinson 2003a: 7)。这种"潜意识"的影响被称为"反拨效应"[3](同上)(这一内容将会在第9章讨论教学材料结构时再次涉及)。但是一个重要的"免责条款"是,教师和教学材料设计者并不需要受制于此,我们将在后面关于"本地化"趋势一节中看到这一点。

世界各地的英语教材

上文讨论了全球英语教材的相关问题,这些问题要与全球化教材在全球语言教学界的地位和作用联系起来看。在一些地方,全球化教材是唯一的英语教学材料,在另一些地方,它们已经被本地出版的教学材料所取代。国与国和洲与洲之间,关于英语教学材料控制和制作的做法相去甚远,涉及的利益相关方也有很大不同。在详细介绍本地化做法之前,我们先概述一下全球范围内的英语教学材料的使用情况。

如上所述,在美国和英国,英语教学材料主要来自少数国际出版社——剑桥大学出版社、牛津大学出版社、培生出版社、麦克米伦出版社等,而且进行英语教学的公立教育机构以及私立语言学校都在使用这些教学材料。这些国家的教学材料不受政府部门的集中控制,这与许多国家的情况不同,如马来西亚、韩国、中国、日本、土耳其、埃及、印度和肯尼亚,这些国家的教育部管理小学和中学的英语教学,制作或委托制作专门的教材(Tomlinson 2008)。在东南亚(例如,印度尼西亚、缅甸、新加坡和泰国)以及中东(例如,埃及和黎巴嫩),语言课程体系也受中央指导。在欧洲大多数国家,课程和教材会受欧洲委员会的影响。例如,在西班牙,交际教学法被纳入科学和教育部的中小学教育法之中,并结合使用融入了交际教学法的西班牙教材和英国教材(Criado & Sánchez 2009)。同样,土耳其把欧洲委员会及其《欧洲语言共同参考框架》作为英语课程和教学材料的参照对象(Ates 2012)。然而,在许多地方,私立语言学校不受国家课程体系的限制,所以会同时教授规定的教材和英国或美国制作的教学材料(例如在黎巴嫩、科威特和阿拉伯联合酋长国)。另一种模式是"版本控制",即制作国际教材的国内专用版本,如西班牙版的 *New Headway*(Bowler, Cunningham, Moor & Parminter 1999),波兰版的 *face2face*(Tims, Redston & Cunningham 2005)以及西班牙版和法国版的 *Essential Grammar in Use*(Murphy 2011, Murphy & García Clemente 2008)。教育部也可能会委托国际编写者或国际机构制作教学材料或课程体系,资助国际项目(如在罗马尼亚;参见 Popovici & Bolitho 2003)或者接受国际资金用于教学材料制作(如越南的情况;参见下文延伸阅读二)。在一些国家还出现了三元范式。在日本,有些教学材料是非本族语者在本地为日本和亚洲市场制作的,与之共存的,还有"本地制作的"、经政府部门批准的教学材料以及全球化教材(Smiley & Masui 2008)。同样,在东南亚,全球化、本地化和"区域化"教材并存(区域化教材是指在同一块大陆上出版的教材,例如,新加坡为马来西亚、泰国和越南等周边国家制作教科书)(Dat 2008;参见下文的延伸阅读二)。

本 地 化

如前所述,在"扩展圈"和以英语为外语的语境中,许多国家都参与了本地化教学材料的制作(包括希腊、日本、韩国、巴西以及中欧、东欧、非洲、东南亚和中东的国家;参见 Tomlinson 2008年的调查;Tomlinson & Masuhara 2010)。随着英语教学材料在世界范围内使用的多样化,不同国家的教学材料开发和生产过程也不尽相同,这一点并不足为奇。很多情况下,如果英语教学受政府管控,那么这个过程是由教育部推动的;有时候,则是为了适应新的课程体系而进行的(印度两个邦的情况就是如此;见 Kadepurkar 2009 和 Eapan 2014,文中分别描述了为适应新的二级和初级课程体系而制作教学材料的情况）。还有一些情况下，教学机构也会推进机构内部教学材料的制作（如 St Louis, Trias & Pereira 2010 和 Jenks, Stone & Navarro 2012，分别报告了委内瑞拉和日本的大学案例研究）。本地化常常需要有国际性的专业知识，可以来自国际英语教学专家做的培训（如 Popovici & Bolitho 2003 报告的罗马尼亚项目和 Ates 2012 报告的土耳其项目），也可以参考既定的语言教学参数，如《欧洲语言共同参考框架》(Ates 2012)。我们很高兴地告诉大家，事实上，这一领域的文献中一再提及了教学材料开发方面的培训需求（例如，Bolitho 2008, Dat 2008）。

任务 3.7

- 选择一些教材，看一看这些教材的宏观单元结构。每本教材中的宏观单元结构与其子部分（例如技能部分）是否有可比性？
- 我们在上文中定义了什么是"反拨效应"，你能从这些教材中找到"反拨效应"的印迹吗？（这些结构看起来是否彼此相似？）

任务 3.8

访问互联网，查找以下论文的在线（pdf）版本：

Tran-Hoang-Thu (2010). Teaching culture in the EFL/ESL classroom. 这是作者于 2010 年 9 月 11 日于美国富勒顿举行的"其他语言使用者的加州英语教师洛杉矶地区会议"上的大会发言论文。

这篇文章讨论了与语言学习和文化相关的一些概念。由于篇幅有限，本书没有涉及这些概念，因此该文值得全文阅读。文章中与本节最直接相关的部分是"在二语和外语学习中的文化学习环节中，教师、课程和教科书的作用是什么？"(Tran-Hoang-Thu 2010: 18–20)。

任务 3.9

根据本章讨论的内容，对你的一些教材进行评估，看它们是否与你的教学语境相"匹配"。评估因素可以包括：

- 英语的一种变体还是多种变体？
- 人物的种族？
- 地点？
- 话题/文化问题——按从"熟悉"到"不熟悉"的程度进行等级评分。
- 主题——按从"全球"到"本地"的程度进行等级评分。
- 教学方法？
- 更多评估因素可参见第4章。

3.5 延伸阅读一

Harwood, N. (2014). Content, consumption, production: three levels of textbook research. In N. Harwood (ed.), *English Language Teaching Textbooks: Content, Consumption, Production* **(pp. 1–44). Basingstoke: Palgrave Macmillan.**

Harwood在这一章介绍了他2014年编辑的这本书，简要说明了教科书研究的最新情况。在他看来，主流教育"更为成熟、严谨和复杂"（第2页），他在文中基于主流教育概述了教科书方面的研究，从内容、使用和生产层面对教科书分析进行概念化，揭示了这三个层面在该领域受到的不平等待遇，很有启发意义。如本章所示，对英语教学中教科书内容的分析（虽然并非毫无争议）由来已久，对教材制作也有相当多的研究报告（例如，参见三个被大量引用的章节：Jolly & Bolitho 2011; Bell & Gower 2011; Prowse 2011），但关于教科书的使用，即教师和学习者在课堂上如何使用教科书方面的报告却要少得多。

Harwood从"内容"维度出发，分析了英语教材中语言、文化和语用处理的问题，同时也考察了研究中常常被严重忽视的教师指南。文中对教材语言的内容分析采取了语料库视角，这种视角正越来越多地应用于教学和资源材料中（如本书所示）。不出所料，他发现许多教材在句法、词汇和发音方面都有不足之处。Harwood对教材中

"文化"的内容分析，引起了大家对行为、价值观和态度的恰当性和相关性的诸多关注，这在我们这一章里也有所提及。但是，正如他指出的那样，教材可以有不同解读，"无论教科书内容的信息是出于善意还是政治正确，都不能保证这些信息会被接受"（第7页）。毕竟，教材不是（或者不应该是）用来说教的。

Harwood对教师指南的分析备受欢迎，这主要是因为，正如他引用Coleman（1986）所指出的，许多教师指南"似乎只是事后偶然才想到的部分"（Coleman 1986: 31，引自Harwood 2014: 9）。教师指南的相关研究也相当匮乏，这更加重了教师指南缺乏关注的情况。"指南写得不好……会导致教科书使用不当"（第9页），因此这样真的很危险。由此引出的一个问题是教师指南的作用。Harwood引用了Mol和Tin（2008）（关于学术英语教科书）的抱怨："他们专注的是教什么，而不是如何教"（2008: 88，引自Harwood 2014: 9），暗示后者是教师指南所应负责的内容。

在下一节中，教科书使用研究的重要性仅次于教科书创作本身。这是因为内容并不能决定使用，因此有必要调查一下在"初衷"和"实施"之间到底发生了什么。Harwood分析了英语教学和主流教育的相关研究，发现影响教材使用的主要因素包括：教师经验、培训、教学风格和信念、制度约束（如密集备考）、学习者以及教科书本身（一个重要的消费变量）的特点。Harwood将此归纳为"教师根据他们自己的信念，以及他们的微观和宏观环境，塑造……教科书"（第16页）。

英语教材的最大"使用者"当然是学习者本人。正如Harwood所说，这一领域中对使用研究的匮乏程度"令人惊讶"（第17页）。已有的研究包括调查学习者对真实材料的反应（如Peacock 1997; Gilmore 2011），调查学习者或教师对不同活动类型的态度（Peacock 1998）。在后一项研究中，可以预见的是，学习者更喜欢的是改错和语法练习，而不是老师们喜欢的交际性活动。在此需要补充的是，尽管Harwood认为教科书使用研究是一个空白，但这个空白正在被填补。McGrath在"学习者视角"（2013: 147-66）一章里谈到了教科书使用研究，内容很有吸引力和原创性，下文的补充阅读部分中将有所提及；Bolster（2014，2015）分析了中国教师使用和调整教材的情况。在撰写本书时，有两篇关于教材在阿曼（Tasseron 2017）和埃及（Abdel Latif 2017）使用情况的研究即将面世。

目前已有一些关于教材制作的报告，其中一些关于心理过程"黑箱"的见解非常有价值（请见第9章）。Harwood总结了他在这一部分中提到的教材制作研究，其中包括Bell和Gower编写 *Matters* 系列时的记录（2011），Mare编写 *Atlas, Interchange* 和 *Online* 系列时的情况（2003），以及Prowse对16位教科书编写者编书过程的报告（2011），让人感到"需求如此多样化，教材编写实为不易"（第21页）。然而，他巧妙地分化了出现这种情况的责任："对编写者的一些做法和出版社强加给编写者的一些做法，都要打上问号"（同上）。事实上，出版社的态度更是让这种情况雪上加霜。由于制作时间和成本的压力，出版社正在改变并简化教材试用这一环节（例如，Amrani 2011，关于牛津大学出版社的文章），这使得要在不同环境下确定"学习者"的愿望和需求更为困难（第25页），当然，这也是我们在本章一直讨论的全球化教材所面临的经典困境。

Harwood在文中加了一个小节，报告了编写者"使用（或拒绝使用）语料库"的情况（第21页），其中包括McCarthy和McCarten（2010，2012）描述他们制作基于语料库的教学材料而大获成功的 *Touchstone* 系列，以及Swales和Feak（2010）将语料库数据用于他们编写的摘要写作教科书之中。Burton（2012）关于英语教科书编写者对语料库态度的研究则展示了另外一面，该研究表明有些编写者不愿意使用语料库。Harwood总结说，研究发现"没有证据表明教师、学校管理人员或政策制定者目前会要求在教科书中更多地使用语料库，这意味着出版社没有动力朝着这个方向推进"（第23页）。

该章的最后一节强调了教科书编写者、出版社和教师教育者关注教科书研究的重要性。同时，为了使教科书研究切实可用，Harwood强调要进行建设性的批评，毕竟教科书的"批评要比编写容易得多"（Mares 2003: 136，引自Harwood 2014: 26）。

以下任务基于 Harwood 教材研究的两个维度，**内容**和**使用**。

任务 3.10　内容

选一本你熟悉的教材，分析该教材如何处理**语用问题**（请见上文第 3.4 节）。

- 哪些材料用来提高语用意识？
- 哪些"言语行为"是用来模仿或者练习的？
- 这些材料和内容都在特定的情况或者文化中语境化了吗？

任务 3.11　使用

设计一个小型研究，了解你所在学校使用的教材在课堂上的实际使用情况（在 Bolster 2014 年和 2015 年的文献中可以找到范例）。

- 研究教材如何被改编（例如，在教学法方面），被补充（增加了什么类型的材料？为什么增加这些材料？）和被删减（删掉了什么内容？为什么要删掉这些内容？）。

3.6　延伸阅读二

Dat, B. (2008). ELT materials used in Southeast Asia. In B. Tomlinson (ed.), *English Language Learning Materials: A Critical Review* **(pp. 263–81). London: Continuum.**

为了与本章的国际研究保持一致，我们推荐一篇关于东南亚教学材料情况的"代表性"研究报告作为第二个延伸阅读内容。在这篇概述中，Dat 考察了越南、新加坡、泰国、老挝、马来西亚和菲律宾的教学材料情况。文章介绍了东南亚地区的大量教育经验，并使用"三角考察法"，将教科书评估与对 40 多名教师的深度采访以及广泛的二手资料研究相结合。

Dat 记录了在经济利益的驱动下，该地区为提升英语教学材料质量所做的"卓越努力"(第263页)。但这并不是以意识形态的妥协为代价的,作者描述了一种将课程体系、教学法和当地传统结合起来的、兼收并蓄的方法,该地区的每个国家都在"探索自己的有效学习之路"(第264页)。

与上文中所讨论的世界上许多其他地区一样,东南亚也同时存在着多种类型的教材:进口教材(通常被称为"外国教材")、国内教材以及"区域性教材"(Dat举例说,马来西亚、泰国和越南使用新加坡的教材)。不同类型教材的比例因地区而异。进口教材的数量似乎与英语作为官方语言的使用情况成反比(在菲律宾和新加坡,60%—80%教材都是本地制作的)。尽管可能出乎意料,但这可以从文化认同认知的角度来理解。在本章所报告的菲律宾英语语言和文化调查中,没有被调查者将英语这种语言与"内圈"国家的文化(即"进口"文本的来源)等同起来;相反,近95%的人认为英语是一种国际语言(Dat 2008: 264,见上文第3.2节的完整引文)。

评估本地开发的教学材料时,Dat发现教学材料中的积极特点,即文化知识与学习者密切相关——"课程的活力在于其主题内容与学习者的知识和文化背景相关。"(第271页),尽管东南亚一向渴望全球化——以及使用母语这种交际教学法中并不受欢迎的方法。本地教学材料中大量使用一语,并将其视为"检验一语和二语之间的社会距离、检查理解、提供反馈、指导复杂活动、解释抽象概念和澄清有问题的语法结构的一种方式"(第273页)。

另一方面,本地制作的教学材料中为人所诟病的一些弱点让人想起早期英/美英语教学书籍中的问题:过多的"内部视角","过度"沉湎于当地文化,忽视了学习者对世界的认知(第276页)。这些问题与其他一些问题被认为是由于教学材料开发方面缺乏专业支持造成的。文章的最后,作者发出了"发自内心的呼喊":

> 我呼吁该地区的课程开发人员加大互动和投入……各国严重缺乏专业的课程开发人员,同时……教学材料开发方面也没有足够的培训。(同上)

任务 3.12

针对你的教学语境中所使用的教材的制作情况，开展一个小型研究：

- 哪些出版社为你的教学语境制作教材？
- 出版社的总部设在哪里？
- 教材是否是主流教材系列的"本地"版本（即针对不同的地域市场，出版不同版本）？如果是这样：
  - □ 这些教材在哪里出版？
  - □ 教材的编写者是"本地人"吗？（例如，*New Headway* 系列教材由牛津大学出版社出版，其美国版在英国出版，作者均为英国版的作者。）

任务 3.13

在这一章中，Dat 还指出：

> 过多的本地文化极易破坏学习者的好奇心，也使许多话题失去新鲜感。很多情况下，文化内容似乎过于熟悉，也太容易预测，无法引起学生的兴趣，对他们的创造性思维也就没有什么挑战。一些编写者关注当地常见的文化习俗、环境和职业，却忽略了当地生活中不太常见，但更具吸引力的特色。(2008: 268)

- 将这一论点与本章中关于当地教学材料和当地语境的论点进行比较。
- 思考为"外圈"或"扩展圈"国家设计英语学习教学材料的策略，平衡"本地"和"内圈"文化内容的利弊。

3.7 结 论

语言教学和文化的三个核心问题构成了本章的基础，我们认为这三个核心问题对教学材料的开发至关重要。在讨论中，我们特意提出许多进一步的问题，并给出了答案。以下是对这些问题的综述，供大家继续思考。

- **哪种英语？** 英语的全球传播使得英语学习在社会文化和社会政治方面有一定的复杂性。鉴于英语本族语者和非本族语者变体的地理范围十分广泛，教学材料选择教哪种变体应取决于教学材料的使用语境。
- **哪种文化？** 虽然语言教学不能脱离其使用文化，但对英语教学而言，涉及的文化有极大的多样性，这与英语所处语境的地理分布相对应。必须根据学习者的需求和愿望，选择与语境相关的文化材料。
- **哪种教学法？** 对教学方法的接受度在很大程度上取决于文化，教学材料编写者和出版社必须在他们提供的教学材料中考虑到这一点。

接下来的第四章将参照最后一个问题，详细介绍教材评估方面的内容。

3.8　补充阅读

Johnstone Young, T. and Walsh, S. (2010). Which English? Whose English? An investigation of 'non-native' teachers' beliefs about target varieties. *Language, Culture and Curriculum*, 23(2): 123–37.

Johnstone Young和Walsh的文章综合了本章中提出的许多问题，包括英语这一蔓生语言的所有权问题，以及与之相关的，以哪一种或哪几种变体作为教学/学习的模式。这一领域中对此有许多激烈的理论争论，进行实证研究还是很有必要的。作者在文章中指出"无论从实际还是从社会政治角度"（第136页），他们研究中的非英语本族语受访教师都不太关心目标模式应是什么,从而巧妙地削弱了这些争论冲突。

McGrath, I. (2013). Learner perspectives. In I. McGrath, *Teaching Materials and the Roles of EFL/ESL Teachers* (pp. 147–66). London: Bloomsbury.

　　这篇文章研究了教材最重要的使用者,即学习者,填补了上文中Harwood指出的研究空白。该研究让学习者参与到各个层面,对教材、真实教学材料和活动类型进行评估,最终生成自己的教学材料。

注　释

1. "全球英语"在本书中是一个宽泛的概念,指全球范围内的英语使用。这一用法与Galloway和Mariou(2014)的用法相类似。
2. 英国文化协会(British Council)的一项调查(2008)显示,67%的教师称在部分(48%)或整个(19%)教学过程中会使用教材。
3. "反拨效应"通常用于教材/课程体系测试的效果,该词的含义在这里被扩展为Tomlinson(2003a)和Mishan(2010b)所使用的含义。

4 教学材料评估和调整

4.1 引 言

Amrani(2011: 270)指出,语言教师经常评估教学材料:

> 教学材料评估对教师来说并不陌生。从在书店随便逛逛挑选新书,或者采用从会议报告或同事那里得来的新想法,到浏览网上的讨论和资源网站并搜集新材料,他们一直都在进行教学材料评估。

在这些非正式评估活动中,我们还可以加上著名的"翻阅测试",即快速浏览教材的页面,或者只是浏览某本书中的主题、插图和主要语言点。Tomlinson打趣道,"出版社对此了如指掌,有时候会在单页的右上角放上一些插图,吸引翻书的人的注意,产生积极的影响"(2013a: 31)。

然而,这些评估活动基本上都是凭直觉进行的。如果直觉是有专业性依据的,那么对相关人员或许有一定价值,但用Tomlinson(2003b: 17)的话来说,这种评估是"临时的和凭印象的",而不是在之前就已经形成了明确的教学和学习原则,并以此为基础进行评估。在本章中,我们主要关注Tomlinson提到的有原则的评估,并将使用Tomlinson的定义(2003b: 15):"教学材料评估指测量学习材料的价值(或潜在价值)的过程,对教学材料对使用者的效果作出判断。"Tomlinson(2003b)定义中的措辞十分谨慎,使用了"过程""测量""价值""判断"和"效果"等词,表明这是一个更系统、更深思熟虑和更复杂的过程,而不是在英语教学会议上浏览书摊或进行"翻阅测试"那样的非正式的、直观的过程。

4.2 有原则的评估的必要性

我们一开始就要问的一个问题是:"系统的、有原则的教学材料评估真的有必要吗?为什么有必要?"首先,正如我们在本书的引言中所说,教学材料在语言学习过程中起着重要的作用。事实上,在某些语境下,教学材料是学习者接触目的语的主要途径。正如Littlejohn(2011)所说,许多出版社现在会提供额外的内容(例如练习册、光盘、互动电子白板资源),这意味着,教学材料在课堂上的作用将比以前更加突出。我们要补充的是,经验不足的和/或未经培训的教师严重依赖教学材料指导他们如何上课,对他们来说,教师使用的教学材料实际上甚至可能就是教师教育。系统而有原则的评估之所以有必要的第二个原因是,教学材料可能代表了专业、财政和/或政治上的重大投入(Sheldon 1988)。当国家或地区政府为公立学校系统提供英语教材时,情况尤其如此。我们要认真对待教学材料评估,除了这两个重要的实际理由之外,还可以加上第三个较为学术的原因:教学材料评估对于从事这项工作的人来说是一项有效的专业发展活动。从这个角度看,教学材料评估不是教学材料开发的附加组成部分,而是其不可或缺的组成部分。教学材料评估是发展性的,这一论点基于以下这种观点:制定评估标准并根据这些标准进行评估,可以在很大程度上看出评估者本身的假设、知识和价值观。它还可以拓宽评估者的视野。例如,McGrath(2013: 107)认为,当教师和主管参与评估时,可以让"他们反思教学材料中他们本来可能没有想到的方面,并为可能没有表达出来的情感提供一个出口"。同样,Al Khald(2011)报告说,许多参加他在约旦举办的教材评估活动的教师认为这次活动很有启发性,活动中给他们提供的评估标准以及运用这些标准进行评估的过程，使他们明白了希望从正在使用的教学材料中得到什么。

虽然我们在上文定义了什么是教学材料评估，但我们还要思考什么不是教学材料评估，以便可以更明确地对其加以描述。Tomlinson(2003b)对比了评估与分析：评估关注的是在既定语境中判断教学材料的效果，而分析关注的则是教学材料中的内容，例如：

- 教材中有多少单元？
- 教材是否包含真实的文本？

第一个问题可以用数字来回答，第二个问题可以用是或者否来回答。但是，我们要承认，表面简单、客观的教学材料分析问题可能已经隐含对材料的评估，例如上面的第二点是关于真实性的问题，这说明分析者认为真实性很重要。我们要进一步指出的是，不同的分析者对真实性的定义可能有所不同。例如，根据我们对"分析"的定义，分析在"剔除"过程中可能是有用的，即在选择阶段剔除那些明显不符合分析标准（如水平、目标年龄范围、单元数量、考试重点等等）的教学材料。经过初步分析后留下的教学材料可以进行更详细的评估。

任务 4.1

确定一个目标学习群体，例如雅思（IELTS）备考班。针对该群体可能会使用的教学材料，提出四到五个分析问题，例如：

- 考试题型解释清楚了吗？

4.3 评估的性质

我们已经定义了什么是评估，并且区分了评估与分析，现在我们要思考一下进行评估的不同方面。从根本上说，评估可以在以下四

个维度有所不同:

- 评估什么?
- 何时评估?
- 如何评估?
- 谁来评估?

在本节中,我们将讨论这四个问题。

评估什么?

文献中关于教学材料评估的假设通常是,评估是用来评估教材的。的确,本章的大部分内容也体现了这一假设。但是,需要注意的是,教材并不是唯一的评估对象,可以进行评估的教学材料包括内部教学材料、测试、分级读物或者自己找到的教学材料。我们还要指出的是,对内部教学材料进行评估正说明了评估是有发展性的,因为这种评估必定涉及教师自己对材料的反思和修订。McGrath(2002)还指出,现在还会对教学材料一些特定方面进行评估,例如,对插图、文化内容和性别成见的评估。Ellis(2011)报告了"微观评估",其中包括详细研究教学材料中的某些课堂任务的效果。Ellis(2011: 231)认为,微观评估的好处在于:"可以促使教师分析任务设计背后的假设和实施任务的流程。微观评估要求他们不能进行印象式的评估,而要根据经验检验任务是否起到了预期'作用',以及如何改进任务以备将来使用。"

何时评估?

关于何时进行评估,显然评估可以发生在使用前(pre-use)、使用中(whilst-use)[1]和使用后(post-use)(Tomlinson, 2003b)。但是,需要注意的是,在进行这些评估之前,最好详细分析教学材料的使用语境(McGrath 2002)。根据不同情况,语境分析可能需要国家教育目标、课程体系目标或语言教学具体目标的背景信息,也可能涉及对教学大纲和试卷等教学文档的分析。学习者的相关信息(例如动机和期望)和教师的相关信息(例如资格和经验)在语境分析中也至关重要。考虑到语境的限制和特征,有了这些语境信息,评估者就能更好地评估教学材料是否适合特定学习者群体的目标。

使用前评估

使用前评估比使用中和使用后评估更为常见,原因有二:使用前评估可以提供相关信息依据,帮助决定使用哪些教学材料;同时,使用前评估比使用中或使用后评估更容易操作。我们可以看到,使用中和使用后评估的评估方法,如课堂观察或测试,更加耗时。Tomlinson(2003b)慨叹道,虽然也会有诸如使用评估标准框架之类的方法(如将在下文所见),但使用前评估往往是凭印象进行的。使用前评估可能与使用中评估的标准大体相同,但它们的措辞会有所不同,例如:

使用前:教学材料在多大程度上可以激发学习者的积极性?
                 5 4 3 2 1
使用中:学习者认为教学材料有多大的激励作用?
                 5 4 3 2 1
使用后:学习者认为教学材料在多大程度上激发了学习动机?
                 5 4 3 2 1

McGrath(2002)提出了使用前评估的替代方法,他指出可以先试验/试用教学材料,咨询(在其他语境下)已经使用过该教材的同事,以及观察已经在使用该教材的课堂。

使用中评估

Tomlinson(2003b: 24)指出了使用中评估的好处,并指出特别适合使用中评估的以下几点:

- 教学指南和版面的清晰度
- 任务的可理解性、可信度和可实现性
- 学习目标的实现情况
- 本地化的可能性
- 实用性、可教性、灵活性
- 吸引力、驱动力、影响力
- 促进短期学习的有效性

　　但是，Tomlinson（2003b）也对使用中评估提出了警告：评估者很容易被那些看起来效果不错的活动所欺骗。例如，课堂如果有"学生话语时间"，通常就会得到很高的评价，但是我们也需要评估话语的质量。例如，我们可能想了解的是，学生话语是否是"推动型输出"（pushed output），即口语活动可以让学习者走出他们的"舒适区"（见第2章）。Tomlinson（2003b）通过观察提出了以上标准，我们要补充的是，用这些标准进行评估时，要把教学材料的影响与其他变量，尤其是教师变量的影响，分离开来并非易事。例如，我们观察到的明显的"驱动力"在多大程度上来自于教学材料，多大程度上来自于教师？Tomlinson（2003b）认为，上面提到的适合使用中评估的各个方面，大多数都可以通过观察进行印象式评估，但是他建议观察时，每次最好只关注一个方面。他还提出了更客观（尽管相当耗时）的评估方法，如"记录每个学生口头表达的发生率和持续时间"（同上：24）。Tomlinson（2003b）对使用中评估的分析似乎表明，这种评估需要由外部评估者进行。McGrath（2002：120）则特别关注了教师在这种评估中的作用，并呼吁，要"按照一定计划，利用教师的日常经验"进行使用中和使用后评估。他认为，教师可以问自己以下问题，作为使用中和使用后评估的提示性问题：

- 我使用的教学材料中，有多大比例我没有做变动？
- 未经变动的材料的教学效果好吗？怎么证明效果好或者不好？
- 使用这些材料进行教学时，我不经意间做了什么变动吗？这些即时变动的效果好吗？如果不好,我要做什么调整？

诸如此类的宽泛评价标准也可以作为调整教学材料的原则性基础。

McGrath（2002）还提到了课堂观察在使用中评价中的潜在作用（这种使用中评价可以由同伴进行），以及教师和学习者可以写日记记录对教学材料的印象。

使用后评估

虽然使用前评估在防止教学材料选择方式不当（或选择的教学材料不当）方面可以起重要作用,但使用后评估提供的评估信息量可能是最大的,因为它可以从教师和学习者对教学材料使用情况,或者在理想的情况下,从教学材料对学习者影响的实际证据中获得相关信息。Tomlinson（2003b）指出,使用后评估可以"衡量［教学材料］在动机、影响、可实现性、即时学习等方面的短期效果",并且可以通过延迟测试等方式测量教学材料的长期影响。但是,他也承认,各种干扰变量（如课外接触程度,以及父母支持和个人动机的不同程度）会给这种评估带来巨大挑战。McGrath（2013）则提到了（教师进行的）回顾性评估,指出这有助于发现教学材料中的问题,进而进行建设性的修订和调整。

如何评估？

评估标准

讨论不同类型的评估（使用前、使用中、使用后）时,我们必然会顺便提到一些评估工具或方法,例如观察或试验。但是,在有原则的教学材料评估中,评估工具的选择和设计至关重要,我们需要更加细致地重新审视这个问题。设计评估工具时,最重要的影响因素是评估教学材料所依据的标准（Tomlinson 2003b）。标准通常只会与所谓的"检查表方法"（checklist method）联系在一起。我们认为"检查表"这个词是不恰当的,因为它似乎意味着一种快速且肤浅的活动,就像检查你是否为度假打包好了所有东西。同时，这个词还暗示着存在一个显而易见且普遍认可的待检查项目清单，并且检查这些项目的过程快速而简单（有关此类清单的概述，请参见McGrath 2013: 55）。但正如我们将在下面看到的，构建评估标准是一个复杂的过程，对这些标准的应用也是如此。

生成评估标准

正如McGrath所说，评估者要面对的一个主要挑战是要具体说明评估标准是什么。对此，一些评论者提出了一些系统性方法，例如，Ur（1996）建议对一般标准和具体标准进行基本的划分，Grant（1987: 119）则建议根据CATALYST框架生成评估标准：

- 交际性（Communicative）
- 目标（Aims）
- 可教性（Teachability）
- 可用的附加内容（Available add-ons）
- 水平（Level）
- 你的印象（Your impression）
- 学生兴趣（Student interest）
- 经过试验和测试（Tried and tested）

任务4.2

利用CATALYST框架生成一些具体评估标准，用来评估你所选择的某套教学材料。例如，从框架的"交际性"方面，我们可以生成以下评估问题：

- 教学材料在多大程度上提供了有意义的口语任务？
- 教学材料在多大程度上提供了个性化活动的机会？
- 你认为这个框架在生成有原则的评价标准方面有多大用处？

CATALYST框架也许可以是我们进行头脑风暴并生成评估标

准的出发点。但这个框架本身有一定的局限性。我们需要考虑这些局限性,提醒自己在评估标准中要寻求的是什么:

- "水平"和"可用的附加内容"这两个类别,在我们看来,属于分析性问题,而不是评估性问题。
- "你的印象"显然是凭印象得出的。
- "经过试验和测试"是一个相当空洞的标准,它几乎不可能使我们在生成有原则的评估标准方面有所创新。可能出现的情况是,老师和学生对所使用的教学材料相当满意,但这并不意味着这些教学材料是有原则的和最有效的,它们可能只是给老师和学生提供了"慰藉性食物"。

简而言之,在这个框架中,印象式问题和实际问题似乎被放在了与教学原则同样重要的位置,如果不是被放在更重要的位置的话。但是,根据评估标准的定义,评估标准会表达价值观,因此重要的是,应将价值观明确表达出来,并将其作为生成评估标准的基础(Tomlinson 2003b)。正如 Tomlinson(第22页)所说,"归根到底,重要的是,评估是有原则的,评估者的原则是公开的,并且在确定和执行评估流程时会参考这些原则。"

Tomlinson(2003b)和 Rubdy(2003)给出了可以更为直接地解决理论问题的标准框架。Tomlinson(2003b)提出了五类评估标准,每一类都可以用于制定若干具体标准:

- 普遍标准(由二语习得理论驱动):例如,教学材料是否具有激励作用?
- 本地标准(与语境相关):例如,在该语境下,教学材料在文化上是否可以接受?
- 特定媒介标准(例如音频或电脑):例如,音频教学材料的音质好吗?
- 特定内容标准(例如考试或专门用途英语):例如,教学材料是否再现了目标群体在真实世界里的任务类型？
- 特定年龄标准：例如，视觉教学材料是否能吸引儿童？

Rubdy(2003)认为可以基于心理效度、教学效度和过程效度这三个关键概念生成评价标准。以下是对这三个术语的解释：

- 心理效度：学习者的需求、目标和教学要求
- 教学效度：教师技能、能力、理论和信念
- 过程和内容效度：教材编写者对教学材料内容和教学方法的表征背后的思考

Rubdy(2003)进一步解释了这些术语。心理效度包括独立性和自主性、自我发展和创造力等概念。教学效度指的是指导、选择和反思等概念。有意思的是，Rubdy(2003)的框架强调了教师发展："评估教学材料的一个重要标准是……教学材料在多大程度上可以吸引教师不断发展批判性立场，并促进教师图式在这个过程中的扩展和完善"（同上：50）。过程和内容效度似乎是一个相当宽泛的类别，涵盖了从教学法和内容到布局和图表等各个方面，但它是一个生成标准的框架，而不是既定标准的框架。

从以上这三个框架中(Grant 1987; Rubdy 2003; Tomlinson 2003b)，可以看出不同的标准框架可能在重点和范围上有所不同，但是McGrath(2002: 43)指出，大多数标准框架都具备以下特点：

- 设计：包括教学材料的页面布局和组织的整体清晰度
- 语言内容：涵盖的语言项和语言技能
- 主题：话题
- 实际考虑：如可及性、耐用性和价格

实施标准

无论我们设计、调整或采用哪种框架，我们都要考虑如何生成

每个类别的具体标准,并使框架有一定的可操作性。McGrath(2002:40-1)建议采用以下步骤:

1. 确定一般类别
2. 确定每个类别中的具体标准
3. 确定一般类别和具体标准的顺序
4. 确定提示性问题和回应的格式

Tomlinson(2003b)则提出了一个略有不同的流程:先进行头脑风暴,确定有哪些评估标准,然后把这些标准划分到他的框架类别之中,例如普遍标准、本地标准、特定年龄标准等。随后,他提出了以下问题,评估人员可以用这些问题评估并修改他们已经生成的标准:

1. 每个问题是否涉及一个方面?
2. 每个问题都可以回答吗?
3. 每个问题是否都不含教条化的内容?
4. 每个问题都是可靠的吗?即其他评估者是否也会有同样的理解?

以下这些问题依次违反了上述评估标准:

1. 文本真实并且有趣吗?
2. 教学材料经得起时间的考验吗?
3. 每个语法项都有大量的控制性练习吗?
4. 四种技能之间是否有很好的平衡?

Tomlinson(2003b: 27)还提出了一组更有普遍适用性的问题,可以用来检查任何评估框架的评估标准:

- 标准清单是否基于一套一致的语言学习原则?
- 所有的标准是否确实都是评估标准?
- 标准是否可以帮助评估者得出有用的结论?

- 标准是否有系统性分类（比如，可以分为不同类别和子类别，以便做离散性和全局性的评判和决定）？
- 标准是否足够中立，以便不同意识形态的评估者都可以使用这些标准？
- 标准清单是否足够灵活，允许不同的评估人员在不同的情况下使用？

即使已经生成了一套一致的标准，并进行了分类，我们还要做一些组织性工作。比如，如何平衡开放式问题和封闭式问题？不同类别和这些类别中的问题应该如何排序？ McGrath（2013）警告要避免"虚假的统一性"，即评估工具的每部分都要有相同数量的问题和相同的"评分值"。这指向了一个至关重要，但又常常被忽视的问题：标准应该如何"加权"，即每个标准应该分配多少分？例如，给以下两个问题相同的权重是一件很荒谬的事：

- 这本书的封面吸引人吗？
- 这本书是否符合教学大纲的目标？

可以看出，通过参考理论，明确我们自己的原则和价值观，并审慎利用本领域的前人工作，我们可以制定出详细、全面和有原则的评估框架，供一个或多个评估者在一定程度上客观地运用这些框架进行评估。但是，正如 Riazi（2003）所指出的那样，我们也要记住，随着语言教学观点的改变，评估标准也会随着时间的推移而改变。

谁来评估？

基于明确标准进行的有原则的评估可能有一个问题，它们会给人一种印象，评估是或者应该是专家的专属领域，比如，Tomlinson 等人（2001）在《英语教学杂志》(*ELT Journal*) 上发表的评估有足足一百多条标准。但重要的是，我们也要意识到，评估方法必须适合评估者、评估目的和受众。Tomlinson等人（2001）对教材的评估的确是适合的：它是由学者和有经验的从业者撰写，供学者和有经验的从业者对一系列教材的共性进行评价，评估结果可以以教师可以理解的形式写成概要，但是对于忙碌的教师来说，应用这样的评估框架却是不太可能的。我们还需要考虑那些不是这方面专家的利益相关方（教师、学习者和出版社）在评估中的作用。

教师作为评估者

Masuhara（2011）就教师如何参与使用前评估提出了一些有趣的建议。例如，她建议召开会议，在会上向教师介绍和演示新的教学材料，讨论教师喜欢哪些活动，最重要的是，讨论他们为什么喜欢这些活动。Masuhara还建议，可以向教师提供教学材料，举例说明不同的教学方法，比如使用同一文本的不同方法。我们认为，这些活动的共同之处在于，它们都是结构性的、有重点的讨论，有助于发现教师在教学材料中真正想要的东西。我们注意到McGrath（2002：120）给出了一些问题，帮助教师思考如何使用中评估更加系统化。McGrath（2013）建议教师保留教学材料的使用记录，记录他们使用或省略了哪些部分，哪些部分进展顺利等等。这些记录可以为调整和补充教学材料提供依据。Masuhara（2011）也建议按照这些思路进行结构性反思。结构性反思既适用于使用中评估，也适用于使用后评估。Masuhara（2011）强调，支持所有这些潜在活动的基础是教学机构要认识到教学材料评估很重要，并且教师在这一过程中的作用也至关重要。

学习者作为评估者

正如McGrath（2013：151）所说，学习者在评估中也发挥着重要作用，"学习者有能力进行评估。他们并不会总是选择评估等级量表上的同一个数值，而是会加以甄别。如果有机会评估，他们做出的判断有时候会让老师们大吃一惊。"他建议学习者使用的评估方法有学习者日记、给任务打分和进行金字塔式讨论等。另外，通过隐喻研究，我们也可以得到有趣的评估结果，虽然可能只是间接的结果。正如我们在引言中提到的，McGrath（2006）进行了类似研究，要求学习者用一个隐喻描述教材，他们注意到学生给出的隐喻多种多样，而且主要是积极正面的。

出版社作为评估者

针对出版社评估，Amrani（2011）有一个有趣的见解，她提出出版社可以试用或者审阅教学材料，以便确定材料是否合适。但是，她指出现在审阅（利益相关方对教学材料的评论意见）比试用更为普遍，因为出版截止日期紧迫，出版社必须赶在截止日期前完成。特别有趣的是，Amrani（同上：273）提请大家注意，出版社评估和其他评估之间有一个显著差别，"出版社并不评估教学材料是否适合特定的受众，而是评估教学材料是不是适合最广泛的潜在用户，或者至少教学材料要有足够的通用性，且易于调整"。Amrani（同上：268）还强调出版社修改教学材料的空间十分有限，因为"课程内容、方法和任务设计通常已经由考试大纲、指南或标准（如《欧洲语言共同参考框架》）确定。"

到目前为止，在本章中，我们已经明确了评估应该由一套明确的学习/教学原则来驱动，并且最好是与特定的语境联系起来。我们还认为，虽然评估的主要功能是评价教学材料是否适合特定的教学和学习语境，但评估过程对于评估者来说可能是一种有益的体验，例如，可以展示出他们自己的教学法偏好和信念。评估过程的潜在受益者也包括教师本人在内。正如McGrath（2002：4）所说，"如果就像人们常说的那样，知识就是力量，那么对教学材料评估流程的更广泛的认识和对支持评估标准的典型概念的理解，可能会鼓励那些一直沉默的人表达自己的观点。"有意思的是，McGrath提到了"对支撑评估标准的概念的理解"：如果教师需要通过参与评估来增权赋能，那么我们认为，让教师了解评估流程是至关重要的。但是，McGrath（2013）提到了Wang（2005）进行的一项研究，研究中六名教师使用检查清单进行预测性评估。她报告说，老师们觉得自己没有能力完成这项任务,而且觉得这项任务非常耗时。评估要想成为一种主流活动,我们认为有两条互补的途径:(1)教师要进行评估方面的培训(McGrath 2013),以及(2)要有便于管理且易于获得的评估工具。Evans(2012)在这个方面迈出了一步。他制作了帮助英语教学管理人员开发适合其语境的评估工具包。他建议成立一个教师评估小组,并将评估方法从凭印象的方法发展到标准参照式的方法。Evans(2012)的框架(如图4.1所示)沿用了已有文献中推荐的主要步骤,不同之处在于框架中的每个阶段都有"如何做"的小贴士。

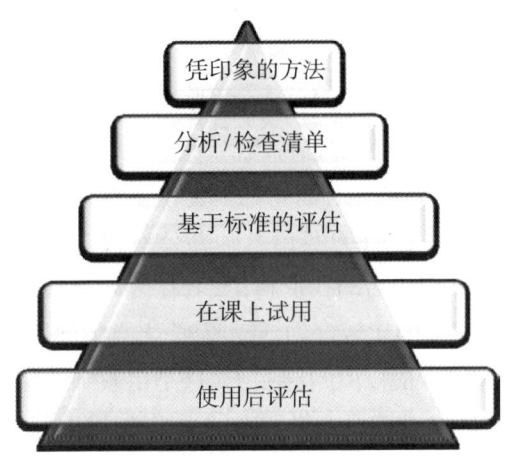

图4.1　Evans(2012)的评估方法选择阶段

任务4.3

　　你认同教师需要接受评估培训吗?你认为本章关于教学材料评估的内容对你有益处吗?有什么益处?

任务4.4

　　以下标准的缺点是什么?
- 课文里的单词是不是都是学生已经学过的?
- 学习这些教学材料能提高考试成绩吗?
- 这些教学材料能激发学生的学习积极性,并且有考试针对性吗?
- 教学法是最新的吗?

任务 4.5
- 分组，确定六个或八个可以用来评估任何教学材料的通用评估标准。
- 将你们组的标准与其他组的标准进行比较。

4.4 教学材料调整

什么是教学材料调整？

本章的开头部分区分了凭印象的教学材料评估和系统的、有原则的教学材料评估。对教学材料调整，我们也可以作类似的区分，这里要区分的是临时调整和有原则的调整。临时调整显然非常常见，比如，在许多（资源充足的）英语教师办公室，你会看到他们在查阅参考书，为某种类型的活动找资料，或者在复印报纸文章，或者在问"有人知道……方面的比较好的活动吗？"之类的问题。虽然这样的调整可能可以解决问题，但问题在于，这是由教师的偏好，甚至是一时兴起所驱动的，就像是由学习者的需求或愿望驱动的一样，如果不是更甚之的话。Tomlinson 和 Masuhara（2004）指出，教师教育课程中很少研究或教授如何调整教学材料，所以教师往往只能依靠经验或直觉进行。最理想的是，有原则的调整是以事先对现有教学材料的评估为依据的，不需要很广泛或很详细，但它可以为材料调整提供有原则的依据。McGrath（2013）认为调整可以在时机、规模和重点上有所不同：可以是针对课堂活动作出的反应性反应，也可以是在一堂课或一门课开始前的主动性反应。McGrath 指出调整可以在活动、单元或课程层面进行。Islam 和 Mares（2003: 86）也强调了"调整"一词的范围："教学材料调整涵盖一系列过程，从增加精心设计的语境化角色扮演以提供更多交流机会，到因时间限制而没有完成发音练习，都是对教学材料的调整。"

教学材料调整的原因

Cunningsworth（1995，引自 Islam & Mares 2003: 88）列出了以下可能导致教学材料调整的原因：

- 课堂动态情况
- 学生个性
- 教学大纲的限制
- 资源的可及性
- 学习者的期望和动机

例如，由于课堂动态情况和学生个性不同，教师开展的结对活动和小组活动可能比教学材料建议的多或少一些。由于教学大纲的限制，可能会省掉某些语言点，而更加关注其他的语言点。教学材料可能会要求使用互动白板，但教师却没有这一资源。还有可能发生这样的情况：学习者非常希望通过某个英语考试，但他们拿到却是一本通用英语教材。所有这些情况都可能要求教师根据学习者、学习语境和课程目标来调整教学材料。在我们需要考虑的各种情况之中，还可以加上教材的物理属性所造成的局限。例如，教师可能希望使用长篇文本，但这种文本在教材中很少见（Islam & Mares 2003）。由于教材的设计要满足各种不同文化语境的要求，因此其中可以包括的主题种类也有严格限制（见第3章）。Saraceni（2013）认为，为了摆脱了这种限制，教师可以进行一些调整，在课堂上使用那些比教材提供的更具讨论性的文本。

Tomlinson 和 Masuhara（2004: 12）列出了教学材料调整时需要考虑的因素，包括：

- 教学环境（国家的、地区性的、机构性的、文化上的）
- 学习者（年龄、语言水平、先前的学习经验、学习风格）

- 他们[教师]自己的偏好（个性、教学风格、对语言学习和教学的信念）
- 课程目标

有趣的是，Tomlinson和Masuhara把教师的偏好包括在内。诚然，如果你自己都不"相信"教学材料，那么教学就很难有说服力，但与此同时，我们要注意不要将自己的偏好投射到学习者身上。

Islam和Mares（2003）列出了教学材料调整的潜在原因，主要关注了学习者因素。他们列出的调整原因包括：

- 增加真正的选择
- 考虑到所有的感官学习风格
- 为提高学习自主性做准备
- 鼓励更高层次的认知技能
- 使语言输入更容易理解
- 使语言输入更有吸引力

应当指出，就这些原因而言，有些原因比其他一些更容易实现。例如，大班教学时，增加选择和照顾到不同的感官学习风格就没那么容易实现。

尽管McGrath（2013: 66）将他下面的列表称为调整过的"原则"，但我们认为，同样可以把它们视为调整的理由。教学材料应该：

- 被学习者视为是相关的（本地化）
- 是最新的（现代化）
- 满足学习风格的差异（个体化）
- 鼓励学习者谈论/写下他们自己和他们自己的经历（个性化）
- 让整个人参与进来（人性化）
- 适合学习者的水平/提供适当水平的挑战（简化/复杂化/差异化）
- 多种多样（多样化）

McGrath(2013)本人也指出了贯彻其中一些原则时可能会出现的问题。例如,就本地化而言,教师(和教学材料开发人员)可能很难判断在既定语境下哪些内容可以被视为是相关的和有趣的——本地化可能最好在本地进行(见第3章)!简化也可能存在问题,例如,Mishan(2005)认为简化是一门艺术,很难处理。在某些情况下,简化甚至可能会使文本更难理解(另见第2章)。

我们应该调整什么?

McGrath(2013: 62-3)总结了潜在的调整重点,这一总结非常有用:

- **语言**(说明、释义和范例中的语言、练习和课文中的语言,以及期望学习者产出的语言)[大概指期望他们在控制性练习活动中产出的语言]
- **过程**(在练习、活动和任务的说明中,明确指出的课堂管理或互动的形式,以及学生的学习风格)
- **内容**(主题、语境、文化参照)
- **水平**(对学习者的语言和认知要求)

我们应该如何调整教学材料?

在本节的结尾部分,我们还要提醒一下自己,调整教学材料的目的是"使之更适合其使用语境,以及弥补其中任何的内在缺陷"(McGrath 2002: 62)。典型的教学材料调整过程包括以下七个阶段(Tomlinson & Masuhara 2004: 15):

- 教学语境的概况
- 确定调整的原因
- (根据特定群体或语境)评估教学材料

- （针对特定群体）列出目标
- 调整
- 教学
- 修改

正如Tomlinson和Masuhara（2004）所承认的那样，教师可能没有必要在每次调整教材的时候，把所有阶段都过一遍，但时不时地全部经历一遍会是一种有益的练习。

调整教学材料的能力，对任何老师来说，都是一项必备的技能。但是，正如McGrath（2002）指出的那样，这么做并不是毫无风险的：学习者可能对调整的反应没有那么好，或是因为教材是他们花钱投资买来的，亦或是因为教材给他们某种安全感和有序推进的感觉。还有一种风险是，大规模的调整可能会使教学不再关注课程原来的目标。教师从各种资源中挑选出他们认为最有趣的课文和活动，让课堂生动、有趣，这种情况并不鲜见，但这可能使教学方案失去了连贯性。因此，与评估一样，调整也必须有原则：调整应当关注学习者的目标。

在本章中我们看到，评价和调整在对语境敏感的、以学习者为中心的教学中发挥着重要的作用。评价和调整所需的一些技能无疑是通过经验获得的，但我们也可以通过采用有原则的方法，将理论与实践相结合，使之更加高效和有效。

任务 4.6

在本章给出的理由中，你认为调整教学材料最重要的原因是什么？

任务 4.7

你认为根据教师的偏好调整教学教材对吗？讨论为什么对或者为什么不对。

任务 4.8

- 确定教学语境。
- 为该教学语境下使用的教学材料制定一些评估标准。
- 评估该教学语境下使用的教材中的一个单元。
- 根据评估，对材料进行调整。

4.5 延伸阅读一

Johnson, K., Kim, M., Ya-Fang, L., Nava, A., Perkins, D., Smith, A., Soler-Canela, O. and Lu, W. (2008). A step forward: investigating expertise in materials evaluation. *ELT Journal*, 62(2): 157–63.

本文中，Johnson 等人进行了一项实验，要求三名有不同教学经验的教师根据各自的教学语境对同一教材进行评估。经验最少的评估人员（T1）有一年的教学经验，T2 五年，T3 十二年。研究采用了"有声思维报告"的方法，即教师在做评估任务时说出他们的想法，对评估全程进行录音和录像。研究小组分析了录音和录像，并确定了用于解释研究数据的五个类别：评估顺序、教师偏好、术语使用、教学法方面的关注点和使用中的灵活性。Johnson 等人指出，三位评估者采取了截然不同的方法，这可以从以下的文章摘录看出：

T1 从第 1 单元开始，但没有找到她认为适合第一节课（"加热器"）的活动，于是跳到了第 5 单元。这表明她更关注班级的后勤问题，而不是教科书的整体评估。

T2 采取了一种更直接的方法，尽管这种方法不一定更省时间。他很快找到了所有需要评估的材料，看了书的封面和封底，然后快速浏览了学生用书和教师用书，最后回到目录页。然后他翻阅了学生用书的每一页，直到翻到第 13 单元（共 14 单元）。

T3 的方法更具选择性。他很早就决定把重点放在第 4 单元上，并解释说他希望到那时教科书已经"定下来"。他查看了该单元的所有活动，同时参考了课程的其他教学材料。然后，他翻看了教师用书，并和学生用书中的第 4 单元进行了比较。随后更加仔细地看了教师用书里关于教学方法方面的注释，最后简单地浏览了第 8 单元，并把学生用书与教学注释进行了比较。（第 159—60 页）

Johnson 等人指出，评估者之间的区别主要在于评估的深度：T3 评估的样本较小，但评估更为细致。T3 也知道在评估教科书时要注意什么，在哪里可以找到这些内容：

总的印象是，评估者的教学经验越丰富（显然也包括至少一些教科书评估的经验），他或她就越能超然地看待一本教科书，并可以同时考虑到其他使用者的需求以及他或她自己的需求。（第 161 页）

Johnson 等人总结了最有经验的教师（T3）的独特方法：

与其他评估者相比，T3 关注问题的范围似乎更广。特别是他的许多评估都与教科书的语言学理论依据有关……T3 在表达他喜欢教科书的哪些地方和不喜欢哪些地方的时候，也不那么绝对，而是更加灵活。也就是说，他会权衡教科书、活动和教学方法的不同特点的利与弊，并且尽可能考虑到其他人（老师和学生）的需求和期望。（第 161 页）

相比之下，经验最少的老师（T1）最关心的是教科书，把教科书当作老师的"生存"资源。T2 能够从学习者的角度看待教科书，但他主要关注一个方面：教科书在多大程度上可以帮助学生在英语环境中使用英语做好准备。

Johnson 等人指出，教学材料评估培训可以成为教师培训课程的一个有益组成部分。我们希望本章正是朝着这种培训迈出的一步。

任务 4.9
- 自己做一下这个实验。确定一个使用某教材的语境,评估该教材,并进行录音。
- 听一听你的录音,注意一下你实际应用了哪些标准。

4.6　延伸阅读二

Maley, A. (2011). Squaring the circle: reconciling materials as constraint with materials as empowerment. In B. Tomlinson (ed.), *Materials Development in Language Teaching*, **2nd edn (pp. 379–403). Cambridge: Cambridge University Press.**

Maley指出,已出版的教学材料通常有两个问题:(1)因为是为全球市场开发的,所以本地市场对它们的兴趣不大;(2)教学材料中的教学大纲是线性的,尽管二语习得研究已清楚地表明,语言习得不是一个线性过程。他认为"在内容、顺序、速度和流程方面做决定时,要有更大的灵活性"(第380页)。文章讨论了实现这种灵活性的四种方式:(1)调整的过程,(2)一种教师可以将输入、过程和结果加以混合和匹配的模式,(3)将信息技术作为一种资源,以及(4)基于内容的学习。

Maley列举了一些他称之为"应对策略"的调整过程:省略、增加、减少、扩展、重写/修改、替换、重新排序和分支(branching)。这些术语大部分是不言自明的,但要说明的是,"分支"指为教材活动提供额外的选择。在输入、过程和结果的模式方面,Maley参考了Prabhu(2001)的研究。输入可以包括听力或阅读文本、视觉资料、实物教具和参考资料(等等)。过程可能涉及不同的技巧(如信息差)、不同的任务类型(如解决问题)以及不同的模式(如结对活动或小组活动)(以及许多其他的可能)。Maley还提到了互联网提供文本资源、参考文献资源和在线交流等资源的潜力。关于基于内容的学习,Maley声称它的优势是"显而易见的",因为它提供的内容很有趣,并且想在特定学科取得成功的动机可以增强学习英语的动机。在这一章中，Maley强调了选择和灵活性的重要性，以及教师在决定什么对学生最好方面所起的作用。

任务4.10

看一下教材中的某一单元，如果要给一个特定的学生群体教这个单元，你认为哪些地方可以增加一些可选的活动？

任务4.11

你能想出两个或者三个评估网络教学材料的具体标准吗？

任务4.12

Maley（2011）提出了创造性的调整，这在多大程度上可以与教学材料的连贯性和进阶性协调起来？

任务4.13

基于内容的学习的优势是"显而易见"的吗？请分组讨论。

4.7 结　论

本章讨论了评估和调整的过程，我们认为这两个过程都需要以有原则的方式进行，并且以有明确理论依据的标准为基础。我们注意到，制定这样的标准本身就是一项重要的教师发展活动。本章的要点有：

- 表面化的浏览评估和系统的、有原则的评估之间的区别
- 分析（教学材料中的内容）和评估（教学材料对特定群体的适合程度）之间的区别
- 使用前、使用中和使用后评估的可选评估方式
- 生成不同的评估标准，例如普遍标准、本地标准、特定年龄标准等

- 调整教学材料的各种潜在原因
- 评估和调整之间的联系

4.8 补充阅读

Littlejohn, A. P. (2011). The analysis of language teaching materials: inside the Trojan horse. In B. Tomlinson (ed.), *Materials Development in Language Teaching*, 2nd edn (pp. 179–212). Cambridge: Cambridge University Press.

Littlejohn提出了一个包括三个阶段在内的分析框架。第一层次的分析仅仅关注内容：教学材料包括什么。在第二个层次，也是他认为最重要的层次，分析者必须弄清楚老师和学生使用教学材料时要做些什么。在分析的第三个层次，他认为，分析者可以基于第一和第二个层次的数据信息，推断教学材料的总体目标、内容选择和内容排序的依据是什么，并推断教师和学习者在教学中扮演什么样的角色。

Mukundan, J. (2009). *ESL Textbook Evaluation: A Composite Framework.* Cologne: Lambert Academic.

Mukundan提出了一个包括三个阶段的评估框架。第一阶段是使用前阶段，涉及评估检验清单。第二阶段的独特之处在于，要求对教学材料进行语料库分析，计算词汇覆盖范围和循环使用率。第三阶段是使用中和/或使用后阶段，要求通过反思日记等方式，重点反思教学材料的不同方面是否有效。

注　释

1. McGrath(2002)使用的术语是"in-use"，而不是"whilst-use"。

5 为技术环境重新概念化教学材料

5.1 引言

在计算机技术的早期繁荣时期,即20世纪90年代中期,一幅标题为"技术就是答案,但问题是什么?"的漫画在商界和教育界流传开来。最初人们抱持着"因为我们可以"的态度(Meskill的术语 2007),技术在语言学习中的应用也因此得以在二语习得理论和教学中地位稳固。正如Blake所强调的,技术在理论和方法论上都是中性的,但技术使用的方式——其特定的实践文化——并不是,它是对实践者对二语习得的理解或信念的回应(2008: 11)。该领域的研究数量惊人,证明了这一领域的多样性。

> 这个领域的主要期刊之一《语言学习与技术》[1]（*Language Learning & Technology*）有近800篇文章（1997—2013），其中大部分是实证研究。从元分析中也可以看出此领域的研究范围。另一个关于计算机辅助语言学习技术的主要期刊 *ReCALL*[2] 有一些元分析文章。撰写本书时,最新的一项关于有效性研究的元分析（Grgurovi, Chapelle & Shelley 2013）考察了1970年至2006年间的37个研究。较早一些时候,Felix（2008）综述了1981年至2005年间关于计算机辅助教学有效性的研究,并分析了这些研究揭示了"计算机辅助教学的有效性"的哪些信息。Felix的综述研究中包括13项元分析,这些元分析本身共涵盖了数百项研究,研究对象人数超过20 000人。Felix的研究还包括根据其应用的广度和关注的领域选择出来的114项其他研究,这些研究关注的领域是（1）计算机辅助教学对学习过程或结果的影响,或（2）技术对写作的影响。

如今，在21世纪的第二个十年，就技术在教育中的应用而言，技术在社会中的常态化速度总的来说已经让我们走上了不归路。正如Bax（2003）预测的那样，在世界许多地方，技术实际上已经是教室设备的一部分。即使一些教育机构仍然没有无线网络、互动白板或计算机实验室等资源，但一般会配备供教师使用的电脑，学生们也普遍持有手机这一无处不在的移动网络设备。（请参阅"延伸阅读二"中关于"低资源英语教学环境中的数字技术"的部分）。事实上，我们的学生已经做好了在这种环境下"冲锋陷阵"的准备，这一点我们将在后面进一步说明。因此，对技术在语言学习环境中的使用，尽管我们绝对不会持不加批判的态度，但我们的立场是，作为教师和教学材料开发者，我们需要接受技术给我们的互动方式和信息获取方式带来的变化。我们需要考虑这对我们如何学习，甚至对我们如何思考的影响（例如，参见Thomas 2011），并在寻求以教学价值的方式将技术融入语言学习时，将这些牢记于心。事实上，Gruba和Hinkelman谈到了一种"技术生态"，其中技术渗透到语言学习环境中（2012: 28），这就要求我们在设计语言学习环境中的教学材料时有全新的思维。"……媒体的使用方式与传统的教室环境不同，任务的设计和实施都需要反映环境的可供性（affordances）[3]"（Hampel 2006: 118）。本章避免"以工具为中心"的视角（Gruba & Hinkelman 2012: 28），力求阐明如何在适合教学的材料设计中使用工具、资源和媒介。最后，要注意的是，虽然本章专门讨论技术的使用，但是这一话题在本书的各个章节中都有所提及，特别是在第6章和第7章的语言技能的任务设计中。为了确定本章内容的大背景，我们首先来看看课堂的主要参与者——学习者——与技术的关系。

技术以其快速变化的术语而著称。在语言学习（以及其他方面）中，与技术使用相关的术语反映了当时的教育趋势。在撰写本书时，已经使用很久或当前正在使用的术语有：

- 计算机辅助语言学习（computer-assisted language learning, CALL）：这个缩略语从20世纪80年代初开始使用，其中的"C"突出表明计算机进入了语言教室。尽管多年来,一直有人认为它没有准确地表示出与技术的互动,但它仍然是大家默认的缩略词。由于今天我们使用的数字技术越来越多地在笔记本电脑、平板电脑和其他移动设备上运行,而不是在计算机上,这个词很快就变得过时了。

- 计算机中介交流(computer-mediated communication, CMC):主要用于20世纪90年代,这与语言教学中盛行的"交际"时代相呼应,并与(从个人之间到机构之间的)合作交流项目中的通信技术(例如电子邮件以及后来的视频会议和社交网络)的使用有关。
- 信息与通信技术(information and communications technologies, ICT):一个更普遍、更中性的术语,目前仍在使用。
- 混合式学习(Blended Learning):在撰写本书时,混合式学习是一个流行的概念,指将技术更全面地整合到学习环境中:"在线和课堂活动的有原则的混合"(Grubaand & Hinkelman 2012: 46),最好在教学机构/课程中实施。

有关术语的更多信息,请参见 ICT for Language Teachers(ICT4LT)的门户网站。

5.2 语境:技术常态化

2012年,一个名为"每个孩子一台笔记本电脑"(One Laptop per Child, OLPC)的组织向埃塞俄比亚两个偏远村庄里4至11岁儿童提供了几十台盒装太阳能平板电脑。村民们没有任何技术经验,而且完全不识字。孩子们拿到盒子后拆开包装,研究人员通过安装的无线连接(项目组称之为"斯尼克网")监测接下来发生的事情。结果很快出来了。孩子们在数分钟之内就打开了设备。一周之内,他们平均每天使用47个已安装的应用程序。几个月后,他们甚至摸索出如何禁用研究人员安装的防止他们自拍的模块。由此得出的初步结论是:是的,孩子具有先天的技术学习能力,而大多数成年人显然缺乏这种能力。(Stokes 2012: 2)

有种观点认为现在的年轻一代（出生在千禧之交或之后的人）对技术"有天赋"，但对这一点也有异议："鉴于现在普遍认为大脑有高度的可塑性，大脑不断适应其接受的输入，那些经常与技术互动的人的大脑有可能会被这种互动重组"（Prensky，2009）。

Prensky在2001年创造了"数字原住民"一词，用来描述"年轻一代"对技术的适应程度（这是相对于他们"数字移民"父母的那一代而言，父母那一代在成年后才习得了这些技术技能），并将这个词解释为计算机、视频游戏和互联网的数字语言的"本族语使用者[4]"（2001: 1）。有人指出，对这一代人来说，数字设备已不再被视为"技术"，而只是他们日常生活中使用的一套普通工具，就像电话和电视之于他们之前的那代人一样（Oblinger 2003）。

这对语言学习有着至关重要的意义，首先与学生对学习环境的期望有关，其次与他们为学习环境带来的技能有关。当今的学生期望教育环境中的设施和参照点与教育环境之外的设施和参照点相匹配，而成功的学习需要感知到两者的相关性。学生的"数字素养"指的是随着技术创新而不断发展的一系列广泛的技能，包括检索、创建和贡献资源、处理信息系统和评估信息、协作、联网、同时处理多项任务、解决问题、在各种通信（社交）媒体上"语码切换"以及凭直觉了解新应用程序功能的能力。重要的是，作为教师，我们承认并利用这些技能，就像承认并利用学生的阅读、写作等技能那样（见第6章和第7章的相关讨论）。作为"数字移民"，一些教师可能意识到，他们对技术不如他们的学生那么得心应手和自信满满，这可能会让他们不太想用技术。但是，以技术为中介的学习并不涉及教师角色的重大转变。在大多数情况下，学生都能很容易地使用用于既定任务的技术，几乎不需要技术支持（如果需要的话，通常会向同伴寻求帮助），因此教师的主要角色仍然是为语言学习提供支架式支持和设定有效的教学任务。后一个问题是本章其余部分要讨论的内容。

任务5.1
- 草拟一些你认为是"数字原住民"特征的"标准"，比如：

- 使用社交媒体（如脸书）进行社交和联系
  - 同时进行多项任务的能力
- 在"数字原住民"——"数字移民"这一等级量表内，你处于什么位置？
- 你所处的位置会影响你目前在课堂上对技术的使用吗？

任务 5.2

语言教学教材未能进入数字时代。

查看英语教学出版社的网站，进行在线研究，想一想你同意以上这个说法吗？

- **牛津大学出版社**门户网站，可以找到 *New Headway*、*New English File* 和牛津大学出版社其他教材
- **剑桥大学出版社**门户网站，可以找到 *face2face*、*Touchstone*、*English in Use* 和剑桥大学出版社其他教材
- **培生英语教学**门户网站，可以找到 *Speakout*、*Top Notch* 和培生公司的其他教材

任务 5.3

欧洲计算机辅助语言学习协会（the European Association for Computer-Assisted Language Learning, EUROCALL）重点关注关于使用技术进行语言学习的研究和实践。

该组织提供了一个讨论列表，非会员也可以加入讨论，这是一个非常有用、充满活力的论坛，用于汇集各种想法、研究和信息。

可以考虑加入该论坛，就技术和语言材料和/或本章提出的其他问题进行讨论。

5.3 为技术环境重新概念化教学材料：作为产品的教学材料和作为过程的教学材料

技术的出现使我们对语言学习材料的概念化变得复杂。在技术出现之前，教学材料由材料编写者或教师编写而成的，或者是来自于报纸或文学等文化产品的"真实的"材料，并且是经典的印刷文本、图片或（从20世纪70年代开始的）音频和视听资源。伴随着网络2.0，涌现出一些技术，可以提供在线交互和用户创建的材料，这些技术改变了作者身份的范式，也模糊了教学材料和教学材料制作工具之间的界限。从有关教学材料开发技术的文献中，我们看到了从被视为"产品"的教学材料（如课件、教科书的数字版）到被视为"过程"的教学材料的转变，这里的"过程"指（使用社交网站、维基网站等工具）进行社交、联网和合作的过程。换句话说，我们看到了"从'教学材料'创建的概念（如为学习者使用而创建的内容）到对'工具'的利用和开发"的转变（Kiddle 2013: 192）。

由此，对乐于拥抱技术的教学材料，我们有了一个更宽泛的定义："计算机辅助语言教学材料，也就是为语言教学而生产的人工制品……可以包括任务、网站、软件、课件、在线课程和虚拟学习环境（vivtual learning environment, VLE）"（Reinders & White 2010: 59）。从这个扩展的定义，我们看到在技术环境中，语言学习材料的概念与互动性越来越合二为一，进而与为了互动而常常用作教学框架的任务也合二为一了。

上面提到的产品和过程的区别也被用于语言技能的教学之中（请见第6章和第7章）。在技术语境下，这种区别已经被有效地转化为内容和过程之间的区别："可以作为信息和数据来源的内容材料，以及可以作为学习者运用交际能力的框架的过程材料"（Reinders & White 2010: 59，强调为原文所加）。

教学材料作为产品/内容

产品/内容的概念关键取决于将"教学材料作为产品"和生成教学材料的"工具"这两者区分开的能力。为此,一个有用的视角是看"材料"如何呈现的,而不是如何生成或交付的(Mayer 2005,引自 Gruba & Hinkelman 2012)。为了说明这一点,我们可以以从交互式资源维基网站中生成的一条信息为例:信息一旦打印出来,并呈现给学习者,它就像任何讲义或教材一样成了一种"产品"。它的呈现方式决定了它如何用于学习,而与生成它的技术无关。

基于这种视角,可以根据教学材料在从静态到动态谱系中的位置来描述其特点(见图表5.1)。在静态的一端是教科书和打印资料(报纸文章、网络生成的原创材料,如小测验、漫画、词云等)等材料,然后从较动态的材料,如幻灯片演示,到音频和视频(例如,油管视频)。最后,在"动态"的一端是同步、互动制作"实时"文本,如即时通信、发短信等等(Mishan 2013)。

静态			动态
印刷的讲义/图片/教科书、网页材料	PPT/思维导图(原创的)演示	录制的视频(如油管视频)、录制的音频(如播客)	Skype广播、实时广播/电视维基网站、社交网站	手机短信、在线聊天、即时通信

图表5.1 教学材料维度,改编自 Mishan(2013: 217)

应当指出的是,这里的大部分"静态"教学材料是由对语言教师来说最有用、最通用的技术——"内容中立的"工具——制作的(Slaouti 2013: 85),如网页、小测验、漫画、连环画和词云的在线生成器,还有不起眼的文字处理器,这些实际上都是"创作工具"(见下文方框)。"静态"教学材料也可以由认识论/信息资源生成,这些资源包括搜索引擎、知识数据库(如谷歌、维基百科)和语料库(如下文所述)。所有这些都使教师生成教学材料(以及学习者在交互式任务中生成教学材料,见下文)成为可能。

说完教学材料谱系的"静态"一端，我们现在来考察一下语料库在语言学习中的使用情况。

我们非常清楚，网站很快会过时，变化也很快。这里我们列出了一些提供创作工具（允许用户设计和生成他们自己教学材料的软件）的成熟网站：

漫画生成器	www.goanimate.com
连环画生成器	www.makebeliefscomix.com
思维导图	www.prezi.com（演示工具）
新闻课程创作	www.lingleonline.com
小测验生成器	puzzlemaker.school.discovery.com
网络探究	www.webquest.org
网站创建	www.weebly.com
	www.google.com/sites
维基创建	www.wikispaces.com
词云生成器	www.wordle.net

从产品到过程：语料库与数据驱动学习

"语料库"是一个大型的机读文本的集合或数据库，包括不同语境下的自然话语（Bernardini 2000）。这些话语可以是口头的、书面的、以计算机为媒介的、即兴的或有稿子的，并且可以代表各种体裁（例如日常对话、讲座、研讨会、会议、广播和电视节目以及论文）（Huang 2011: 481）。

随着计算机语料库的发展，出现了一种被称为数据驱动学习（data-driven learning, DDL）的基于技术的语言学习方法，该方法通常与 Tim Johns（如 Johns 1991）的研究联系在一起。Hadley（2002: 99）这样定义数据驱动学习："数据驱动学习通过使用被称为索引工具（concordancer）的软件程序，分析庞大的英语文本数据库（语料库），索引工具可以从真实的语言样本中提取出常见的模式。数据驱动学习本质上是一种提升语法意识的新形式。"

在数据驱动学习中，语料库提供数据，学习者从中发现模式为已所用。从这个意义上说,由于数据驱动学习利用了语料库的输出,正如上文定义的那样,我们可以把它看作是一种基于产品的技术。

下面我们用一个简单的例子来说明数据驱动学习的基本性质。教学材料编写者(Ivor Timmis)编制了一个包含8 000单词的音乐考官报告语料库,供西班牙音乐教师的英语提高课使用。单词show在这个语料库中非常常见,他设计了一个练习,帮助老师们注意这个单词在音乐报道中的用法。他首先使用索引程序,选择出语料库中包含show这个词的所有句子,然后编辑打印出来的索引,重点放在"show + 名词"的句子上。请参见图5.2。

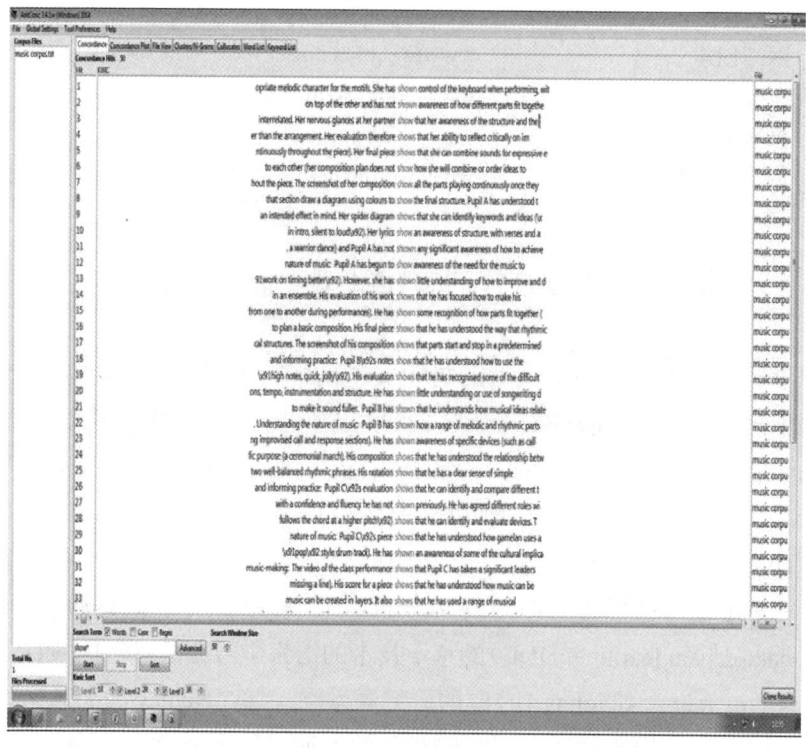

图5.2　show的索引结果

这是一个非常简单的例子,但它阐明了数据驱动学习的基本原则,即给学习者提供数据,并要求他们注意数据中的语言特征,这个例子中的语言特征是"show + 名词"这一搭配。比如,老师们希望学习者(在其他的搭配以外)能注意到：

- *show an understanding of*
- *show evidence of*
- *show awareness of*

由此可见，在数据驱动学习中，发现数据中的语言模式的责任落在了学习者身上。数据驱动学习背后的学习理论与交际教学法有很多共同之处，它也强调学习者作为知识主动建构者，而不是被动接受者的角色：学习者需要从数据中做出推论。这显然对教师的作用很有意义，在数据驱动学习中，教师被视为推动者或指导者，帮助学习者提出假设和问题，并在他们分析语料库数据时给予支持。在我们给出的例子中，教学材料编写者非常详细地说明了学习者需要查找的内容，但是问题还可以更加开放一些。许多与数据驱动相关的学习都集中在词汇和语法的交界地带。上面的例子中主要关注单词 *show* 的名词搭配和语块，不过，类似的数据还可以用来考察动词的时态或者从句结构"*show*+副词+*that*"。应当注意的是，"放任"学习者处理数据可能会使传统语法观点受到挑战，比如，教材给出了 *some* 和 *any* 的规则、间接引语或"三个条件句"的规则，但语料库数据通常显示，这些规则在很大程度上（过）简化了实际的用法。Boulton（2009）认为，数据驱动学习可以用于关注诸如连接状语之类的特征，这些特征在参考书或教材中经常被忽视或者被错误表征。Fox（1998）则认为数据驱动学习可以帮助学习者习得熟悉单词的新含义。例如，在图5.3的任务中，我们假设学习者已经熟悉了 *enjoy* 的基本含义。

Clearing House '. After all , joint committees themselves	enjoy	a good railway	pedigree . (deleted:name) # Plate bids for
a steak , but he wants to take his time and	enjoy	a leisurely meal	. Tomorrow he may come in for a steak
el porters and concierges -- to the detriment of guests --	enjoy	a much greater	influence over the running of a hotel than their
, this can be devastating . If you do want to	enjoy	a one-to-one	relationship of a companionable or romantic
much religion in a week . Tonight I feel I 'd	enjoy	a pint of	ale more than a text from the New Testament
one made in Anglo-Norman) Vegetius was beginning to	enjoy	a popularity	which was to last until early modern times . His

图5.3　*enjoy* 的索引结果

数据驱动学习的数据可以来自两类语料库：

1. 开放获取的"已出版"的通用语料库，如英国国家语料库（BNC）、美国当代英语语料库（COCA）或密歇根大学学术口语语料库（MICASE）。（更多可用语料库的信息，请参见本系列另一本书的第2章，Cutting 2014。）
2. 专门为学习目的而设计的语料库（教学语料库），如系统辅助编译及开放发布的欧洲青少年语言语料库（SACODEYL），该语料库"基于对13至18岁学生的结构性视频访谈……已经进行了标注和充实，可以用于语言学习"。另外还有BACKBONE语料库，该语料库在SACODEYL的基础上建成。

我们也可以自建教学语料库，就像上面提到的音乐考官语料库一样，这样的话，语言分析就可以围绕学习者的需求来展开。（关于如何自建语料库，请参见Cutting 2014第2章）

数据驱动学习的优势在于，它可以为语言学习提供真实的材料，鼓励自主性，培养认知和分析技能，并让学习者了解语言使用的真实情况。从实际使用来看，语料库和分析（索引）软件通常可以在网上免费获得。开放获取的语料库（如BNC和COCA）有内置软件，类似AntConc这样的免费软件也可用于数据驱动学习。

当然，我们也要考虑到使用索引进行教学可能存在的缺点：

- 索引行可以呈现来自真实文本的材料，但它们不是自然的阅读材料。它们通常从不同的语境中提取出来，而这些语境对学习者来说可能是费解难懂的。
- 共文（co-text，目标项周围的文本）可能包含不常见的词汇和晦涩的文化参照，并且索引行本身往往不是一个完整的句子。因此，数据驱动学习可能只对较高水平的学习者有用。
- 数据驱动学习可能主要适合分析型学习者。

但是,所有这些可能的缺点都不一定是数据驱动学习的绝对障碍。教学材料编写者可以编辑选择索引行(而不是编辑索引行本身),删掉那些学习者可能在文化或语言上无法理解的索引行,可以按键点击,从索引行切换到索引行所在的上下文,还可以使用分级语言语料库,例如由分级读物组成的语料库(Allan 2009),或者使用由教材组成的语料库(Römer 2004),使学习者有更多机会熟悉索引行中检索词的共文。在数据驱动学习的"目标市场"方面,Boulton (2009)有不同的看法,认为数据驱动学习对较低水平的学习者可以非常有效。总之,我们认为数据驱动学习是一种技术,如果使用得当,对一些学习者来说会有很大价值。

在这种情况下,教学材料的作用是向学习者介绍数据驱动学习,培养他们自主使用这种学习方法。在数据驱动学习的"终极"状态中,学习者可以直接使用语料库或索引软件,生成他们自己的索引行、频次列表等等,将数据驱动学习推向教学材料谱系的"过程"端。

作为产品/内容的教学材料:结论

现在让我们回到"教学材料维度"(图5.1)的图式,随着我们移向动态端,我们从作为内容/产品的教学材料过渡到作为过程/任务的教学材料。社交网络、即时通信或短信当然会生成一种"产品",尽管这种产品会转瞬即逝。但是,为了达到教学目的,学习者需要在"任务"中使用这些技术,如上所述,任务已经是教学材料定义中的一部分,而我们的定义更为宽泛,将技术也包括其中。

作为过程/任务的教学材料

这一节中,我们将首先了解"作为任务的教学材料"这一概念,然后用一些技术加以说明。

任务这一概念已经通过任务型语言教学(见第3章)被引入到语言教学中。这种教学方法,很偶然地,与利用技术学习语言产生了协同作用:"尽管在数字时代之前,人们就已经构想出任务的本质特征：独立、目标明确和学习者驱动，但这些特征与使用互联网的工作模式恰好完全吻合"（Mishan 2010a: 150）。

随着网络2.0在2004年推出，任务与技术的关系更为密切。网络2.0包含一系列的参与性媒介，如社交网站、博客、维基等，被一些技术和语言教学界人士视为一个可以探索"行动中"的社会建构主义教育哲学的机会（例如，参见Thomas 2009）。社会建构主义（与20世纪早期著书立说的Vygotsky和其他哲学家紧密相连）认为知识是"通过互动进行社会建构"的。这可以通过使用社交协作工具（如社交网络、即时通信或维基）进行学习来实现，其教学上的框架基础当然是任务。由此，教育哲学、技术和教学法之间相互作用，形成了"三方协同"（见图表5.4），为我们的"作为任务的教学材料"范式奠定了坚实的基础。下文中将进一步说明这一点。

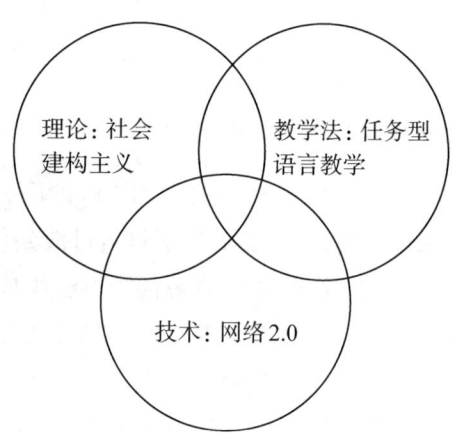

图表5.4　社会建构主义、任务型语言教学和网络2.0之间的"三方协同"

作为过程/任务的教学材料：网络工具

在数字环境中运行的"作为任务的教学材料"范式为我们提供了无限的可能性，如果有限制，也仅受限于我们的教学想象力（第1章中的一个理念）。这里我们给大家介绍一些我们预计会有较长"保质期"的成熟网站和工具，以使我们提供的网络资源"不惧未来"。

一个经典的技术任务是网络探究（WebQuest）。顾名思义，这是一个以探究为导向的研究项目，项目的信息均来自网络，通常以小组形式进行。因此，WebQuest可以被看作是在线环境中的任务型语言教学，其门户网站提供了一个任务模板（见图5.5），这让人联想到任务型语言教学的模板。模板供教师（或学习者）使用，用于构建一个"随时可用"的WebQuest，然后保存在数据库中供公众使用。

WebQuest结构简单，灵活易用，掩盖了其理论上的复杂性。尽管作为一个概念，它比网络2.0的协作工具要出现得早（WebQuest可以追溯到20世纪90年代末），但因为小组协作和"知识建构"是其运作的核心，它被视为"支持建构主义原则的有力手段"（Zlatkovska 2010: 19）。

简介	介绍了WebQuest的核心挑战
任务描述	描述任务目标；转换信息源，用来解决问题、设计产品、撰写期刊文章等
任务过程	循序渐进的任务流程 给出网络资源建议，用以完成任务
评估	供学生和教师用来评估表现和研究结果的量规
结论	任务完成情况总结

图5.5　WebQuest的结构，提取自webquest.org

下面来看一下那些不是为教学目的而设计的"中性"工具，这些工具的利用方式有以下两种：利用其交互性的潜力或用户生成内容的潜力，或者常常两者兼而用之。例如，使用连环画生成器（如makebeliefscomix.com），学生们可以一起合作，为同学创作一部配有对话泡泡的连环画，让大家在对话泡泡中填上文字，或者创作一幅讽刺漫画，让大家就此展开讨论。作品可以上传到虚拟学习环境（维基、博客或网页），也可以打印出来，供同学使用。由此，我们就有了作为互动任务的教学材料（创作一个连环画或者漫画）和作为产品的教学材料。类似的任务流程可用于以下工具：

- 单词小测验（例如 puzzlemaker.school.discovery.com）
- 词云（wordle.net），可以用于体裁分析
- 思维导图（如 prezi.com），用于对语言或概念等进行头脑风暴

图5.6展示了由一群面向其他语言使用者的实习英语教师（trainee teachers of English for speakers of other languages, ESOL）对"文化"这一概念进行头脑风暴后，在演示软件Prezi上生成的思维导图。

图5.6　其他语言使用者在英语课上关于"文化"的头脑风暴（在Prezi上生成）

从任务型语言教学的理论观点来看（见第3章），这类任务的学习收获与其说来自于完成为彼此设定的任务本身，不如说来自于学生在设计和创作教学材料时的互动和参与，以及这种作者身份带给学生的赋能。当然，在使用社交媒体时也是如此，下面我们就来看一下这方面的情况。

作为过程/任务的教学材料：社交媒体——"我分享，故我在"

现在这一代人利用社交媒体建立人际关系网，进行社交，并且以独特的方式在公共领域分享他们私人生活的日常琐事，社交媒体已

经从根本上改变了他们的行为模式。语言教育者很快发现了利用这些现成社交空间的可能性。如上所述,从教育哲学的角度来看,社交媒体是实现社会建构主义理论的一个非凡舞台,该理论认为知识是"协同构建"的。为了"激活"这一点,使用社交媒体的任务和教学材料,无论是在有限的情况下(如虚拟学习环境中)还是在网络上,都需要培养互动、思想和创造力的交叉融合以及真正意义上的社区共享。

但重要的是,我们不能过于理想化。教育从业者也发现他们在私人空间和教育空间的界限上"陷入了困境"(例如,参见Schwartz 2009)(对移动设备的使用也有同样的保留意见,见下文)。摆脱这种束缚的方法是使用一个单独的社交网站,但这可能会使互动变得不那么自然或者比较有限。

抛开这种保留意见,社交媒体在语言学习中可以利用的一个价值是,它们更偏向于书面模式。通讯媒体(电子邮件、博客、脸书、即时消息、在线聊天、短信等等)的独特可供性意味着,它们可以捕捉到那种到目前为止还是会转瞬即逝的交流模式——口语。这些媒介上的交流实际上是"书面对话"(尽管每种媒介都有一些独特的特点),让我们能够"看到"(并写下)那些具有或曾经具有口语特征的词语和表达。此外,还有副语言特征(表情符号,如油管和脸书等上的"喜欢"符号/链接等),它们模拟了面对面交流的"多模态"的一面。但是,除了在线聊天,这些媒介上的交流是异步的(因此不同于面对面的对话),互动速度会变慢。没有了面对面交谈中的即时反应压力,人们有更多的"准备时间",这对学习者来说非常有用。这也使得对话"话轮"比面对面的话轮更有内容,面对面的话轮往往包括更多的反馈语(支持性表达,如"哦!""真的吗?""对的")。[5]

如果脱离其产生的环境来看,互动中生成的带有书面痕迹的语言确实显得有些做作(我们对图5.7中的脸书对话可能有这样的感觉),即便如此,这种语言仍然可以有效地用作内容材料(处于教学材料连续体的静态端,参见图5.1)。下面,让我们一起在任务5.4中探讨这一点。

任务 5.4

以图 5.7 为例，或者如果你有脸书主页的话，以你脸书上的贴子为例，思考语言课堂中是否可以把脸书上的对话当作教学材料用于：

- **体裁分析**：例如，确定在线写作的特征（例如，口语语域中的"*cheers mate*"）
- **话语分析**：例如，追踪参与者之间的话轮转换，分析他们如何进行话轮转换，找出反馈语
- **正字法特征分析**：标点符号、表情符号和大写字母等副语言的使用

June Parsons* Perhaps could be fun for a holiday with the gang and all our little people next summer?!....

[web link and photo]

Like · · Share
Patricia Stokes and **3 others** like this.

Tina Curtin Ooh yes very nice. & it looks a bit like teletubby land too!

Sunday at 19:19 via mobile · Like

Jake Sands hello

Sunday at 20:13 via mobile · Like

June Parsons That's what I meant by the little people Tina...
Sunday at 20:22 via mobile · Like

Patricia Stokes i thought you meant me.

Sunday at 20:45 · Like

June Parsons No you're way less annoying than a teletubby
Sunday at 22:03 via mobile · Like

Patricia Stokes cheers mate.

Yesterday at 08:09 · Like

*Names have been changed

图 5.7　脸书上的贴子示例

作为过程/任务的教学材料：数字工具

自20世纪90年代中期以来，有种设备在语言教学领域引起了广泛关注，而这一设备也可以用于基于任务的教学形式中，那就是手机。"得益于"几乎人手一机的全覆盖状况，移动学习（mobile learning，也被称为e-learning），或移动辅助语言学习（mobile-assisted language learning, MALL）业已成为语言教学界的一个子领域。到2011年，全世界87%的人口拥有一部手机（纽约移动通信公司的统计数据），而且世界上一些技术最匮乏的国家和地区的手机持有率增速最高（例如非洲和孟加拉国）。虽然英语教学出版社已经开始生产独立的或与教材相关的应用程序，但对许多教师来说，手机的吸引力仍在于其核心应用程序的功能，例如发消息、打电话、视频和音频录制（尤其是由于智能手机或平板电脑目前还没有全球普及）。从最基本的层面来看，这些应用程序可以用来完成其他媒介形式的任务。文本应用程序可以用于最传统的语言练习，例如听写（Hockly 2013a: 82），如果听写里有练习说明，或者安排一个任务，那么就"转向"任务型语言教学了。发短信也可以用来进行其他的经典任务：问卷或调查。同样的，把"家庭"照片带到课堂上进行"破冰"的经典活动，也可以被改成遵照一定的要求让学生从手机照片库找到，比如"一只宠物……一位家庭成员……一场庆祝活动……一个做运动的人……的照片"，然后与同伴分享这些照片（Hockly 2013b）。当然，今天的移动设备也足以修改，并且最终改变以前的一些活动任务。Hockly（2013b）提出了一个经典的活动类型，利用条形码（二维码、快速响应码）中的编码线索（通过下载的二维码应用程序读取），和/或使用全球定位系统（GPS）进行"寻宝"游戏。推特（Twitter）这一广受欢迎的"微博"（microblogging）服务，提供了网络社交的机会，同时也可以进行语言上的挑战。一个名为"快速且随性"（quick and dirty）的任务要求学习者创建自己的推特账户，比比看谁的"粉丝"多。用140个字符简洁地表达观点，则形成了一种"通过约束进行创造"的悖论（类似于俳句的原理）。例如，爱尔兰科克大学的博士生被要求用一条"推文"综述他们的论文。⁶但是，使用移动设备学习的同时，也会有一个"健康警告"，人与手机之间真正的"关系"（McNamara 2011; Godwin-Jones 2011）意味着教师需要警惕不能跨越个人和教学之间的界限。

任务5.5

与同伴讨论或者自己思考这个问题，完成图5.8中的对话泡泡。

图5.8　讨论：技术与"教学材料"，从网站www.makebeliefscomix.com上生成

任务5.6

从技术维度，很难定义"教学材料"这个词的含义，尤其是在用户界面（如维基、社交网站和其他社交媒体论坛等）的网络2.0可供性下，很难将"教学材料"与生成教学材料的"工具"区分开。

如果可能的话，参考你熟悉的"基于技术"的教学材料或任务，思考或讨论以上这个观点。

5.4 使用技术的教学材料模板

移动设备和应用程序、网络2.0工具和社交媒体独特的交互特征都汇聚在我们对数字时代教学材料的扩展性定义之中。根据本节中给出的建议进行推演，当然，也根据基于任务的基本模型（这也是本章理论框架一部分），我们得出了图5.9中的一套教学材料设计参数。

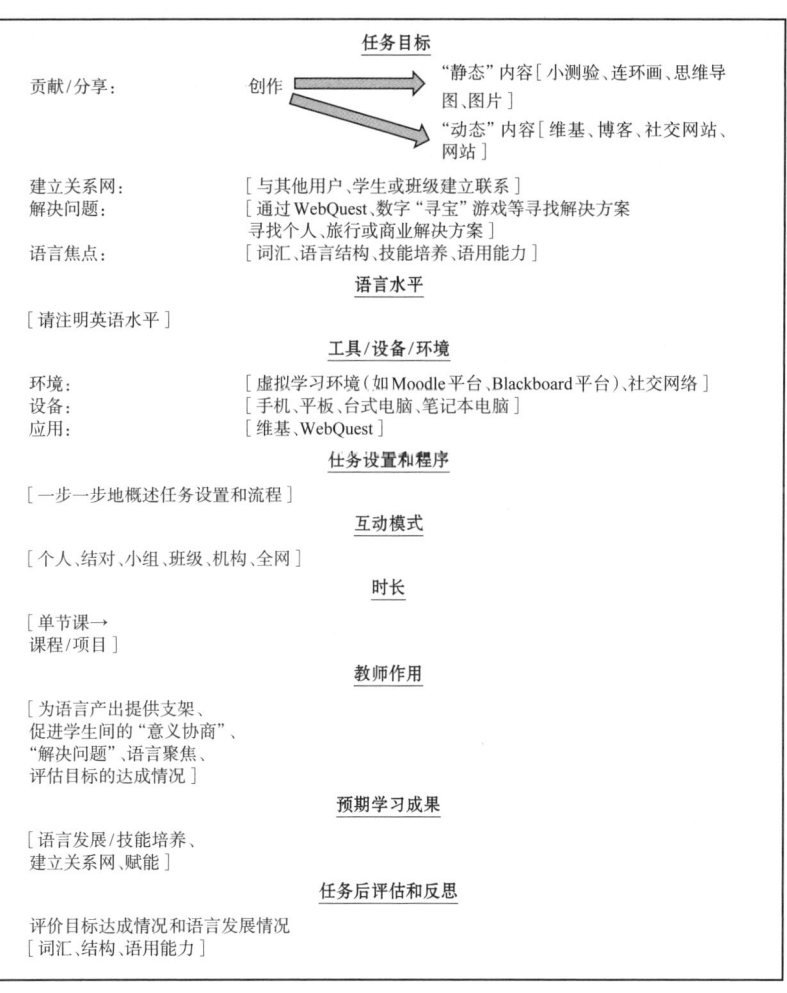

图5.9 使用数字媒介的教学材料设计参数（括号中是例子和说明）

任务 5.7

运用这些参数,并牢记任务型语言教学的基本框架(参见第3章的任务3.6),用你熟悉的网络工具或数字应用程序,设计一份教学材料。第9章详细讨论了任务框架,可以参阅这一章的内容。

任务 5.8

Doughty 和 Long(2003b)在在线期刊《语言学习与技术》(*Language Learning & Technology*)上发表了文章《远程外语学习的最佳心理语言环境》("Optimal psycholinguistic environment for distance foreign Language Learning"),将语言教学中的技术使用置于任务型语言教学的教学基础之上考量。

思考在你设计的数字材料中是否可以遵循文章中的"任务型语言教学的十大教学法原则"。

任务 5.9

回顾"从产品到过程:语料库与数据驱动学习"一节。以该小节的图5.2和图5.3为蓝本,或根据该小节中其他的建议,制作一个数据驱动学习的教学材料。可从语料库门户网站 http://corpus.byu.edu 或该小节中建议的任何其他语料库,选择可用的语料库。

5.5 延伸阅读一

Kiddle, T. (2013). Developing digital language learning materials. In B. Tomlinson (ed.), *Developing Materials for Language Teaching* (pp. 189–206). London: Bloomsbury.

正如我们在本章中指出的,语言学习材料的概念在技术环境中一直很难定义。然而,Kiddle 信心满满,另辟蹊径,从教师(第一部分)、学习者(第二部分)和出版社创建数字教学材料的角度描述数字教学材料。

Kiddle将这一章节的内容定位于当前的技术前沿,努力使其"不会过时"(在这样一个快速发展的行业中只能尽可能做到这点),他将其置于"网络2.0和网络3.0时代的交替时期"(第189页)(他解释说,这一时期的网站更"智能",用户响应性更强)。正如标题中的数字模式所示,Kiddle在文中提供了二维码(即手机可读的条形码),可以即时访问文章中提到的网站和工具。

我们已经提到Kiddle对数字环境中教学材料的扩展性"定义",这与我们的定义不谋而合:

> 近年来,数字教育(和非教育)方法发展的另一个特点是从"教学材料"创建的概念(如为学习者使用而创建的内容)转变为"工具"的利用和开发,既包括最初为语言学习和教学而设计的工具,也包括使用和改造本来用于其他用途的工具。(第192页)

他强调这一章的重点是数字工具带来的创新之处,因此他主要关注"那些在设计或交付中真正利用数字模式或媒介的工具或教学材料"(同上)。因此,他选择了一些通过技术改变我们对"文本"的概念以及对文本操作方式的理解的工具,其中包括Prezi的"无限画布"概念、用户在键盘上滑动而无须按下单个按键的Swype键盘(swype.com)、个性化数据收集和使用的智能工具(如词典lingro.com)及交互式电子白板。

交互式电子白板只是第一部分"教师创建的数字教学材料"中讨论的众多工具之一。就教学法而言,第一部分将自己定位在混合学习框架内(利用技术学习语言的最新"方法",参见上文),Kiddle将混合学习量化为"20%至79%的课程时间在线"(第195页),并且他指出混合学习与虚拟学习环境相关。

这一部分还给出了不同阶段的技术使用的一个通用模型。模型概括了技术使用的进程,对大多数技术使用人员来说,具有一定的辩识度(尽管也有些野心勃勃!)。有鉴于此,我们在此引用了该模型。

- 灌输——将技术应用推广到现有的教学实践中，学习者是工具的被动观察者。
- 整合——将技术嵌入到课程体系中，并关注它如何提高学习目标。学习者是较积极的参与者。
- 转型——技术使学习过程增值。学习者主要参与基于探究的知识建构。(Burden 2002，引自 Kiddle 2013: 197)

在 Kiddle 所著章节的三个部分中，第二部分"学生创建的数字教学材料"与内容创建的关系最为密切。在第二部分中，作者指出，挖掘网络2.0的用户生成内容的潜力，在培养自主性和自我表达，以及参与社会框架/实践社区方面有一定优势。与本章一样，他也强调了教学参数的必要性：

在语言教学计划中有效实施这些资源的核心是确定参数，以及有原则地提供反馈。参数包括任务、内容、合作性质、时间范围等。有原则地提供反馈指的是，在有效关注语言学习目标的同时，尊重学习者对内容的所有权和创作权。(第199页)

有趣的是，尽管 Kiddle 承认"移动学习机会作为一种越来越具有包容性的数字教学材料获取方式，其重要性已经突显出来"(第200页)，但他似乎受到了(空间上的？)限制，在移动设备的使用方面没有深入研究，我们认为移动设备使用很可能是这一领域的"未来之路"(另见延伸阅读二)。

在最后一部分，谈到出版商或专业人员开发的数字教学材料时，Kiddle 向我们描述了具有21世纪特色的英语教学出版商的困境，他们再次被出版时间的延迟所困扰：

在21世纪的第二个十年里，人们对大型英语教学出版商表示同情，因为他们面临着语言教材制作史上前所未有的挑战。他们面临着消费者市场对数字内容的需求，但当所需的投资到位

时……游戏已然改变了。(第201页)

在分析了英语教学行业的一连串数字困境之后，Kiddle关注了全球教学材料制作视阈下的技术教学材料，由此，我们看到了一个熟悉的说法：

> 最后一个挑战……是要在英语及其变体的全球教学方法和面向全球市场的教学内容，以及为当地语境、文化、需求和多种语言影响而设计和开发的教学材料之间取得平衡。(第201页)

最后，在结论部分，Kiddle给出了他预测的一些将会进入语言学习领域的技术创新，以确保这章的内容"不会过时"。第一个是网络3.0。在撰写本书时，网络3.0已经呼之欲出。这个新平台有两个方面被认为与语言学习密切相关。首先是它的"学习分析"能力(第202页)，即整理个人用户的数据，从而实现内容的个性化(我们已经在亚马逊等网站上看到了它的雏形，亚马逊根据用户之前浏览和购买情况，推送符合买家品味的书籍、DVD等)。第二个方面是网络3.0的"地理空间"能力，在这个方面：

> 位置是选择内容的决定性因素……这意味着主题领域、文本内容和语言类型都是根据学习者的位置选择出来的……这就要考虑学习者在数字学习态度上的文化差异。(第202页)

因此，网络3.0的这个特点可能有助于跨越我们经常提及的将第一世界和第三世界分隔开的数字鸿沟。网络3.0平台还提供了增强现实(augmented reality, AR)功能，即通过智能手机或平板电脑将数字内容叠加在现实世界的内容之上。作者给出了一个通过数字设备观看教科书的例子。此外，网络3.0用于语言学习的其他特点还包括：增加了获取语音识别软件的机会，以及获取对手势、动作、面部表情和声音做出反应的软件的机会。"数字时代的全身反应法

（total physical response, TPR），有人知道吗？" Kiddle 打趣道。（全身反应法指学习者通过将语言与身体动作联系起来进行语言学习；参见 Spiro 2013）。

Kiddle 的这一章立足于在教学中使用技术的一个经典问题，即"技术创新往往快于教学整合"（第203页），同时，他还提到了一个更为根本性的警告，即技术对这一代数字原住民的影响，涉及他们的"注意力集中度、写作和面对面交流"（同上）。然而，他的主要关注点在于技术作为语言教学的创新力量："在努力使用技术，为学习过程添加一些不同的但是同样或更为有效的东西的同时，数字教学材料的开发者和使用者也需要意识到这些问题"（同上）。

任务 5.10

思考 Kiddle 在他那一章（2013: 203）里提到的要关注的三个问题：

技术创新往往快于教学整合。

学生在注意力集中度、写作和面对面交流方面[存在]问题。

在努力使用技术，为学习过程添加一些不同的但是同样或更为有效的东西的同时，数字教学材料的开发者和使用者也需要意识到这些问题。

任务 5.11

查找关于这些问题的期刊文章或书籍。这里给大家推荐两个在线期刊，以及一个关于交互式电子白板教学材料设计的项目：

- 《语言学习与技术》
- 欧洲计算机辅助语言学习协会（EUROCALL）出版的刊物 *ReCALL*
- 语言教学互动技术（Interactive Technologies in Language Teaching）项目

5.6　延伸阅读二

Hockly, N. (2014). Digital technologies in low-resource ELT contexts. *ELT Journal*, 68(1): 79–84.

选择这篇文章有多方面的原因。最重要的原因是，这篇文章发表在当今关于数字技术在语言教学中的应用的主要出版物上。另外，正如标题所示，文章探讨了在低资源环境中使用技术的可能性和相关经验，向大家展示了"面向所有人的技术"。第三个原因是，文章中有许多关于手机的使用，这被视为"消除了对昂贵硬件和基础设施的需求"（第81页）。从硬件方面来看，我们认为这是未来语言教学的前沿。最后，这篇文章还促使读者在自己的语境中思考数字技术的应用，无论是现有的还是未来的。

需要指出是，在全球范围内不同的语境下有效使用技术时，应关注的核心问题是"教学材料和方法的文化适用性"以及"使用恰当的技术"（第80页），这与本书在语言学习材料方面强调的关注点相一致。

文章中，Hockly将低资源情况下的数字计划分为三个层次：国家项目、机构项目和教师个人开展的项目，并对这三个层次分别加以阐述。

在国家项目层面，从乌拉圭、阿根廷和阿富汗到委内瑞拉、尼泊尔和卢旺达，许多国家都正在实施"每个孩子一台笔记本电脑"计划（本章已有提及）。其他项目由不同的利益相关方资助，如非政府组织、教育部、硬件和/或软件供应商、通信公司以及教育机构（如英国文化委员会或大学等）（第80页）。这些项目的议程包括"社会正义"（第81页）、儿童扫盲（印度的"新兴经济体的移动式和沉浸式扫盲学习"项目）和为弱势妇女提供利用技术的机会（英国广播公司的Janala项目）。所有这些项目都使用移动设备（原因请见上文）。但是，Hockly指出，在第三世界，特别是在非洲，老旧的电视和广播技术仍然发挥着重要作用,英国文化委员会的广播节目仍然有数百万英语学习者在收听(第81页)。

在机构层面,通常以混合形式引入技术,并且在现有的虚拟学习环境中付诸使用,这可能是出于现实的原因(例如,在埃及,政治紧张局势使学生无法上课,或者像在尼日利亚的项目中一样,仅仅是因为班级人数的问题),也可能是出于教学的目的。

至于个人层面的项目,Hockly提到了中东、苏丹、尼日利亚和巴西的各种案例研究,并且请读者参阅Egbert(2010)和Motteram(2013)的文献以及牛津大学出版社网站上的其他案例研究汇编。

值得注意的是,Hockly在结论中表达了与Kiddle的文章中同样的担忧,这与本书的精神也相一致:

> 无论规模有多大,如果要在低资源的情况下有效使用数字技术,就必须考虑到一些问题……不仅是硬件和软件的选择,教和学的方法以及教材的教学设计都必须符合当地文化和教育语境的实际情况。显然,没有哪一种技术能够在低资源的情况下"发挥最大作用"。在任何情况下,无数因素,如(缺乏)教师培训、学生动机、班级规模、有限的课时、教育信念、获得资源的途径、文化适宜的材料、对文化敏感的方法,甚至政治现实,都将决定如何最有效地利用数字技术。(第83页)

任务5.12

- 与其他人分享在你自己的语境下,在国家、机构或个人层面上的行之有效的技术举措。
- 基于这篇文章,构想一个在国家、机构或个人层面上的技术举措。

任务5.13

浏览在线期刊《语言学习与技术》上移动辅助语言学习(MALL)专刊的目录,从中找出你认为在你的教学环境中可行的,或者适合你的教学环境的内容。

5.7 结 论

本章试图解决在调和技术（短暂的、交互的、非中介的和有创作者身份自由的）与我们传统意义上的语言学习教学材料（有形的和集中撰写/有中介的）之间所涉及的概念、教学和实践问题，我们解决的方式为：

- 拓展教学材料的概念，将数字环境也纳入教学材料的概念中
- 借用教学其他方面中关于产品和过程的区别，并将其应用到教学材料中，现在被认为包括从传统的实物产品到相互作用的各种教学材料
- 把"任务"当作教学材料的基础，将（到目前为止）这一传统的教学概念与技术的可供性相结合
- 推荐在编写材料、任务和交互中使用网络2.0的应用程序
- 提供可以用于设计有数字媒介教学材料的参数模板

5.8 补充阅读

Chapelle, C. (2010). The spread of computer-assisted language learning. *Language Teaching*, 43(1): 66–74.

  这是一篇关于计算机辅助语言教学的开创性的理论文章。我们在本章中提出的一个难点，即难以明确区分计算机辅助语言教学教材和其他语言教学材料，也是这篇文章的出发点。Chapelle认为造成这一难点的原因是，计算机辅助语言教学（通过语言课程体系）进行"垂直"传播。对我们教学材料设计领域的人而言，这篇文章的部分吸引力在于，Chapelle将贯穿于本书的脉络整合在一起："从计算机辅助语言教学的相关工作中得到了三点经验，为将应用语言学视

角扩展到教学材料开发和评估实践指明了方向。"

Dudeney, G., Hockly, N. and Pegrum, M. (2013). *Digital Literacies*. Harlow: Pearson Education.

  Dudeney等人从"阅读是一种非自然的行为,我们阅读书籍的进化程度并不比我们使用计算机的进化程度高多少"(Shirky 2010,引自Dudeney et al. 2013: 3)这一前提出发,基于学习者的数字素养(定义为"在日益增多的数字通信渠道中,有效地解释、管理、分享和创造意义时,所需要的个人技能和社会技能"),给我们带来了一本宝贵的"手册",帮助教师将技术融入课堂。书中结合了强有力的理论背景和一整套描述清晰、标题引人入胜的活动("线上足迹""构想事实"),这些活动都使用了多种多样的网络2.0工具以及移动设备。

Farr, F. and Murray, L. (2016). *The Routledge Handbook of Language Learning and Technology.* London: Routledge.

  这本书兼具全面性和综合性,给读者提供了语言学习中使用技术的理论和实践视角。全书共有40多个章节,涵盖语言学习的协作技术、语料库和数字学习语言、数字游戏和计算机辅助教学工具方面的内容。书中一些章节阐述了语言学习中技术使用的历史和概念基础。

Hampel, R. (2006). Rethinking task design for the digital age: a framework for language teaching and learning in a synchronous online environment. *ReCALL*, 18(1): 105–21.

  这篇文章既有有理有据的理论,也有教学方法和任务设计的实践模型。文中还介绍了数字教学材料/任务的设计原则,相关介绍非常有用。

Thomas, M. and Reinders, H. (eds) (2010). *Task-Based Language Learning and Teaching with Technology.* London: Continuum.

  继Thomas的上一本著作《网络2.0和第二语言学习研究手册》

(*Handbook of Research on Web 2.0 and Second Language Learning*, 2009）之后，本书重点关注了在基于任务的语言教学中使用网络2.0工具的可能性，强化了技术与任务型教学法的关联性。这本书从理论和实证两个视角探讨了以技术为媒介的任务，相关内容都源自这一领域中许多熟悉的人物（如Ellis、Hampel、Hauck、Hegelheimer和Motteram）的成果。

注　释

1. *Language Learning & Technology*是一本同行评审的在线期刊。
2. *ReCALL*是剑桥大学出版社发行的同行评审在线期刊。
3. 术语"可供性（affordances）"常用于技术语境中，指（应用程序或其他软件）允许执行某个操作或使之成为可能的特性。
4. 在后来的著作（2009）中，Prensky认为，随着时间的推移，我们都将成为数字原住民，并进化成他称为的"数字智人"。
5. 虽然反馈语在对话中起着重要作用，见McCarthy（2003）。
6. 博士生展示网站向博士生发起了一个挑战："我们正在寻找（科克大学学院）最好的推特论文。这个挑战很简单——用不超过140个字符描述你的论文，让大家明白你在做什么研究"（www.ucc.ie/en/graduatestudies/current/showcase，检索于2013年6月14日）。

6 培养阅读和听力技能的教学材料

6.1 引言

资源、媒介和方法的整合和"融合"是贯穿本书的主线,是有效的语言学习教学材料的基础。对语言技能来说尤其如此。语言技能历来被宽泛地分为阅读、写作、口语和听力等"宏观技能",但在学习任务中,与在我们日常生活的其他方面一样,我们很少单独使用这些技能。第9章将讨论教学材料/任务中的技能综合框架。本章和下一章依次关注每种技能的不同方面,为第9章的内容奠定基础。这里要强调的是,不应该也不能够把这种分而治之的处理方法迁移到教学或任务设计中(除了专门技能培训的材料,如学术写作课程)。这一点与当代语言技能教学方法是相一致的,主要教学法(交际教学法、任务型教学法)中的语言技能教学都倾向于使用综合的、多技能的教学模式(Hinkel 2006: 113)。这在21世纪初以来的许多教材中也得到了印证,这些教材都采用了更为综合的技能教学方法。

我们首先要定义一下语言"技能"和"策略"这两个核心术语。我们可以通过定义"技能"来区分这两个术语(令人困惑的是,这两个术语经常被混用),我们将技能定义为"通常在没有意识到其中所涉及的部分或者我们施以控制的情况下发生的……自动行为"(Afflerbach, Pearson & Scott 2008: 348)。例如,阅读时,我们会自动使用的一种技能是利用自己的"世界知识"理解文本。因此,虽然我们不能准确地"教"技能,但我们可以设计教学材料,提供机会帮助练习技能,并最终实现技能使用的自动化。换句话说,我们可以教策略,策略指以提高学习效率和效果为目标导向的有意识的程序(Oxford & Crookall 1989)。例如,做听力时,我们可以建议学习者尽量忽略他们注意到的任何冗余(重复、转述),以获得额外的"处理时间"。技能和策略这两个术语在使用上会有不一致的情况,这可能源于两者之间有所重叠,因为通过练习,有意识使用的策略可以像技能一样变得自动化(Learned, Stockdill & Moje, 2011)。

另一个影响教学材料设计的重要区别是,所练习的技能和为技能练习提供语境的资源之间的区别。资源可以以任何媒介形式出现:书面、音频或视听输入等等。应当记住的是,资源的媒介并不需要与所练习的技能对应起来。例如,书面文本不一定用于"练习"阅读技能,而可能用于练习与口语或写作相关的技能。教材中经常出现这种情况,例如,"写作"活动通常有书面内容(而书面内容必须阅读才行)。资源和技能的不同组合可以创造出富有想象力的教学材料。尽管如此,教材(以及教师模仿教材制作的教学材料)中可能会有过度拓展这一原则的倾向,把其他教学重点,特别是语法方面的内容,"伪装"成技能练习。例如,标题为"阅读"和"听力"的部分常常要求学习者运用他们的技能,识别语法形式或进行练习。

这就引出了一个更广泛的问题,即教学材料和教材中"技能"方面的内容是为了帮助学生磨炼技能,还是为了积累词汇和语法知识?换句话说,对于教师和教学材料编写者来说,"技能"是否仅仅是"方便之旗"?无论如何,将技能分解成宏观的四种似乎有些过于简单和过于排他。比如,为什么它排除了文化——这一著名的、被Kramsch称为的"第五种技能"(1993)?[1]阅读本章和下一章时,这些问题都值得我们思考。

6.2 培养阅读技能的教学材料

任务6.1
- 阅读图6.1中标题为"阅读"的摘录内容。这部分内容摘自教材

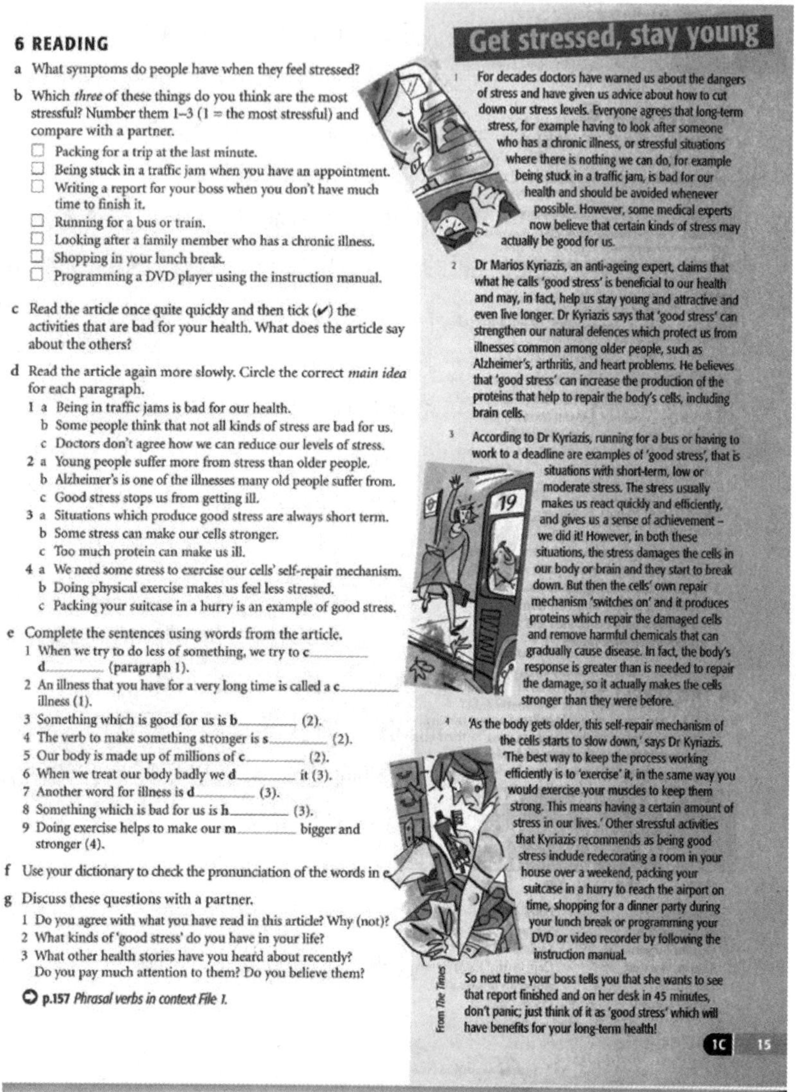

6 READING

a What symptoms do people have when they feel stressed?

b Which *three* of these things do you think are the most stressful? Number them 1–3 (1 = the most stressful) and compare with a partner.

☐ Packing for a trip at the last minute.
☐ Being stuck in a traffic jam when you have an appointment.
☐ Writing a report for your boss when you don't have much time to finish it.
☐ Running for a bus or train.
☐ Looking after a family member who has a chronic illness.
☐ Shopping in your lunch break.
☐ Programming a DVD player using the instruction manual.

c Read the article once quite quickly and then tick (✔) the activities that are bad for your health. What does the article say about the others?

d Read the article again more slowly. Circle the correct *main idea* for each paragraph.

1 a Being in traffic jams is bad for our health.
b Some people think that not all kinds of stress are bad for us.
c Doctors don't agree how we can reduce our levels of stress.

2 a Young people suffer more from stress than older people.
b Alzheimer's is one of the illnesses many old people suffer from.
c Good stress stops us from getting ill.

3 a Situations which produce good stress are always short term.
b Some stress can make our cells stronger.
c Too much protein can make us ill.

4 a We need some stress to exercise our cells' self-repair mechanism.
b Doing physical exercise makes us feel less stressed.
c Packing your suitcase in a hurry is an example of good stress.

e Complete the sentences using words from the article.

1 When we try to do less of something, we try to c______ d______ (paragraph 1).
2 An illness that you have for a very long time is called a c______ illness (1).
3 Something which is good for us is b______ (2).
4 The verb to make something stronger is s______ (2).
5 Our body is made up of millions of c______ (2).
6 When we treat our body badly we d______ it (3).
7 Another word for illness is d______ (3).
8 Something which is bad for us is h______ (3).
9 Doing exercise helps to make our m______ bigger and stronger (4).

f Use your dictionary to check the pronunciation of the words in e.

g Discuss these questions with a partner.

1 Do you agree with what you have read in this article? Why (not)?
2 What kinds of 'good stress' do you have in your life?
3 What other health stories have you heard about recently? Do you pay much attention to them? Do you believe them?

p.157 Phrasal verbs in context File 1.

Get stressed, stay young

1 For decades doctors have warned us about the dangers of stress and have given us advice about how to cut down our stress levels. Everyone agrees that long-term stress, for example having to look after someone who has a chronic illness, or stressful situations where there is nothing we can do, for example being stuck in a traffic jam, is bad for our health and should be avoided whenever possible. However, some medical experts now believe that certain kinds of stress may actually be good for us.

2 Dr Marios Kyriazis, an anti-ageing expert, claims that what he calls 'good stress' is beneficial to our health and may, in fact, help us stay young and attractive and even live longer. Dr Kyriazis says that 'good stress' can strengthen our natural defences which protect us from illnesses common among older people, such as Alzheimer's, arthritis, and heart problems. He believes that 'good stress' can increase the production of the proteins that help to repair the body's cells, including brain cells.

3 According to Dr Kyriazis, running for a bus or having to work to a deadline are examples of 'good stress', that is situations with short-term, low or moderate stress. The stress usually makes us react quickly and efficiently, and gives us a sense of achievement – we did it! However, in both these situations, the stress damages the cells in our body or brain and they start to break down. But then the cells' own repair mechanism 'switches on' and it produces proteins which repair the damaged cells and remove harmful chemicals that can gradually cause disease. In fact, the body's response is greater than is needed to repair the damage, so it actually makes the cells stronger than they were before.

4 'As the body gets older, this self-repair mechanism of the cells starts to slow down,' says Dr Kyriazis. 'The best way to keep the process working efficiently is to 'exercise' it, in the same way you would exercise your muscles to keep them strong. This means having a certain amount of stress in our lives.' Other stressful activities that Kyriazis recommends as being good stress include redecorating a room in your house over a weekend, packing your suitcase in a hurry to reach the airport on time, shopping for a dinner party during your lunch break or programming your DVD or video recorder by following the instruction manual.

So next time your boss tells you that she wants to see that report finished and on her desk in 45 minutes, don't panic; just think of it as 'good stress' which will have benefits for your long-term health!

From *The Times*

1C 15

图6.1 摘自教材*New English File*(中高级,学生用书)(Oxenden & Latham-Koenig 2008b: 15)

New English File(中高级,学生用书)。(Oxenden & Latham-Koenig 2008: 15)。

- 将(从摘录中的活动推断出来的)学习目标与活动匹配起来。第一项已经匹配完成,供你参考:
  - □ 运用认知技能,如:评估——活动(b)
  - □ 练习阅读技能(扫描式阅读,阅读主要观点)——
  - □ 作为介绍新词汇的"载体"——
  - □ 激发另一种技能(口语、讨论)——
- 如果你认为还有其他学习目标,请将这些目标添加进来,并将其与活动匹配起来。

你可能已经注意到,从"阅读"材料中推断出的目标相当多样,并不是所有的目标都与练习阅读技巧或策略相关。

任务6.1中所列内容的多样性突显了一个原则:在开发教学材料和制定学习目标时,我们需要注意上文中提到的资源和技能的区别。比如这个任务中(即一篇阅读性文本),我们的"输入"材料是书面的,但是我们并不会把学习目标仅仅局限于培养阅读技能,或者仅限于得到阅读技能才能产生的结果。也就是说,"使用文本不一定等于教阅读"(Williams 1986: 45)。

利用阅读性文本教学时,我们可以制定不同的目标,图6.2对目标进行了图式化描述,并且突出显示了本章即将讨论的目标(阴影部分)以及之后章节中要讨论的目标。

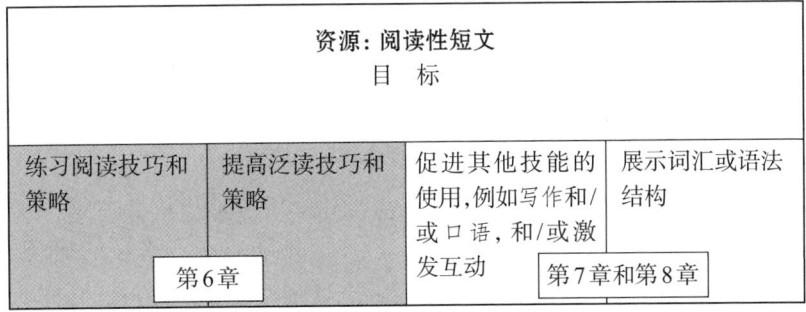

图6.2 阅读:目标

本节中的其余部分将讨论如何开发阅读技能方面的教学材料，图6.2是这部分内容的基准线（同时也交叉参考了听力技能部分的内容）。如上所示，我们将关注阅读技能培养以及与之相关的方法/问题。图6.2中提到的另外两个目标，即将阅读性文本用于多种技能/任务、词汇积累或以形式为中心方面的内容，将在第8章和第9章中详细讨论。

在以书面文本为主要交流方式的数字时代，阅读能力比以往任何时候都更加重要。正如Maley和Prowse提醒我们的那样，无论文本是数字的还是印刷的，阅读都"涉及人类有史以来最复杂的，且相互关联的一系列大脑处理过程"，这包括：

> 解码纸上的视觉文字曲线，将其与声音之间建立联系，理解单词的字面意思，然后解释作者的意图，将文本置于语言和社会语境中，将我们所读的内容与我们先前在文本中阅读到的内容以及我们之前的世界知识联系起来，进行想象，并与自己进行内心对话，提出问题——所有这些或多或少是同时进行的。（Maley & Prowse 2013: 165）

在一语中掌握了阅读技巧和策略后，学习者能在多大程度上将其迁移到二语阅读中？这是阅读研究中的一个热门话题。换句话说，阅读理解是阅读问题还是语言问题（Alderson 1984）？根据Maley和Prowse的说法，"如果学生在一语中习得了高效阅读能力，他们在二语中也可以做到"，但前提是他们需要"重塑他们的心理过程"（2013: 165），并且如果需要的话，还要适应不同的书写体系。其他研究者则对一语-二语技能迁移的假设提出了异议。Walter（2007）的研究发现，尤其在语言水平较低时，学生在"获取""结构建构技能"方面存在问题，而"在相同的情况下，他们可以在一语中很好地使用这种技能"（Walter 2007: 29），但是随着语言水平的提高，他们获取结构建构技能的能力也会随之增强。Ediger（2001）同样认为，一语阅读技能并不会轻易迁移到二语阅读中。他认为这在单词识别阶段，甚至在发音-字母关系的阶段就体现出来了。可以看出，学界对阅读的"自上而下"和"自下而上"加工模式的讨论仍会继续下去。

这只是漫长的阅读教学方法历史中的一场争论，阅读教学方法多种多样，其中很多都基于对一语阅读的研究（例如，阅读的"跨语言"视角，参见 Koda 2004）。当代研究正朝着以过程为导向的方向发展，这种方法重点培养有效阅读所需的策略和技能，包括认知策略和技能。这与以结果为导向的方法形成对比，后者关注结果和学习者的表现（例如，通过理解性问题检查阅读理解情况，下文将对此做更多介绍），而不关注实现这些目标所需的技能。与所有其他教学观点一样，以过程为导向的方法并非没有受到过质疑。例如，批评者认为，这种方法强调元认知策略（有意识的策略培养和使用），"使读者的注意力从文本内容和意义上转移开去，而这毫无必要"（Learned, Stockdill & Moje 2011: 163），甚至还有"认知过载"的风险，因为学习者要同时处理语言、建构意义并监控自己的策略使用（Masuhara 2003: 349）。当然，这两种方法在实践中并不相互排斥。可以说，许多（已出版的）阅读教学材料中都有这两种方法的成分。

对当代阅读技能教学产生重要影响的一个观念是，阅读是两套流程的运作，一套自下而上，另一套自上而下。第一个过程是学习者使用"微技能""解码"，根据他们遇到的新语言的多少，在语素、单词（"单词识别"）、词组、句法和语篇层面上进行解码，并在此基础上理解意义。在自上而下的过程中，则需要使用先验知识——情境知识、文化知识等，以及"图式"（共同经历的心理"情景"，见下文）——对我们自下而上的理解进行语境化，从而理解全篇。自上而下的关键性微技能包括：从上下文推断生词含义以及用略读和扫描等阅读策略推断全文"要点"。这些方式（自上而下、自下而上）的运作涉及不同层次的认知加工，我们将在后面对此进行讨论。

这些年，随着阅读方式的改变，"自下而上"的技能练习有时会得到一些负面评价。的确，这些技能单独使用的话，也仍然只是文本解码的限制性策略，可能会使阅读能力较差的人"受单词束缚"，它们还需要与自上而下的过程相结合。另一方面，人们也认识到，除非学习者已经用自下而上的方式理解了文本，否则自上而下的方法也无法起作用（见 Hinkel 在 2006 年一文中关于阅读方法演变的讨论）。这就形成了阅读的"互动模式"（如 Grabe 2009），在这种模式中，阅读被看作是自上而下和自下而上过程之间的相互作用。当今大多数语言教材和教学材料中处理阅读的方式都基于这种互动的方法。

任务 6.2

- 图 6.1 中的内容摘自教材 *New English File*（中高级，学生用书），回顾这部分内容。思考其中哪些活动会让学习者主要使用"自下而上"的技能，哪些会让他们使用"自上而下"的技能，并且在这两种情况下需要用到哪些微技能。
- 分析这篇阅读材料中阅读技能的"平衡"问题，思考如何在你自己的教学材料中协调平衡不同的阅读技能。

在继续以下内容之前，我们先来深入了解一下自上而下的阅读过程中涉及的内容。理解文本（书面或口头）的关键是我们能够利用对世界的认知，将文本置于一个可以赋予其意义的语境中，这通常被表达为"图式"这一心理学概念。人们将图式定义为个人对日常生活场景（购物、上学、在餐馆吃饭）发生方式的心理"脚本"。我们把这些先验知识带入到理解过程中，而这些先验知识实际上"塑造"了我们的理解，这是一种"良性循环"（Duke, Pearson, Strachan & Billman 2011: 53）。图式具有强烈的文化特异性，甚至可能为一种文化所独有（犹太教的成人礼传统就是一个例子，成人礼预示着男孩 13 岁时进入成年）。如果存在图式上的"空白"，那么从上下文中猜测新单词或短语的含义等这些策略就不起作用。只有在上下文（通过图式）能够被识别，并可以提供足够线索的情况下，这些策略才能发挥作用。

这意味着，在选择策略的初始阶段，我们就要考虑阅读（或听力）文本所触发的图式（这一点可以与第3章关于通过语言教学材料的本地化来确保熟悉度的讨论联系起来）。在教学材料设计和课堂教学流程中也可以看到图式这一概念的影响，在这些过程中，我们会使用头脑风暴和语义映射等常见的阅读前活动或听前活动，而这些活动实际上正是"激活"相关图式的技巧。这些阅读前活动或听前活动可以很简单，比如要求学习者看照片，或者看与阅读/听力相关的关键术语，并进行讨论。例如，在阅读学术英语教材 *Cambridge Academic English* 的学生用书（Hewings & Thaine 2012）中关于文化和社会的两篇文章之前，老师可以要求学生们讨论"文化遗产""文化产业"和"文化旅游"这些术语的含义（第70页）。

我们所说的学习者在阅读的时候采用的自上而下的过程，当然是认知过程。我们再来看一下第2章中对认知领域的分层（最初由Bloom等人在1956年完成），以便指导我们更好地开发阅读教学材料。在Bloom的分类法及其修订版中（如，Anderson & Krathwohl 2001），认知技能被看作一个金字塔，最基础的层级是记忆和理解信息，然后向上发展到应用、分析或评价信息，并在此基础上达到"顶峰"：创造新事物。正如第2章所强调的那样，语言习得与"高阶"思维技能运用的联系尤为密切。那么，我们有必要思考一下，有哪些活动可以调用这些技能，以便围绕书面文本设计教学材料。

第2章的表2.3中给出了每个认知技能"层级"上一般性任务的示例。表6.3中，针对阅读（和听力）教学材料的设计，我们对表2.3进行了调整，增加了一列问题提示以及故事《小红帽》的问题示例。

任务6.3

图6.4的阅读材料取自教材 *Innovations*（Dellar & Walkley 2008: 26），材料中的第一个阅读练习是"2 Before you read"，在开始部分已经解构了它所激发的认知技能。以图6.3为例，分析图6.4中的其他部分。

认知技能水平	过程	提示性词语	示例活动	故事《小红帽》的问题示例
创造	基于给定的信息，重构、扩展、建立、计划、假设、生成新的模式／结构	create, compose, predict, design, devise, formulate, imagine, hypothesise	基于输入内容，设计或进行角色扮演／广告，游戏或迷宫活动；编写输入内容的续集或前传，转换媒介，例如，将书面输入转换为听觉（图形输出，诗歌或转换为对话、诗歌或博客	编写《小红帽》故事的续集或前传；选择使用不同的媒介或媒体裁，比如：社交网站、新闻报道、诗歌或对话，以反映不同的文化语境
评价	根据对标准的评价，做出判断并进行论证，或为做出的判断和论证进行辩护；与自己的价值观／观点联系起来；批判／评论	judge, debate, justify, critique, review, argue	编写特定情况或语境下的一套行为规范，例如，校规，特定文化中的待客之道；进行辩论；写一篇评论文章或述评	从《小红帽》的故事中，你能推断出故事背景文化中的行为习惯吗？（例如，尽管动物吃过是可以的，比如在这个故事的某些版本中，小红帽在篮子里装着香肠）
分析	将信息分成各个组成部分，确定各部分之间的相互关系，以及与整体结构之间的关系推理（并区分事实和推理）区分 组织 解构	compare, contrast, categorise, deconstruct	进行一个小型研究项目（设计一个调查，收集和分析数据）	设计并进行一项调查，分析所得结果，调查你的同学或朋友对《小红帽》中的每个人事件有什么反应（例如，如果遇到狼，他们会怎么做？）
应用	抽象化处理并重新应用于不同的情况；选择和／或改变信息、想法、实施、改变	illustrate, interpret, transfer, infer, change, complete	将输入内容改为不同的体裁或媒介，例如，将报纸文章改写为对话，或者描写一张照片	用不同的媒介／体裁讲述《小红帽》的故事，例如社交网站、新闻媒体报道、诗歌、照片、对话
理解	确定书面／语音／图形交流的含义，即解释信息	explain, paraphrase, summarise, exemplify, categorise, predict	（以书面、口头或图形的形式）复述或概括输入的内容	概括《小红帽》的故事
记忆	回忆数据或信息	tell, list, draw, locate, recite	制作一个列表、时间表或故事示图表、事实性问题的答案列表	列出小红帽的篮子里装的物品

图 6.3 与 Anderson & Krathwohl（2001）修订的 Bloom 分类法描述语相匹配的提示性词语／问题示例

4 The law

Reading

1 Speaking

Which three jobs or professions do you most respect? Why?

Work with a partner. Compare your ideas and decide on the three jobs most respected by both of you.

Now work with another pair. Can you all agree on the three jobs you respect the most?

2 Before you read

Explain, compare, contrast, evaluate, create

You are going to read an article about a job voted as one of the *least* respected in Britain. First, read the introduction. Are you surprised by this news or not? Why?

MONEY CAN'T BUY YOU LOVE!

EVEN MORE hated than tax inspectors! Disliked even more than traffic wardens! The targets of even as much venom as estate agents! It can't be much fun being a lawyer! Not that you're likely to feel much sympathy for them, of course, for in a recent survey of the least respected professions, lawyers came fourth! There are also countless websites containing anti-lawyer jokes. So why is it that they attracted so much hatred when they seek justice and defend people's rights?

With a partner, list five reasons why you think lawyers tend to be so disliked.

1. ....
2. ....
3. ....
4. ....
5. ....

3 While you read

Now read the rest of the article. As you read, think about these questions.

1. How many of your ideas does it mention?
2. Are there any reasons you totally agree with? Why?
3. Are there any reasons you strongly disagree with? Why?
4. Are there any reasons you simply don't understand?

When you finish reading, discuss your ideas with a partner.

- Well, first and foremost, it seems that many of us perceive lawyers as being money-grabbing. Lawyers have such a reputation for being greedy that people accept as fact the many urban myths about ridiculously high legal fees and clients being billed for coffee, waiting time and small talk, whether they are true or not. The fact that so much money can be made out of other people's misery doesn't exactly help them either. Part of the problem for lawyers is the fact that we tend not to seek their services when life is going well. Rather, we turn to them when our lives are completely falling apart. We bring them our divorce cases, our custody battles and our paternity suits. They are often associated with the very worst points in our lives – and whilst we may be grateful to our own lawyers for their work and dedication at such times, we rarely feel the same way about the lawyers of our opponents!

- To make matters worse, the law has, in many cases, become more of a business than a profession, leading to some lawyers acquiring a reputation for dodgy financial practices. The stereotype of many lawyers as 'ambulance chasers' – keenly pursuing those recently involved in an accident in the hope of picking up a case – has done their image real harm. The more lawyers work on a no-win, no-fees basis, the more endless litigation is actively encouraged. As a result, 'compensation culture' seems to be becoming a more and more accepted part of our society.

- Furthermore, not only will certain lawyers scramble over one another in an attempt to land the best jobs, but they will often use underhand means in a bid to win their cases. Lawyers often seem quite happy to engage in character assassination if it will get results. It is this kind of behaviour that has contributed to the idea of lawyers as being at best, amoral, and at worst, totally unethical. Added to that is the fact that many lawyers sell themselves to whoever offers the most money. That these clients may be the bosses of organised crime mobs, the CEOs of companies that have polluted the environment or wealthy superstars who have committed awful crimes does not seem to bother them at all. On the contrary, they seem perfectly happy to explore legal loopholes and think up clever plea bargains before trials begin. Nevertheless, whenever it is suggested that perhaps the legal profession should be subject to external watchdogs, lawyers frequently react with horror!

- To add insult to injury, we then have to listen to lawyers claiming that they are the defenders of justice and free speech. To many of us, this is total hypocrisy. One final annoyance is the incomprehensible jargon that lawyers always seem to use. Most of us can't tell our *herewiths* from our *hereinafters* and have never quite understood why none of this business could be conducted in plain English! One thing that is plain, however, is that when it comes to jobs we just can't stand, lawyers remain in a class of their own!

26

图 6.4 摘自教材 *Innovations Advanced*（Dellar & Walkley 2008: 26）

任务6.4

从一本教材中选出一些阅读材料和相关配套活动,运用图6.3中的描述语和提示性词语,对其进行分析,确定相关问题所对应的认知层级。

- 注意wh-问题(where ... ? who ... ? 等等),以及how+量词(how many ... ? 等等),思考这些问题所对应的认知层级。

在开发自己的教学材料时,你可以使用这种认知技能检查法。

以上内容并不是要否认事实检验、意义检验和记忆在考试与(商业、科学、法律、工程等)专门用途英语课程中的作用,这些课程中涉及的阅读体裁或阅读活动可能需要"精确"的理解;同时,提取和记忆事实细节也是需要磨炼的一项基本技能。一些学生(如选择这些学科的学生)是分析性学习风格,可能更适合这类活动,而不适合那些需要想象力和创造力等"高阶"思维技能的任务。对于培养阅读(和听力)技能的教学材料,我们给出了一些建议,并尽力将其放在较为中性的地带,即学生在非专业语境下使用从小说到休闲阅读(如报纸、杂志)的文本进行学习,这些文本往往是通用教材中使用的材料。

三个综述性研究(Tomlinson, Dat, Masuhara & Rubdy 2001; Masuhara, Haan, Yi & Tomlinson 2008; Tomlinson & Masuhara 2013;本书第2章中也有讨论)发现,从学生认知投入的"可能性"方面来看,目前市场上的通用教材不尽如人意。Freeman(2014)的研究发现即与此相关。Freeman在她研究的四个系列教材/版本(1998年至2009年出版)中,发现有三个系列的"显性"阅读理解问题(答案可以在文本中找到,因此只需要"低阶"认知技能)的出现频率有所增加。同时,Freeman的研究还显示,"推理性"理解问题(读者必须将背景知识与文本信息结合起来)虽然在四个系列中的三个中更为普遍,但类型数量却在逐版减少(请参见下文的"延伸阅读一")。

所有这些都在提醒我们,有必要对在阅读活动(以及听力活动)

中提出理解性问题这一惯常做法进行批判性审视。也许理解性问题（正如我们在任务6.4中所暗示的那样）的主要罪魁祸首是教师们经典的"wh-"和"how+量词"的提问方式，或者从更根本上来说，也许是因为教师培训通常要求我们进行这类"课堂管理检查"。(Michael Long[1991：45]提出了一个著名的问题，理解性检查是否"仅仅是为了证明老师的存在是合理的而使用的一种课堂手段"。）正如在进行任务6.4时可能出现的情况那样，这些疑问词倾向于问"细节"问题，只需要在语言技能和认知加工层面进行相当浅显的投入就可以回答出来（"詹姆斯和莫妮卡去哪里度蜜月了？""J. K.罗琳写了几本书？"），几乎不太可能促进教学材料中的认知和情感参与，然而第2章中曾指出，认知和情感参与对语言习得至关重要。甚至有人提出(Krashen 2009)，理解性检查所涉及的细节程度与其对语言习得的价值成反比。同样，Maley和Prowse质疑理解性检查的必要性，认为"几乎没有或根本没有证据表明，活动和问题对阅读体验的好坏，或者对由此产生的学习效果有任何影响"(2013：172）。

需要注意的是，这三位研究者代表了"泛读"学派，该学派认为泛读在二语和一语教育中应占据中心地位。有确凿证据表明，阅读对情感、认知和语言方面都有益处，这在教育政策中已经有所体现，如美国2002年的《不让一个孩子掉队法案》(No Child Left Behind Act)将早期阅读能力纳入了小学课程体系。如果可以通过阅读来学习阅读，那么教师的主要工作就是Eskey所说的，"让学生阅读，并让他们持续阅读，也就是说，找到一种可以激励并促进他们阅读的方法"（2005：574）。Maley和Prowse建议，有助于阅读体验的活动是那些"相对非结构化的和开放式的活动，比如写读书日记、给其他学生做简短的读书报告，或提出宽泛的讨论问题……或者是创造性的读后活动"(2013：172)。

这些建议涉及认知技能，我们在本节中强调了这些技能的重要性。它们同样使用综合性技能模型，该模型也是本章和本书中技能工作方法的基础。这在某种程度上使这一部分形成一个"闭环"，并到了一个合乎逻辑的过渡点，以考察另一种（所谓的）"接受性"技能：听力。不过，首先请看图6.5和图6.6，并思考图中的三种任务类型对学习者的阅读/认知技能要求。

以下任务是为Erasmus（欧洲大学交换）项目中的C1水平英语班设置的，这个班的学生在爱尔兰学习一个学期。在此期间，学生们要阅读爱尔兰作家罗迪·道伊尔（Roddy Doyle）的长篇小说《童年往事》（*Paddy Clarke Ha Ha Ha*, 1993），作为他们的泛读练习。课堂上的任务包括：

熟悉
体裁分析和识别：学生们研究不同类型的写作样本，识别体裁的关键特征。

解读
头脑风暴活动：学生们分组，从不同的角度解读一个段落（年轻的主人公帕迪和他父亲之间的对话）。活动的结果如图6.6所示。

图6.6　头脑风暴活动（Mishan 2016）

概括性任务
阅读Sarah Crown在《卫报》上的一篇关于罗迪·道伊尔的博文（2010年5月30日），她在文末提出一个问题："最好从罗迪·道伊尔的哪本小说开始读？"写一篇文章，论证她为什么要读《童年往事》。
（字数要求：约1 500字）

图6.5　泛读：任务示例
"熟悉"和"概括性任务"由该模块的联合指导教师Elaine Vaughan博士设计。
经她允许，在此使用。

任务 6.5

Berardo 认为阅读有三个主要目的："为了生存,为了学习或是为了快乐"(2006: 61)。

- 将阅读"目的"与书面体裁进行匹配(例如,阅读菜单的"目的"可能是"为了生存",阅读短篇小说的"目的"可能是"为了快乐"。)
- 想一想如何将这些"转化"为我们阅读材料的目的

6.3　培养听力技能的教学材料

任务 6.6

在阅读技能的教学材料部分中,我们经常会交叉参考听力部分的内容。请再看一遍该部分,从阅读教学材料设计中,提取与听力相关的内容,例如:

- 运用头脑风暴的方法激活图式,以此作为听力前的活动
- 有必要提出使用高阶思维技能的"理解性"问题

从任务6.6中可以推断出,听力教学与阅读教学有很多相同之处。比如,我们看到两者都会把听力输入内容用于其他语言学习目标,如介绍或练习新的语法和词汇(见第8章)。阅读和听力在教材中经常被"组合在一起",这可能因为传统上它们都被归为"接受性"技能。但我们认为,这种观点有些不妥,因为它暗含着一种被动性,而这并不符合我们对这些技能的认知,它们本质上也有一定的紧张度和互动性。此外,用相同的教学方法也弱化了听力对于语言学习的独特性和重要性,我们首先来了解一下这一点。

听力是对我们一语学习影响最大的一种技能,是最"自然"的,或者是与生俱来的一种语言技能,也是一语中唯一不需要"学习"的技能;但矛盾的是,听力却是二语中最难掌握的。因此令人惊讶的是,直到最近,二语教学中对听力技能的关注都还相对较少(例如,参

见Field 2008）。这可能是因为，从历史上看，语言教学是从经典的阅读传统中发展起来的；只是随着20世纪60年代便携式音频设备的发明，我们今天所知的"听力"工作才被带入二语课堂。我们要指出的是，虽然现代课堂里的视听材料资源可以提供更多用于理解语意的视觉线索，但仍然存在与本节所讨论的纯音频听力相同的问题。

  早期的听力教学倾向于把听力材料当作阅读材料一样的"文本"。但是，只要看一下两者"解码"过程中所涉及的内容，我们就会发现它们的相似之处很少。与书面文本不同，音频转瞬即逝、肉眼不可见，也无法留下可见的痕迹用于解码（"声音只不过是被击打了的空气"[Seneca，引自Field 2008: 140]），这也就带来了"感知"上的挑战。音频输入是连续语流，这意味着语义加工开始之前，就必须先确定单词（或者作为一个个单元的"语块"，比如，*you know*和*I mean*）之间的边界。连续语流有许多会影响单词识别的典型语音特征，其中包括：

- 模糊的单词边界（比如*this guy*和*the sky*等常见的"最小对立体"）
- 缩略形式（*he'd gone, he'd go*）
- 省音（*gimme, wanna*）
- 弱读形式（*must*读作/məs/）
- 不同的语调模式
- 说话者口音

  除此之外，还有话语特征，包括话语标记语（*anyway, like, right*）、重复和释义、停顿和自我纠正（详见第8章的话语特征；另见Cutting 2014）。当然，所有这些都必须"实时"完成。此外，听者要在短期记忆中保留适当的输入语块，以便理解输入内容——如果参与对话，还要组织语言，给出回应。

  最近在对听力的研究中备受关注是，微观层面上的解码和为此而制定的解码策略对培养有效的听力技能都至关重要（例如，参见Field 2008）。这促使听力教学研究（与阅读领域的研究类似）转向注重听力过程,进而注重听力技能训练的教学方法。而这标志着对结果教学法摒弃,结果教学法侧重于(通过理解性问题等来检验)学习者对材料的理解,而非实现这一目的的过程。

然而,研究中从结果到过程的转变在教学中的进展颇为缓慢。大多数教材仍然偏重于"结果"的理念(如上所述,我们可以看到一组组检查听力理解的练习),很少关注学习者在听力技能方面的训练。换句话说,教学材料仍然主要是在测试听力,而不是在教授听力(Paran 2012: 456)——尽管一些比较新的教材已经开始重新平衡两者之间的关系(见下文)。事实上,平衡是关键。我们看到各种教学方法相互依存:如果不对技能进行测试,技能培训就显得毫无意义,而没有经过培训的技能测试似乎很难达到良好的教学效果(见Field 2008: 80)。在本节中,我们将了解每种教学方法对听力教学材料设计意味着什么,同时强调需要一种组合的(combined)或"综合的"(integrated)的"过程-结果"教学方法,全面培养听力技能。

听力教学材料:过程教学法

与阅读一样,过程教学法关注的是加工输入时的微观技能,以及学习者可以运用的相应策略,并且听力教学研究中也形成了同样的"互动模式",即"自上而下"和"自下而上"技能之间的调和。虽然自上而下的基本听力技巧与阅读技巧有着相似的描述语,如"倾听要点""从上下文中推断意义""激活图式",但正如我们在上文中看到的那样,正是在自下而上的微观技能层面上,听力所特有的困难才会显现出来。事实上,我们很难接触到那些"内化过程",并对其施以影响,这正是听力教学中一直存在的一个挑战,这可能也是为什么教材中往往会避开涉及微观层面的听力技能的内容。

当教材使用过程教学法时,一个处理方法就是直面困难,让学习者进行逐字解码的控制性练习,并且/或者提升对连续语流特征的意识。这是 face2face 系列教材(Redston & Cunningham)在"听力帮助"部分的常规性做法,如其中的中级学生用书中的例子所示:

听下面的问题……

注意我们怎么说 *do you* /dəjə/, *have you* /həvjə/, *are you* /əjə/, 以及 *did you* /dɪdʒə/. (Redston & Cunningham 2013a: 7)

任务 6.7

下面的练习同样是关于自下而上加工的。(改编自对美国演员 Liza Minelli 真实采访的第二部分。)

听第二部分,填写面试官的问题。

1. Did it _____ to you?
2. I think yours _____ , though, wasn't it?
3. How _____ all of that?
4. So you haven't _____ over it?

(Soars & Soars 2003b: 45)

第二部分的完整句子(摘自音频转写文字)如下:

1. Did it *manage to still feel like a personal affair* to you?
2. I think yours *was a bit more glamorous*, though, wasn't it?
3. How *did you cope with* all of that?
4. So you haven't *fallen out with him* over it?

(Soars & Soars 2003b: 136)

从以下因素,对这个练习进行评估:

- 练习准则(练习的基本原理清楚吗?)
- 流程(是要求学生听第一遍的时候做,还是听几遍之后做?)
- 转写部分的长度(这是解码练习还是记忆测试?)
- 语言关注点的选择(例如,惯用表达、常用搭配还是语块?)
- 布局(有足够的空间写单词吗?)

对设计"自下而上"的听力材料有什么启示？

听力技能的过程教学法的另外一面是从相反的角度入手，进行策略培训。前文提到的 Redston 和 Cunningham 在教材 face2face 中使用方法"提升对口语特征的意识"就是这方面的典型代表，这是非常有效的早期阶段的策略训练。培养这种"元认知知识"，包括对他们自己听力实践的意识，可以帮助学习者培养有意识的听力策略。相关方法包括，学习者分析是什么使特定的听力场景（如讲座、谈话或电话）对他/她来说特别困难，然后思考她或他可以使用何种策略来应对这些情况（例如，参见 Goh 2010）。但是，这类训练似乎只在听力方面的书籍中才能看到，还没有出现在一般教材中（face2face 明显是个例外）——这也许反映出人们的一种感觉：其有效性"还没有得到定论"（Renandya & Farrell, 2011）。

宽泛地来说，教材中一些常见的其他方法（比如：听力活动开始前进行一些用于熟悉语境和语言的相关工作）也可以被看作是基于过程的，因为它们给学习者提供了自上而下的解码手段，即 Field (2008: 133) 所谓的"由大到小"的加工。设计听前任务的关键因素是，它可以提供对理解听力段落至关重要的语境、动机以及任何（也是唯一的）语言表达。Field 建议，对于第一个因素语境来说，标准应该是"真实的"，有限制性的："在言语活动开始之前，听者在现实生活中已经了解了哪些内容？"（同上，18）。但是，另外两个因素——动机和语言熟悉——之间的平衡很微妙。听力活动开始前，我们常会"投喂"关键性语言，有时候可以由学习者来进行（比如任务 6.8），或者我们提供与听力内容主题相同的书面短文或是听力段落的摘要。此外，还可以由学习者自己通过使用激起图式的不同技巧/方法来生成关键性语言，这些技巧/方法在阅读部分已经提到过。但是要注意的是，如果这类活动时间过长，它们非但不可能激发学习者兴趣，甚至还会让他们感到乏味，并且/或者变得毫无"悬念"可言。

任务 6.8

根据上面的讨论，对以下听前任务进行评估。

你将听到对两位飞行员的采访。开始之前,请与你的同伴讨论问题1至6,猜一猜飞行员将如何作答。
1. 驾驶飞机时,什么样的天气条件是最危险的?
2. 起飞和着陆哪个更危险?
3. 乘客真的需要系安全带吗?
4. 需要听安全说明吗?
5. 有的机场是不是更危险?
6. 飞行员英语说得好有多重要?

(Oxenden & Latham-Koenig 2008: 27)

听力教学材料:从过程到结果

正如上文中所强调的,在设计听力教学材料时,结果教学法和过程教学法并不相互排斥。事实上,如果我们把理解性检查这个经典的"结果性"方法重新定位为一种诊断性活动,那么它就可以被当作过程教学法的"初级阶段"。在这种诊断性活动中,通过提高学习者对听力技巧的认识,教师要确定的并非能否得到"正确"或者"不正确"的答案,而是如何得到这些答案(Field 2008),从而转向技能培养,而不是进行技能测试(另见延伸阅读二)。因此,我们可以分析结果教学法中的传统方法,主要是理解性方面的相关工作,研究如何赋予它们"过程性的色彩",从而以较间接、更有交际性的方式进行理解性检查。

检查听力理解的"间接"方式包括可以提供真正的"做听力任务的理由"(实际上,这也是一本早期的但颇具前瞻性的著作的标题,Scarborough 1984)。书中提到的三个基本原则仍然是现在设计听力教学材料时的基本原则。第一个原则是给学习者一个"做听力任务的理由"——这比简单的"因为听力在教材中很重要"更能激励学生。第二个原则是,在"现实生活"中,我们"出于某种原因"去听,所以我们会用不同的方式听不同体裁的内容。例如,我们并不会关注所有的天气预报,而只在意对我们有影响的地区的天气情况。但我们可能会仔细听一个有我们感兴趣话题的电台热线节目。第三个原则是，在"现实生活"中，我们以"互动"的方式倾听——我们以不同的方式对不同的体裁做出反应或回应。听到天气预报，我们可能会制定（或者取消！）户外旅行计划。听了电台热线节目，我们可能会向同伴发表意见，或者与同伴一起讨论，再或者给电台打电话。这些反应和回应可以通过适当的任务设计激发出来（另见第9章）。这种体裁引导的方法也很灵活，因为它允许教师/教学材料开发人员根据学习者的兴趣和需求来量身设计。

阅读部分讨论了在互动式或理解性检查活动中激发认知卷入的重要性，这同样也适用于听力教学材料——不过要注意的是，对于音频（尤其是视听）材料，我们更可能会触及情感方面，这要求我们要注意提示语和问题的敏感性。

任务6.9

评估以下摘自教材听力练习的问题，注意它们对认知和情感领域的关注程度。听力内容是关于新闻记者 Fergal Keane 的广播节目《给刚出生的儿子的信》（1996年在BBC电台播出；音频可在网站上获取）。下面的问题与这封信的中间部分有关。

这些说法是正确的还是错误的？请改正错误的说法。

1. His Chinese friends say that his son has to be given a Chinese name.
2. He might call him 'Son of the Eastern Star' after the beautiful sunrise.
3. He used to be very ambitious in his work.
4. These children he mentions were all hurt in floods.

- Andi Mikail from Eritrae
- Domingo and Juste from southern Angola
- Sharja from Afghanistan
- Three young children from Rwanda

（Soars & Soars 2003b: 64）

在本小结结束之际，我们再来看看阅读和听力之间的相似之处。与泛读相呼应的是泛听，泛听时，学习者会听更长的音频（-视频）材料，没有理解性检查和记忆测试的干扰，也没有由此产生的焦虑（关于这方面的研究，请参见 Renandya & Farrell 2011）。我们知道情感对学习非常重要，正如为消遣而阅读一样，为消遣而听材料的好处，似乎是不言而喻的。这无疑会打动那些选择听流行歌曲、看电影（或电影中的一个场景）或者在课上与学生一起大声朗读的老师们。更为广泛的听力材料则是 Ableeva 和 Stranks 所说的"无任务听力"（2013: 209）的理想选择。在无任务听力活动中，学习者只需要听，而没有听力任务的干扰。尽管对大多数编辑和出版社来说，这可能是"教学法上一次过大的飞跃"（同上），对于一些学生来说，可能会有表面效度的问题，但这并不妨碍我们作为教学材料编写者和教师使用这种方法，给学习者一个"放松的空间"，让他们按照自己的节奏磨炼听力技能和策略。

6.4　延伸阅读一

Freeman, D. (2014). Reading comprehension questions: the distribution of different types in global EFL textbooks. In N. Harwood (ed.), *English Language Teaching Textbooks: Content, Consumption, Production* **(pp. 72–110). Basingstoke: Palgrave Macmillan.**

从很多方面来看，Freeman 的研究理念（也是她这一章节的基础）并不新颖：Bloom 的分类法（我们在本章和第 2 章中讨论过）对语言学习教材中设计"理解性"问题的影响有多大？（据我们所知）这是第一个回答这个问题的研究，这倒真是更令人感到不可思议。基于 Bloom 和其他人的分类法以及对教材中问题类型的初步分析，Freeman 创建了自己的问题类型分类法，并分析了四套全球性教材的多个中级版本中的读后问题和活动类型。(她在博士论文中还研究了阅读前问题,这一章节的内容即基于她的博士研究写成。)Freeman 的分类法包括三种类型的理解性问题:"内容"问题、"语言"问题和"情感"问题。

她将这些问题类型进行细分,形成了一个完整的分类法(如图 6.7 所示)。

问题类型:	标签:	描述:
要求学习者理解内容	"内容"问题	文本明确的 文本隐晦的 推理性的
要求学习者完成与语言相关的任务	"语言"问题	重新组织 词汇 形式
针对与文本相关的学习者情感	"情感"问题	个人回应 评价

图 6.7　基于 Freeman 的问题类型分类(2014: 83-4,图 3)

Freeman 指出,她的分类法中的三个内容问题类型和两个情感问题类型跨越了从低阶到高阶的思维能力。例如,对文本明确的问题,答案可以在文本中找到;对推理性问题,学习者必须找出暗指的内容,并运用背景知识来回答问题。同样,Freeman 认为"评价"问题比"个人回应"在认知方面的要求更高(语言问题没有等级划分)。

这就是 Freeman 对总共十本教材中理解性问题的分析框架,这十本教材包括 *Cutting Edge* (Cunningham & Moor 1998, 2005)、*English File* (Oxenden & Latham-Koenig 1999, 2008a)、*Headway* (Soars & Soars 1986, 1996, 2003a, 2009) 和 *Inside out* (Kay & Jones 2000, 2009) 等。

Freeman 从出现的频率、次数和范围三个方面考察了问题类型在教材读后活动中的分布情况,并在结果部分给出了许多图表,图表内容与研究发现全面对应匹配。不出所料的是,最常见的理解性问题是"内容"问题,其中 *Headway* 中的"内容"问题要"明显多于"其他系列的教材(第88页)。意料之外的是,在四套教材中有三套,最常出现的内容问题是需要"最高阶"思维技能的推理性问题。但是,其数量在每一个修订版中都在稳步下降,并且这一变化还得到了进一步强化:在四套教材中有三套,多年来,意义明确的问题数量(最低阶思维技能)稳步上升。同样,这在教材 *Headway* 中最为显著。

在语言问题方面,最常见的是"词汇"问题。有意思的是,随着时间的推移,出现了从"形式"问题转向词汇问题的趋势,只有 *Headway* 系列教材逆势而行,平衡了词汇和形式这两类问题。可以说,这一总体趋势反映出21世纪人们对词汇越来越感兴趣,部分原因是语料库语言学对英语教学的影响,以及基于语料库语言学研究结果的教学方法(如"词汇法")的影响。

最后,在情感类别中,"评价"问题的数量远远超过了低阶的个人回应问题的数量:

> 两者中,更为肤浅的,当然也是更为主观的那种,[它]要求读者在对文本作出反应时纯粹表达个人观点,如喜好、惊讶或愉悦,而这些都不可能有"正确"的答案。第二类,评价性问题,要求对文本进行更深入、更深思熟虑的回应,带有某种判断或评估,需要读者运用一定标准来支持或证明他们的答案是对的。(第93—94页)

任务 6.10

- 你同意个人回应类问题需要的是"低阶"思维技能吗?
- 在你看来,对阅读(或听力)输入内容提出个人回应类问题的作用是什么?

Freeman 对教学材料编写者和编辑进行了访谈,他们的访谈内容给我们提供了一个不同的角度。Freeman 所揭示的研究发现实际上源于自然的、无计划的过程,而不是系统实施各种原则的结果:

编写者依靠他们的……教学和教材编写经验（第101页）

一般来说，是文本类型决定了问题的类型（同上）

这个过程往往是非科学性的，即自然的（第101、102页）

这些都证实了许多其他研究的结果（例如，Prowse 2011）（另见第9章），即教学材料设计过程以教学经验、写作经验、直觉和个人信念为指导。

我们希望，在开发阅读、听力教学材料以及一般性语言学习教学材料的方法领域，Freeman的深入研究是朝着更系统的方向迈出的一步。

任务6.11

请参考图6.7中的分类法（如果可能的话，也可以参考Freeman的完整章节）。

- 分析：分析一本教材中的读后问题或活动，根据问题类型，对问题进行分类。
- 制作："也许分类法最大的价值在于，它可以在教师编写自己的教学材料时给予支持"（Freeman 2014: 107）。使用Freeman分类法中的问题类型，设计一份试验性的阅读教学材料。

6.5　延伸阅读二

Siegel, J. (2014). Exploring L2 listening instruction: examinations of practice. *ELT Journal*, 68(1): 22–30.

这篇文章是设计听力教学材料时的一个有益的参照和起点。该研究是二语听力教学实践的一项实证研究，揭示了当代二语听力教学实践的"概貌"，给出了设计听力教学材料的范例，并提供了在该领域开展进一步（亟须的）研究的方法模板（见下文）。

这篇文章的引言部分综述了上文中提到的主要教学方法，并指出了从"理解性方法"到培养元认知策略、自下而上和自上而下的解释性策略等方面的转变。

Siegel指出，在听力教学领域几乎没有实证研究（我们要补充的是，听力教学材料设计方面的实证研究更少）。他描绘了当前听力教学实践的黯淡景象，证明了在这一领域开展相关工作十分必要：

> 缺乏二语听力教学知识的教师可能会在所有听力课中都采用同样的"听、答、查"模式，其他听力教学技巧可能并不会被纳入他们的教学计划之中。因此，当培养学生听力技能时，教师的教学资源可能比较有限。换句话说，学生在每节听力课上做的基本上是同样的事情：听课文，回答问题，检查答案。如果反复使用这种方法，看起来就更像是对当前听力技能的持续测试，而不是为了提高听力技能进行的支架式指导。此外，学习者可能无法接触到许多灵活的听力活动。相反，无论学生的熟练程度、年龄或背景如何，都可能会使用相同的基于理解的教学方法。这种情况并不是一种理想状态，因为学生没有足够的机会提高听力技能，拓展听力策略。（第23页）

文章中的实证研究部分证实了"理解性方法"的突出地位，理解性问题在听力教学中占主导地位，使用频率是排在第二位的"自下而上"活动的四倍。不过，令人鼓舞的是，Siegel所说的"听力教学法的新成员"，如元认知策略（几乎一半的课程中都有）也受到了人们的关注（第28页）。但是，Siegel也指出，老师们没有很好地推广这些方法，因此没能抓住机会引导学习者将听力技能和策略迁移到课堂内外的听力情境中。

正如我们一开始所指出的，这篇文章为听力教学材料提供了一些能够突破"理解性方法"界限的有用范例，培养元认知策略（尽管没有出现在Siegel的实证数据结果中）的一种方法被称为"教师示范"：

这种方法需要教师采用有声思维法,解释他们做听力时的认知过程。教师通过描述他们在听力过程中如何为输入内容做好准备,并监控输入内容,为学生建立一个可供模仿的心理模型。教师还可以找出听力文本中他们重点关注的部分。(第25页)

另一种方法是对理解性检查加以拓展(毕竟,理解性检查为学习者和教师提供了一个熟悉的舒适区),将理解性问题的回答"用于诊断性目的。理想的状态下,这有助于对有问题的地方进行针对性练习"(第29页)。

任务 6.12

有可能的话,阅读论文全文。使用文中的听力教学分析方法,并在此基础上,反思自己的教学材料(正如Siegel请读者做的那样,见第30页),并且/或者设计、开展一个小型研究,调查其他人的教学材料情况。

任务 6.13

检索期刊/数据库,找出关于培养学习者听力元认知策略的教学材料研究,并对其进行研究。建议检索的期刊有:

- 《国际听力杂志》(The International Journal of Listening)
- 《英语教学杂志》(ELT Journal)

6.6 结 论

本章探讨了可以用于阅读和听力技能教学材料设计的当代技能教学方法。整合是这里的关键词。我们主张教学材料中的技能应该是"整合的"而不是"分离的",因为一项技能必须与其他技能一起练习。"整合"也意味着资源本身并不能决定使用哪种技能(阅读性文本可以用来培养说话技能等）。本章中，关于阅读和听力教学材料的要点如下：

- 学习者处理阅读和听力材料的过程中，涉及自下而上和自上而下两个模式之间的互动。
- 当代教学方法包括从结果导向到过程导向的不同方法。我们倾向于过程导向法（侧重于技能和策略的培养），虽然这种方法也结合了两种导向的元素。
  □ 我们也整合了泛读教学方法和泛听教学方法中的元素。
- 技能教学材料的作用不仅仅是培养技能和策略，还应该开发阅读或听力资源材料的语言习得潜力。
  □ 根据我们在第2章中提出的语言习得原则，认知和情感参与也应纳入阅读和听力教学材料中。

请记住这些要点，并在阅读下一章时，思考如何将它们应用在口语和写作技能的教学材料中，这将会大有裨益。

6.7　补充阅读

Field, J. (2008). *Listening in the Language Classroom.* Cambridge: Cambridge University Press.

这本书在当时一直备受争议，它提倡关注听力过程，挑战了当时盛行的用"理解性方法"教二语听力的这一正统观念。如今人们已经接受了书中的观点。这本书实用、易懂，关于如何处理真实听力材料的部分也很受欢迎。

Goh, C. (2010). Listening as process: learning activities for self-appraisal and self-regulation. In N. Harwood (ed.), *English Language Teaching Materials: Theory and Practice* (pp. 179–206).

Cambridge: Cambridge University Press.

这一章阐述了为什么要进行"元认知"听力教学法，即训练学习者"如何听，而不仅仅是听什么"（第180页）。这一章的实践部分为我们提供了培养元认知策略的教学材料活动蓝图。活动分为两类：整合的体验性听力任务（元认知活动被整合到其他听力活动中），以及听力的引导性反思。对那些想把以结果为导向的传统听力方法抛在一边并接受过程方法的人来说，这一章会很有意思。

注　释

1. 不过，正如第3章所讨论的那样，如今我们倾向于谈论文化或跨文化能力，承认了文化学习中所包含的知识和意识部分。同样，"语言意识"也不仅仅包括能力或技能，第8章将对此加以阐述。

7 培养口语和写作技能的教学材料

7.1 引 言

本章和下一章将延用第6章的方法,集中讨论与单项技能和各自重点相关的教学材料,与此同时,大家也要牢记,构思语言学习的教学材料时,最好能有整体性目标,并力求将综合能力纳入其中。在本章中,我们将首先探讨口语技能,这可以说是语言学习中的主要能力,其原因将在下面加以解释。我们将讨论习得口语技能有哪些困难(当然,其中一些困难与听力技能的困难相同,包括语言使用者加工语言的速度),并对提升口语技能的教学材料进行批判性研究。最后,我们认为口语"教学大纲"中使用的教学材料应涵盖口语特征和不同话语类型的特征。第7.3小节将转向写作技能的教学材料,我们发现至少直到最近,这还是一个相对被忽视的领域。此外,随着数字媒介的不断增多,体裁和语域也变得多种多样,这也使得写作学习更加复杂。讨论写作教学材料时,我们将着眼于过程方法和体裁方法,同时也会关注写作教学材料在为学习者写作提供刺激(stimulus)和支架式支持(scaffolding)方面的作用(Hyland 2013)。

7.2 培养口语技能的教学材料

作为语言能力的一部分,口语技能的重要性再怎么强调都不为过。毕竟,被问到"你会说英语吗?"的情况要远比"你会读/写英语吗?"常见得多。但是,英语教学材料对待口语技能的处理方式出奇地模糊和不系统。比如,Basturkmen(2001)指出,教材的阅读、写作和听力的小型分项在教学大纲中很常见,大纲会说明要培养的各个分项技能,但口语教学大纲往往只是简单的活动清单。交际教学法倾向于把口语技能放在首位,这样看起来就更加奇怪了。对此,Bygate(2001: 14)认为,口语是直到最近才"开始成为教学、学习和测试的一个分支"。Bygate(2001)给出三个原因,解释了为什么需要这么长时间人们才开始把口语作为一种技能,并加以关注。首先,长期以来占主导地位的语法翻译法(在世界的某些地方仍然如此)把阅读和写作放在首位。其次,直到最近,技术上的发展才推动对口语的深入研究,特别是利用口语语料库(见第5章)进行研究。第三,口语产出是听说法和直接法等教学法的核心,人们把对离散语言点的密集口语练习和把口语本身作为一种技能混为一谈。我们认为,侧重于某一结构的口语复述练习和关于性别平等的课堂辩论之间存在着天壤之别,前者的重点完全在于准确度,后者则在于流利度。这并不是说准确度和流利度两方面的内容永远不能契合,但是我们要对自己的目标了然于心。

当代的教学材料开发人员拥有丰富的知识库,可以用来设计口语教学材料。他们可以借鉴心理语言学(谈话产生的心理过程)、会话分析(说话人之间的会话结构方式)和话语分析(关联性谈话产生的方式)等领域的相关工作,了解谈话是如何产生和结构化的。他们还可以借鉴口语语料库研究中的词汇和语法研究结果,了解口语与写作的区别(及其原因)。简而言之,关于口语的过程和产出,我们已经了解甚多,这对教学材料开发人员来说有一定的潜在价值。

口语技能的本质

口语技能的本质:过程

即使在一语中,口语技能的要求也很高。正如Burns和Hill(2013: 232)所指出的,"口语是一个复杂的心理过程,几乎同时调动各种认知技能；在自我监控的同时，还需利用单词和概念的工作记忆。"

Levelt（1989）认为口语技能包括四个独立的子过程：概念化、表述方式、表达和自我监控。概念化涉及生成说话者想要表达的内容；表述方式需要选择语言来表达所生成的内容，并根据特定体裁的规范来组织语言；表达是编码信息所需声音的物理产出。这些过程都经过自我监控，确保一切都在计划之中，自我监控的过程也包括对情感因素（如与对话者的关系等）的关注。管理好这些过程是一个艰巨的挑战，正如Bygate（2001: 16）所指出的："所有这些都在一瞬间发生，成功表达取决于自动化：对概念化来说，在某种程度上取决于自动化；对表述方式来说，在相当大的程度上如此；对表达来说，则几乎完全如此。"当然，对于使用二语的学习者来说，表述方式和表达上的自动化特别有挑战性。因此，考虑到产出环境不同，口语和书面语常常有所不同也就不足为奇了。正如Bygate（同上）观察到的：

> 这些条件和过程会影响一般情况下产出的语言。例如，与写作相比，口语更常提到对话者以及交流的时间和地点。此外，口语中通常会有礼貌性表达，以便保护对话者的面子。

口语技能的本质：结果

近年的口语语料库研究揭示了口语的本质（参见O'Keeffe, McCarthy & Carter 2007，书中很好地总结了与英语教学相关的研究结果）。Timmis（2013）给出了这类研究的说明性研究示例：

- 会话中高频使用话语标记语，如*well*、*just*和*right*（O'Keeffe等2007）
- 会话中经常使用搭配，如*you know*、*a bit*、*come on*（Shin & Nation 2008）
- 频繁使用"尾缀语"（tail）或"右移位"（right dislocation）等不规范

的语法特征(McCarthy & Carter1995; Timmis 2012a),如 *They're changeable*、*these moors*。

除了口语语法和词汇外,有研究者提出还应关注会话策略(如Dat 2013; Goh 2007):"现在已经确定可以将各种目标语的交流策略用于教学目的,其中包括根据语言能力调整信息、进行释义、寻求帮助、要求澄清和重复以及进行理解性检查"(Goh 2007: 7)。

口语教学中另一个潜在关注点是某些口语体裁(如汇报、演讲或趣闻)的结构。

任务 7.1

上一节对设计口语活动提出了哪些标准?

- 口语教学材料应该……

教学大纲事宜

口语教学材料的评估

本章伊始,我们提到了教材中口语教学大纲比较含糊。我们注意到,尽管随着交际教学法(Basturkmen 2001)的出现,各种功能清单也开始出现了,但在很多情况下,口语教学大纲仅仅只是一个活动清单。功能清单中的功能也被称为言语行为(见第3章),通常列在"给予建议""发出邀请""给出指示"等标题之下。Hughes(2002)注意到在口语活动中列出有用的单词、短语和结构的这一情况,但我们通常并不清楚它们是根据什么选择出来的,而且如果这些语言只是一个参考列表,学习者是否会把它们融入口语活动中也是一个问题。Cullen和Kuo(2007)调查了一些受欢迎的英语教材,研究口语语法特征在教材中的覆盖情况。他们的结论是,其覆盖面普遍缺乏系统性:

> 口语语法特征的覆盖面充其量是零散的。即使有所涉及，也往往强调词汇语法特征，会话中特有的常见句法结构要么被忽略了，要么只是作为有趣的附加内容，出现在高水平教材中。（Cullen & Kuo 2007: 361）

但是应当指出的是，他们的调查并没有包括 *Touchstone* 系列教材（McCarthy, McCarten & Sandiford 2006），该系列借鉴了剑桥英语语料库中的北美数据，并在宣传中强调其特点之一是关注会话策略，且有"会话面板"这一版块，"展示会话中如何使用词汇和语法的一些有趣的情况"。Norton（2009）评估了三本教材（包括 *Touchstone*、*Advanced Innovations* 和 *Real Listening and Speaking*），指出语料库语言学对 *Touchstone* 的影响是"明显可见的"。Norton（2009）在总结对这三个教材的评估时写道：

> 对教材的评估显示，一些口语语法特征，如模糊语言、模糊限制语和修饰语，出现在了上述文本中……但是，很少明确提到口语语法的其他特征，比如：首启语和尾缀语，而且教材 I [*Innovations*] 和 T [*Touchstone*] 往往更关注词汇语法项或者程式语，教材 R [*Real Listening and Speaking*] 对这些方面的关注则相对较少。

由此，我们得到的总体印象是，当代教学材料对口语给予了更多关注，但都相当随意。不过，从下文可以看到，已有人建议根据口语特点和/或话语类型，制定更加系统的口语教学大纲。

分项化口语教学大纲

基于口语语言特征的教学大纲可能侧重于以下一个或多个方面：口语词汇、口语语法、功能和交际策略。关于口语语言特征，McCarthy（2004）指出要有"精心设计的教学大纲"，教学大纲要以语料库研究结果，特别是频次方面的结果为依据（但不是以其为驱动）。

相比之下，Dellar（2004）则坚持认为，教学材料编写者对会话性质已有足够了解，对哪些口语特征应成为关注的焦点能够做出合理的直观判断。

Timmis（2013）提出了选择口语语言项的第三种方法，将系统性和直觉性的方法结合起来。他认为，在课堂教学的自然过程中，当机会出现时，最好让教师根据他们自己的语境针对口语即时做出决定。Timmis提到教师需要成为系统化的机会主义者：

> 让他们了解口语研究成果，掌握教学法工具，以便充分利用机会，重点关注课堂上的听力文本或课堂会话等中使用的口语。（Timmis 2013: 89）

这种方法可能只适用于非中介教学材料（见第1章），但Timmis（2013）认为，已出版的教学材料可以提供一些可能有用的口语特征和活动的示例。

话语类型教学大纲

除了分项化教学大纲，另一种是围绕话语类型（如非正式会话、服务接触、面试、汇报展示等等）来安排教学大纲。这类教学大纲着重强调语言选择与体裁、说话者与情境之间的联系（Hughes 2002）。我们认为，要确保学习者接触到各种话语类型，这一点非常重要。比如，人们对基于任务的教学大纲的一种批评就是，它们过度强调事务性交流，而忽略了人际交流（Carter 2004；Thornbury & Slade 2006）。对此，Hughes（2002）认为，教学材料中很少关注语言选择是如何受体裁、说话者或情境的影响。Hughes（2002: 54–5）特别批评了结对活动方面的书，指出这些书中"关于什么是礼貌的或适当的概念完全脱离了社会，或者完全脱离了现实会话语境"。

口语教学大纲的制定框架

在制定口语教学大纲的总体框架时，Dat（2013: 413–16）建议可

以采用以下步骤:

1. 将学习者的需求概念化
2. 将学习者的需求转化为主题和交流的情境
3. 确定口头交流策略
4. 利用现实生活中的口语资源
5. 设计技能习得活动

Dat强调我们要同时考虑客观需求和主观需求(即需求和愿望),并且需求分析应是一个持续的过程。正如他(2013)所承认的那样,这个框架的价值在于学习者要意识到他们的需求是什么,这一点至关重要:学习者越是能具体地陈述他们的需求,就越能够针对适当的主题、情境、功能、策略、语域和关键结构,确立恰当的主题以及相应的恰当资源。以需求为导向显然是可取的,但我们认为,这些需求在多大程度上可以在主观或客观上确定下来是值得商榷的,因为要预测学习者在什么情况下需要或想要使用英语并不总是那么容易。

任务 7.2

　　评估教材中的口语部分。

- 教材的导图中有具体的口语教学大纲吗?
- 你能看出教材中口语活动类型的理论基础是什么吗?
- 针对你所处的语境,你会如何改进教材中的口语部分?

口语教学法

过程还是结果?

　　一旦我们确定了需要教授的口语特征和技能,接下来就要确定教学法了。Bygate(2001: 17)提出,我们可能需要用一种不同的方法来教授口语：

> 练习和评估口语技能和口语语言，应在与书面技能不同的条件下进行，而且……不同于各种传统的口语练习方法，可能还需要一种独特的教学方法和教学大纲。

有趣的是，相比之下，McCarthy（2004：15）认为，将焦点转向一种创新的、基于语料库的口语的同时，可能需要用一种"保守"的教学方法，即传统的"讲授、练习、产出"（present, practise, product, PPP）范式，来加以平衡。

> 教师和学习者会期望，在大多数情况下，以语料库为依据的教学材料看起来与用传统方法准备的教学材料相差不多，新的语言和活动类型的呈现方式也是熟悉的。当然，教师使用它们的时候，也不需要有任何其他的知识。

从上面的引文来看，就哪种才是最合适的口语教学方法而言，Bygate（2001）和McCarthy（2004）似乎意见相左。不过，我们需要记住在第6章中对口语技能在过程和结果之间所做的区分。Bygate（2001）建议也许要用一种独特的教学法，这是针对过程，即口语技能，而McCarthy（2004）所观察到的是针对结果，即口语语法和词汇。这两种观点之间没有必然的矛盾，尽管正如我们将看到的，一些人认为PPP并不是教授口语的最合适的范式。

口语教学法的评估

Burns和Hill（2013）在对 *Inside Out*（Kay & Jones 2000）、*face2face*（Redston & Cunningham, 2006）和 *Outcomes*（Dellar & Walkley, 2010）这三套教材的评论中认为，即使是对口语来说，主流的教学方法仍然是"行为主义"的PPP。他们尤其遗憾的是，口语活动只是阅读、写作和词汇工作之余的附加内容，而且听者或会话伙伴的作用也没有得到足够重视。如上所述，Norton也对三套教材的口语方面进行了详细评估，他重点评估了以下教材：*Advanced Innovations*（Dellar 2007）、*Real Listening and Speaking*（Craven 2008）和 *Touchstone 2*（McCarthy et al. 2006）。与Burns和Hill（2013）不同的是，Norton注意到，这些教材中，教学方法的重点确实已经开始转向"注意教学法"（noticing approach）。同样，Cullen和Kuo（2007）在对24本通用英语教材的调查中也注意到，教学法已经脱离了PPP，或者至少脱离了Burns和Hill（2013）所定义的PPP"行为主义"模式。Cullen和Kuo（2007）提出了一种口语教学方法，该方法通常包括以下部分或全部内容：

- 通过半脚本听力文本（a semi-scripted listening text）接触了解口语语法特征
- 关于听力文本的整体性理解测试任务
- 关注目标特征（通过反复听材料或阅读听力原文）
- 简要解释特征及问题
- 简短的控制性练习活动

关于口语教学方法的建议

基于文本的建议

McCarthy和Carter（1995）以及Timmis（2005）分别提出了不同的口语教学框架。McCarthy和Carter提出了一个由说明（illustration）、归纳（induction）和互动（interaction）组成的i-i-i范式，Timmis（2005）提出了一个包含文化接触任务、听力任务、注意任务和语言讨论任务在内的框架。这两个框架都以口语文本为出发点，注重"注意"和"觉知提升"，但不注重产出。然而，值得注意的是，Jones（2007）认为，由于学习者通过尝试新的形式，对如何以及何时使用这些形式有了更深入的了解，在这种情况下，练习本身就可以是注意的一种形式。这里要注意的是，"练习"其实可以涵盖各种活动，人们误以为"练习"只能与控制性活动和重复性活动联系在一起，因而有时候会轻视它。Kuo（2006）也认为要关注产出阶段，强调主动控制会话的语言特征对所有学习者可能有一定价值。Jones（2001）提出了另一种注意教学法，他建议使用比较任务，鼓励学习者关注本族语者口头叙事的典型话语特征。在他给出的例子中，他向学习者展示了一个轶事的两个版本：一个是事件的简单叙述，一个包含了真实的话语特征。随后，向学习者提出问题，帮助他们比较文本，并注意轶事文本的话语特征。在Tomlinson（2013b）的教学材料开发框架中，他提出口语活动可以作为框架中的基于文本的一项材料开发活动。

基于任务的建议

虽然基于任务的教学方法（见第3章和第5章）并不是仅限于培养口语能力（至少在理论上不是这样），但有人认为，基于任务的框架在某些特定方面提供了丰富的口语技能训练机会（如Bygate 2001; Foster & Skehan 1996; Skehan & Foster 1997）。例如，有证据表明任务开始之前给学习者一定的准备时间，有助于提高语言流利度和/或准确度和/或复杂度（Skehan 1998，引自Goh 2007）。任务前作准备的潜在好处包括：

- 可以尝试用更多复杂形式或新形式表达复杂的想法
- 更好地监控任务开展情况
- 流利度更高
- 提高某些任务中的语言准确度

任务前的工作可能包括收集想法、构思语篇结构或确定使用什么词汇或语法。

任务类型也可能影响准确性和流利度。例如，一般来说，语言复杂性可能会受任务认知复杂度的影响（Goh 2007）：任务的认知复杂度越高，语言复杂度就越低。Willis和Willis（1996）认为，任务后的报告阶段可能注重准确度和复杂度，虽然他们并没有明确指出报告应是口头进行的。

研究还表明,学习者可以从重复任务中受益(例如,Bygate 2001)。Goh(2007: 36)总结了重复任务的潜在好处:

- 流利度更好
- 口语更地道,词汇准确性更高
- 叙事框架更好
- 一些任务中的语法准确性更高
- 语言更复杂

Burns 和 Hill(2013)提出了一个有趣的建议,即逐步、系统地培养口语技能,并建议以一语会话为起点(在单语班的情况下)。他们建议学习者可以首先分析自己以及他人的一语会话,从中体会口语的基本特征。然后,学习者可以对照会话文本,接触一些简短的、真实的二语会话。下一步重点关注讨论录音对话主题所需的语言,并练习特定单词和短语的发音及语调。最后,学习者进行会话练习,并将会话录下来,以便进一步分析。

总而言之,我们强调了口语技能的重要性。随着"国际教育政策制定者更加重视口语技能"(Burns & Hill, 2013: 231),口语能力可以说变得更加重要了。我们还应指出口语本身是一种技能,可以在语言习得中发挥重要作用。例如,Swain(1995)提出了"可理解输出假说"(见第2章),强调"强制性输出"的重要性,学习者被推到舒适区之外,寻找资源(也许是从对话者那里寻找),表达他们想说的话。

我们发现语料库研究提供了大量口语基本特征的相关信息。但在制定分项化教学大纲时,这些丰富的信息也带来了相当大的挑战。应当注意的是,随着英语在国际范围内日益普及,人们也开始质疑英语本族语者口语的研究结果的相关性问题(关于这个问题的深入讨论,请参见本书第3章和Timmis 2012a)。

此外,在教学法上我们也面临一个巨大挑战:以输出为中心的传统范式,如PPP,是否适用于对内容特别敏感的某些语言特征?我们强调任务设计对口语能力的最优化培养十分重要,例如,我们认为任务前准备、任务报告和任务重复可以使这些活动更有价值。虽然我们单独讨论了以结果为导向和以过程为导向的教学方法,但要强调的是,它们之间并不互斥。事实上,正如Bygate(2001:19)所说:

> 一个基本的问题是,学习特定类型的语言特征时,任务是否能让学习者真正参与其中?还是说,开展任务活动是否只是一种让学习者可以随意表达自己的"盲目"教学方法?虽然课上有"学生话语时间",有时会被认为是一节好课的基本标准,但仅有这点是不够的。教学材料开发人员还需要考虑口语活动中的流利度、准确度、复杂度和恰当度,并且在设计既定的活动时,确保在活动中以有原则的、系统性的方式,至少涉及其中一个方面。

任务 7.3

选择一本教材,评估其中的三项口语活动。

- 口语任务的主题是什么?
- 学习者是否为这项任务做了准备,是如何准备的?例如,通过一篇听力文本或阅读文本,通过预习特定的语言,抑或通过结对或小组准备?
- 口语任务有后续活动吗?

任务 7.4

选择一个特定群体,并从你评估过的口语活动中选择一项,对这个活动进行调整,使之适合你选择的群体。

7.3 培养写作技能的教学材料

任务 7.5

写作教学绝不只是给学生们一个题目,然后让他们写。(Hyland 2013: 404)

除了"给学生们一个题目,然后让他们写"之外,写作教学还应该包括什么?

引 言

直到最近,教学材料中才把写作视为一种技能。正如Reid (2001: 28)所注意到的,"即使到了20世纪70年代,二语写作也没有被看作是一种要教给学习者的语言能力。相反,它被当作语言学习中的一项辅助能力,例如练习写字、写出语法练习和阅读练习的答案以及做听写。"把写作当作教学材料中的辅助能力来处理,这背后隐含着一个不言而喻的假设,即写作只不过是把准确的语法和词汇转移到纸上。但是,交际教学法的出现使人们更加重视仔细分析每种能力所依据的知识、次级技能和策略,并在此基础上,有计划地培养"四种技能"。现在在许多教材里我们可以看到,写作教学大纲里已经着力把写作当作一种技能来看待了。

首先,我们要注意的是,由于电子媒介的普及,以及短信、聊天室聊天和博客等口语和书面语混合式风格的出现,写作的基本特征近年来也发生了一些变化(另见第5章)。不过,尽管电子通信带来了体裁上的发展变化,人们仍然需要撰写纸质版或电子版的论文、报告、工作申请、邀请函、投诉信等。事实上,许多关于英语教学写作的研究都涉及学术英语这一相当传统的领域。

写作技能的基本特征

虽然我们关心的是写作教学的*教学材料*,但从分析写作技能本身开始无疑是有益的,这样我们就可以考虑如何设计教学材料,使之在写作技能的各个方面发挥作用。根据Raimes (1983)和Byrne (1988)的研究,我们可以确定写作技能包括以下主要组成部分:

- **机械性方面:** 写作技能的机械性方面包括书写字母(笔迹学)、拼写单词和使用标点符号的能力。除非你已经学会使用一种不同的文字，否则很容易低估笔迹学带来的挑战。虽然我们不再像以前那样经常用手写字，但文字处理也带来了相应的挑战，即对键盘技能的要求（另见第5章的数字素养）。

- **语言资源**：学习者要掌握好语法和词汇才能清晰地与人交流，并且要有足够广的储备，才能对给定的文本采用适当的风格。Hedge（2005）提到需要"仔细选择词汇、语法模式和句子结构，以便创造出适合主题和读者的风格"（第7页），例如，你可能不会用给校方投诉信中那样的写作风格，在给朋友的邮件里抱怨你的导师。
- **组织技能**：
  - **连贯**：无论是一封两行的电子邮件，还是一篇万字的文章，写作通常涉及文本的产出。我们通常期望文本是连贯的，即观点要有逻辑性，表达清晰，并且与文本主题相关。人们常常期望某一特定类型（体裁）的文本以特定的方式组织起来。例如，议论文、研究报告和求职申请都有各自的典型结构，尽管这种结构可能与特定文化有关。
  - **衔接**：学习者不仅需要思路清晰、逻辑清楚，还要能通过使用话语标记、代词和同义词等将前后的从句和句子连接起来，写出一个连贯的文本。
- **体裁知识**：作家需要了解他们的读者、读者的期望以及写作体裁的语言和结构规范。例如，本章需要以学术风格（虽然学术风格不一定很高雅）写给见多识广的读者，本章还需要划分成有明确标记、带小标题的各个部分，并且要有适当的参考文献。至少，这是我们的目标。
- **过程知识**：学习者需要了解生成想法、写草稿、编辑和修改的策略。例如，本章内容的写作就涉及根据各种资料做笔记，把笔记组织成本章的各个部分，撰写若干草稿，并根据合著者和编辑的意见进行修改。

虽然我们关注的是教学材料，但仍然需要考虑写作教学的结果教学法和过程教学法之争(参见第6章关于阅读和听力的过程/结果区别)。结果教学法通常涉及对示范文本(如求职信)的研究,学习者进而专注于示范文本的一个或多个结构特征或语言特征。在我们给出的例子中,学习者可能会关注某些段落如何处理诸如以前的经验和将来的目标之类的话题。重新组织杂乱无序的段落是处理这类话题的典型方法。学习者还可以关注特定的语言特征,比如,用现在完成时描述相关经验,或者使用特定的程式语,例如 *I look forward to hearing from you.*,通常会有特定的练习对这些语言特征进行练习。最后,学习者根据示范文本撰写自己的文本,但会对内容进行一定调整,也许会加入自己的一些个人情况。正如Myskow和Gordon(2010: 284)所指出的,结果教学法中的文本"在很大程度上可以被当作自主对象,独立于特定的语境、作者或读者之外进行分析或描述"。结果教学法的优势在于,为学习者提供了一个清晰的模板,并为他们的写作提供了大量的支架式支持。有人认为,这种方法的缺点在于,只注重文本的表面特征,可能会导致对示范文本不加批判的模仿。

Badger和White(2000: 154)对过程教学法做了一个有用的总结:"在过程教学法中,写作主要与语言技能相关,如构思和写草稿,而较少强调语言知识,如语法和文本结构方面的知识"。因此,过程教学法的重点是生成和组织想法,经常会涉及小组工作和同伴编辑草稿。这种方法的典型阶段包括"写前构思、写作/写草稿、修改和编辑"(同上),尽管这些阶段的展开可能是循环式的,而不是线性的。Badger和White(2000)指出过程教学法的缺点是一刀切,忽略了不同类型的文本对学习者的要求也有所不同,也没有考虑到学习者写特定类型文本的经验不同,因此,需要给予他们的支持也有多有少。从我们作为教学材料编写者的角度来看,必须注意的是,虽然教学材料可以提供关于过程的建议,但它们不能(也许不应该)对学习者实际选择遵循的过程施加多少控制,说到底,这毕竟是个人偏好的问题。

此外,我们还要考虑体裁教学法的优势,这种教学法结合了过程教学法和结果教学法的元素。正如Kay和Dudley-Evans（1998: 308）所说，大多数关于体裁的讨论都借鉴了Swales（1990）或者Martin（1984）的定义。Martin（1984: 25）认为体裁是"一种有步骤的、以目标为导向的、有目的的活动，说话者作为文化一员参与其中"。对于Swales（1990: 58）来说，体裁"是有共同交际目的的一组交际事件"。

Myskow和Gordon（2010）认为，体裁教学法的主要显著特征是它们关注写作的"社会维度"：文本写给特定的受众，以达到特定的目的。他们（2010: 284）承认体裁教学法与结果教学法有一些共同之处，体裁教学法也可能会涉及让学习者熟悉给定文本的典型话语模式，即如何组织文本以产生特定的效果。但Myskow和Gordon认为两者之间的显著区别是"基于体裁的教学法旨在培养学生更加灵活地理解体裁结构和体裁互动方式"。在如何迎合特定受众，以及如何在文本中创造特定效果方面，体裁教学法则可能包含过程教学法的成分。Hyland（2003: 175）指出了体裁教学法对学术英语的特殊影响：

> 虽然过程教学法的重点仍是写作者，但近年来，学术英语的体裁教学法已经将重点转回到读者身上，目的是可以让学习者进入到他们自己的学术话语共同体中。

从教学方法到教学材料

如上所述，Hyland（2013）认为教学材料在写作教学中的两个重要作用分别是提供刺激和提供支架式支持。本节中，我们将探讨提供刺激的教学材料、提供支架式支持的教学材料以及技术资源三方面的内容。

刺激材料

Hyland（2013: 393-4）认为，刺激材料的主要目的是"提供内容图式,并给出交流的理由,可以激发创造力、构思以及与他人的合作"。我们首先要强调的是,无论文本是否真正起到"示范"的作用,它们都可以成为写作的刺激材料,也就是说,在写作前的阶段,它们可以刺激生成观点,也可以是话题讨论的基础。事实上,我们在第2章中提到了,从更普遍的意义上来看,输入具有作为语言数据和刺激其他活动的双重作用。刺激其他活动的一个方法是将写作与一种或多种其他技能结合起来(见第6章)。这也反映了一个更普遍的观点,即将各种技能整合在一起是颇为有益的。例如,如果想让学生写一篇赞成或反对义务兵役制的议论文,可以通过以下一种或多种方式让他们做准备:

- 给学生提供关于这个问题的广播或电视辩论
- 给学生提供关于这个问题的线上讨论材料
- 口语准备活动,如一场正式辩论或者学生就这个问题互相采访

这些活动的主要是为了生成关于这个话题的观点,当然,也可能同时生成与写作任务相关的语言表达。我们还应注意,写作刺激可能来自视觉资料,而非听力/阅读文本以及相关讨论(当然也可能来自听力/阅读文本以及相关讨论)。毕竟,对所有人来说,从记事起,图画故事就一直是写作课的主要内容。视觉资料可以是一张图片,比如,一张关于环境灾难的照片可以用作有关污染问题的议论文写作材料。此外,图形和图表也可以用作视觉刺激——它们可以用在学术英语和专门用途英语课程中(也经常用于雅思写作考试,尽管并不是唯一的视觉刺激),这些课程和考试中,分析数据和撰写分析报告的能力非常重要。互联网提供了丰富的视听材料、文本和数据,可以用来刺激写作,但编写教学材料的时候,我们显然要确定网上的内容链接在其使用周期内一直都保持"活力"。

支架式任务

Hyland(2013: 392)指出,支架式任务可以用于进行讨论、引导

式写作、分析以及处理重要的结构和词汇。很多通过交际教学法流行起来的任务都可以转而为支架式写作服务：

- 重新排序，如将段落中错乱的句子或文本中错乱的段落重新排序
- 匹配，如将小标题与各部分匹配起来
- 填补，如填补删掉的话语标记。
- "语法技能"（grammaring）（见第8章），把语法加到文本某部分的词汇中
- 删除，如删除与文本不符的句子或段落
- 替代/添加，如在文本中添加结论（原文本的结论已被删除）
- 转换，如以较正式或较不正式的风格重写文本，或以更学术或者不那么学术的风格重写文本

对这类支架式任务的总体目标，Hyland（2013: 394）评论道，"最有效的语言练习应关注相应的体裁特点，帮助学生为特定的读者和语境创造意义"。

利用技术

虽然在写作教学中使用技术并不是一种独特的教学方法（正如我们在第5章中所指出的，技术是一种资源，而不是一种教学法），但确实也为教学提供了更多可能性，值得专门讨论。早在2001年，Reid就认为"在英语二语写作课程中使用技术可能是当今最重要的课程变革"（2001: 32）。从最基本的层面来看，互联网为我们提供了大量文本资源（Hyland 2013）。Stapleton和Radia（2010）提到了技术在培养写作能力方面的潜在作用：

- 学习者，尤其是专门用途英语学习者，可以使用索引工具（见第5章），研究特定词汇和短语的使用情况。
- 学习者可以使用同义词词典研究同义词，还可以访问词典和百科全书等其他在线参考资源。

- 如果学习者不确定某个特定单词或短语的使用是否正确,可以输入到谷歌中,查询结果少,则可能说明他们的用法不是该单词或短语的常规用法。
- 使用在线词汇构建程序"Check My Words",学习者可以快速查出单词或短语的索引和搭配。
- 学习者可以使用在线文本分析工具(如"Using English"网站),检查文本的词汇密度(即不同单词相对于单词总数的数量)、单词的使用频次、句子的平均长度等。

也许要在电子教材普及以后,我们才能充分利用这些工具。但现在教学材料可以指导学习者如何使用这些工具,并且给出一些任务活动,向学生展示这些工具的潜在用处,这样至少可以让学习者了解这些工具的潜力所在。

任务 7.6

- 访问"Check My Words"网站。打开使用教程,你认为其中哪些功能对你和/或你的学生最有用?
- 访问"Using English"网站。在文本框中输入一篇短文。你认为,对学习者来说,这个网络资源的用处有多大?

写作教学大纲

到目前为止,我们仅讨论了教学法和资源,除此之外,我们也要考虑一下写作教学大纲的设计原则。需要注意的是,虽然写作教学大纲的理念似乎与整合技能的理念相冲突,但实际上它们并非互不相容:教学大纲规定了特定的体裁或写作子技能,但准备活动或后续活动仍然可能涉及其他技能。Hedge(2005: 10)提出了关于写作教学大纲的三个(自称的)假设,这些假设与本节内容有一定的相关性:

- 课堂写作活动应反映最终目标，即让学生能够写出完整的文章，生成相互关联的、语境化的和恰当的交流内容。
- 学生需要有机会练习各种形式、各种作用的写作，并在练习中培养产出书面文本的不同技能。
- 安排写作活动时，教师需要经常变换受众，确定谁将是读者，并且尽量使每篇文章都有一定交际目的，无论交际目的是真实的还是模拟的。学生对语境有所了解时，他们的写作才可能会更有效和恰当。

Chen 和 Su（2012: 185）提到了 Sidaway（2006）的七个体裁类别（下面列举了一些例子），认为这些类别可以作为教学大纲的基础：

1. 叙述，如证人的陈述
2. 叙事，如一则轶事
3. 解释，如为什么火山会爆发
4. 信息报告，如天气预报
5. 流程，如如何申请签证
6. 讨论，如私立教育的利弊
7. 阐述，如政治宣言

Chen 和 Su（2012: 185）指出每种体裁都可能出现在不同的文本类型中，例如，"叙事可能出现在电子邮件、报纸文章、小说等中"。Hedge（2005）阐释了写作教学大纲的另外两种可能的组织方式：

1. 教学大纲可以围绕宽泛的写作风格来组织，例如，个人写作（如个人经历）、研究性写作（如学术论文）、公开写作（如投诉、询问）、创意写作（如故事和诗歌）、社交写作（如信件和电子邮件）和机构写作（如会议记录、议程）。
2. 教学大纲可以根据功能来组织，例如，描述、叙述、论证、回顾和概括。

值得注意的是上文中提到的创意写作。谈到写作时，平时轻松愉快的英语教学人员会突然换上严肃的表情和合适的套装，郑重其事地谈论话语标记语，好像写作本身永远不可能是一件令人愉快的事。Hedge（2005）指出诗歌、故事、韵文和戏剧都可以是创意写作的一种。

总之，我们认为写作是一项复杂的技能，教学材料在培养这一技能方面发挥着重要作用。正如Hyland（2013: 404–5）强调的那样，"本质上，教学材料应该帮助学生理解目标体裁（其目的、语境、结构和主要特征），或者提供机会，让学生就写作中的一个或多个方面（写作前构思、写草稿、修改和编辑）进行练习"。我们已经讨论了结果、过程和体裁教学法的相关内容，但是我们认为，正如我们在其他技能方面所论证的那样，我们不必拘泥于一种方法，事实上，这些方法可以结合起来。正如Badger和White（2000: 157）所说，一种"有效的写作教学法需要吸纳结果教学法、过程教学法和体裁教学法的见解。方法之一是先从一种教学法开始，然后进行调整"。待写文本的基本特点以及学习者对文本类型的熟悉程度是选择教学法的关键因素。Hyland（2013: 400）对设计写作教学材料看法颇为积极，就让我们以此结束本节内容："设计新的写作教学材料会是一件令人极为惬意的事，它可以给学生提供更有针对性的学习体验，还可以展示教师的专业能力，或许还能满足他们的创造性需求。"

任务 7.7

Hyland（2013: 396）注意到，已经出版的写作教学材料中有以下常见问题。请将这些问题转化为写作教学材料的评估标准，并请补充其他评估标准。

- 阅读材料中存在文化偏见和社会偏见（可以用作写作范例或刺激文本）；
- 与特定体裁无关的特殊语法；
- 目标使用者的背景和语言水平模糊不清；
- 缺乏对目标需求的具体说明；

- 过度依赖以个人经历为主题的写作；
- 痴迷于单一的创作过程（例如，简单的文章示例）；
- 虚构的和误导性的文本示例。

任务 7.8

将你在任务 7.7 中列出的标准与 Hyland（2003: 97）的标准（见下）进行比较。

> 写作教学材料是否：
> 1. 反映出对写作技能及其学习方法的一致看法？
> 2. 包含提供相关内容图式的，有趣且适当的阅读材料？
> 3. 涵盖文化上合适的并被列入教学大纲的主题？
> 4. 对希望学生能够识别和再现的体裁，给出了清晰的体裁示例？
> 5. 能通过吸引学生的兴趣，树立他们的信心，并鼓励他们运用现有的知识和技能，激发他们学习和写作？
> 6. 包含多种多样、有趣且相关的活动，帮助学生培养适当的写作前技能、写作技能和编辑技能？
> 7. 针对相关语言，提供了有用的解释和清晰的例子？
> 8. 提供讲解写作和练习写作的策略、建议和补充材料？

任务 7.9

根据你的教学语境，运用本章的观点，设计适合你的学生的写作教学材料。从互联网上选取一个真实的视觉/视听材料或文本，用作写作提示。

7.4 延伸阅读一

Thornbury, S. (2005). *How to Teach Speaking.* **Harlow: Longman.**

Thornbury 提出一系列口语活动的标准（2005: 90-1）。下文中列出了这些标准，并附上了他对每个标准的解释。

1. **生产力**：口语活动要有最大的语言生产力，为自主使用语言提供最佳条件。
2. **目的性**：确保口语活动有明确的活动结果，特别是要求学习者共同努力达到同一个目的，这样通常可以提高语言生产力。
3. **互动性**：活动应要求学习者考虑对受众的影响，以便为在现实生活中的语言使用做好准备。
4. **挑战性**：任务对学习者有一定挑战性，迫使他们利用现有的交际资源达成目标。
5. **安全性**：虽然学习者需要有所挑战，但当他们面对挑战，并尝试自主使用语言时，他们也要相信他们不需要冒太大风险就可以达成目标。
6. **真实性**：口语任务应与现实生活中的语言使用有一定的关系，以便为自主使用语言做好准备。

任务 7.10

- 根据 Thornbury 的标准，评估一项口语教材活动。
- 对活动进行调整，使其满足列出的所有标准。

任务 7.11

Thornbury 的评估标准中的"真实性"在多大程度上可以成为教材中的口语教学材料的一个标准：

- 看一下从不同教材中选出的口语教学材料，评估在你的教学语境中，这些材料是否与"现实生活"中使用的语言相关。
- 如果你认为不相关，思考以下问题：
  □ 为什么会出现这种情况（例如，由于年龄、语言水平、文化语境等原因，与目标学习者群体缺乏相关性）
  □ 如何对教学材料进行调整，使其更具真实性（见第4章第4.4节，关于教学材料调整的部分）

7.5 延伸阅读二

Kay, H. and Dudley-Evans, T. (1998). Genre: what teachers think. *ELT Journal*, 52(4): 308–14.

Kay 和 Dudley-Evans 为老师们举办了一个工作坊，期间，他们调查了参与者对写作教学的体裁教学法的看法。共有来自 10 个不同国家的 48 名老师参与了调查，表达了自己的观点，其中他们认为教师应做到以下几点：

- 确保体裁结构不会被人认为是规定性的，要允许体裁结构因文化和意识形态的不同而有所不同
- 介绍文本之前，通过讨论目的、受众、制度信仰、价值观等，将文本语境化；随后，所有关于语言特征的讨论都应在其文本功能的相关语境下展开
- 让学生沉浸在"特定体裁的多种文本中"（第 312 页）
- 确保为了教学/学习目的而选择的体裁示例具有真实性且适合学习者
- 互动是一种强有力的学习辅助手段，因此要采用利于互动，而非抑制互动的授课流程
- 将体裁教学法与其他方法结合起来——特别是可以将体裁教学法和过程教学法相结合

任务 7.12

你认为上面提到的观点在多大程度上是：

- 可取的？
- 实用的？

任务 7.13

访问互联网,查找下面这篇论文的在线(pdf)版本:Hyland, K. (2007). Genre pedagogy: language, literacy and L2 writing instruction, *Journal of Second Language Writing*, 16: 148-64.

将Hyland关于体裁教学法的观点与上文总结的Kay和Dudley-Evans文章观点进行比较。例如,Hyland认为"写作是一种社会活动"(2007: 152),Kay和Dudley-Evans也是如此,他们认为授课程序应该促进互动。

我们认为这篇文章深入分析了写作的体裁教学法,值得全文阅读。

7.6 结 论

本章的最后,我们将综述一下本章两个主要部分的主要观点。口语技能有一定的复杂性,要求也比较高,在第7.2节中,我们认为**口语技能**的教学材料需要对此有所应对:

- 尽管长期以来,口语一直是英语教学的重点,但由于未能将作为语法/词汇练习的口语和作为技能培养的口语区分开来,因而对口语的关注往往缺乏系统性。
- 口语中常有实时压力以及互动和人际关系的问题,这会对口语的性质产生一定影响,因此口语在语法和词汇选择以及句法复杂性等方面与书面语有所不同。
- 有两种口语教学大纲,但它们并不相互排斥:一种是口语语言特征(例如省略、话语标记)的教学大纲,另一种是话语类型(例如对话、服务接触、汇报展示)的教学大纲。
- 教学材料编写者不仅要提供让学习者开口表达的活动,还要提供可以培养口语语言和次级技能的活动。

第7.3节探讨了设计培养**写作技能**的教学材料,这一节中,我们提出的主要观点可以归纳如下:

- 与口语一样,直到最近,教学材料才开始以(写作)能力分析为基础。
- 写作是一项复杂的技能,涉及机械性方面、语言资源、组织技能、体裁知识和过程知识。
- 结果教学法(基于示例文本)和过程教学法(侧重写作行为)在传统上是相对的,但它们并非不相容。体裁教学法包含了这两种教学法的元素。
- 教学材料可以通过提供写作刺激和提供支架式支持来解决写作问题,例如在文本结构和/或文本类型所需的语法和词汇方面给予帮助。
- 学习者可以利用一些在线资源,如索引工具或词频突出显示器(word frequency highlighter)进行写作。
- 写作教学大纲的制定可以基于体裁、基于文本功能、基于对特定类型文本写作有帮助的特定语法和词汇。

7.7 补充阅读

Hughes, R. (2010). Materials to develop the speaking skill. In N. Harwood (ed.), *English Language Teaching Materials: Theory and Practice* (pp. 207–24). Cambridge: Cambridge University Press.

这一章强调,口语活动要建立在对口语技能的清晰理解的基础上。这引出了一个问题,即口语活动是否真正培养或教授了口语技能,而不仅仅是进行口语练习。作者以三个非常有用的口语活动结束,这些活动说明了前文讨论中提出的观点。

Tribble, C. (2010). A genre-based approach to teaching writing. In N.

Harwood (ed.), *English Language Teaching Materials: Theory and Practice* (pp. 157–79). Cambridge: Cambridge University Press.

这一章概述了基于体裁的写作教学法，并通过参加剑桥一级证书考试考生准备语篇体裁的话题论文（discursive essay）这一案例，阐释并分析了该教学法。该章的另一积极之处在于，Tribble强调了他推荐的教学方法对教学材料编写者的启示。

8 词汇和语法教学材料

8.1 引言

本章沿用了前两章的二分结构，首先关注词汇教学材料（第8.2节），然后关注语法教学材料（第8.3节）。与四项技能的教学材料一样，词汇和语法的教学材料也非常丰富，但对词汇和语法的教学也要仔细审视，例如，词汇教学不能变成简单的"学习单词"。近年来语料库的出现为我们提供了避免这种情况的方法。本章第2节给出了一系列例子，说明语料库材料如何用于词汇教学材料。关于语法教学材料，教材中对其的过度关注已经受到了强烈批评（例如，见第2章）。与此同时，可以用作范本的语法教学材料激增，这意味着教学材料开发人员在选择使用哪些材料时必须更加谨慎。为此，我们重新审视了关于PPP（PPP可能是语法教学材料和语法教学中最常被用作范例的一种教学流程）的争论，并得出结论，建议在选择教学材料时要有原则地兼收并蓄。

8.2 词汇教学材料

引言

人们普遍认为词汇是语言学习中的一个重要方面。毕竟，很难反驳Wilkins（1972: 111）关于词汇和语法的重要性的说法："没有语法,几乎无法表达;没有词汇,就什么也表达不了。"虽然词汇的重要性似乎是不言而喻的,但事实上,自20世纪80年代词汇教学大纲在教材中变得越来越普遍以来,词汇才在近期在教学材料中占据了重要地位(O'Dell 1997)。词汇越来越受到重视的一个原因是,自从柯林斯伯明翰大学国际语言数据库(CoBuild)、美国当代英语语料库(COCA)和英国国家语料库(BNC)等大型语料库出现以来,人们对学习者所面对的词汇学习任务的性质有了更充分的认识。得益于语料库研究,我们现在对词频、词汇量、搭配以及词汇和语法的关系等方面有了更多的了解。但是尽管有了这些研究,我们仍然很难准确判断学习者词汇学习所带来挑战的大小,正如McCarten(2007: 1)所解释的那样:

> 单词计数是一项复杂的工作。首先,什么是一个单词?让我们看看RUN这个词族的成员:*run, runs, running, ran, runner*和*runners*。它们应该算作一个"单词"还是六个?我们如何计算同一个单词的不同用法?例如,动词*run*在*run a marathon*和*run a company*中是一样的吗?和名词*a run*一样吗?我们要如何处理像*run out of gas, feel run down*或者*a run of bad luck*这样的习惯用法?

除了词频以外,还需要考虑搭配和词汇短语,已经有期刊论文发表了频次列表(关于搭配,参见Shin & Nation 2008;关于词汇短语,参见Martinez & Schmitt 2012)。尽管计算频次时有一定困难,但专家的估算有助于我们了解困难有多大,以下是Schmitt(2010)给出的关于单词的一些数值:

- 本族语者通常认识1.6万至2万个词族。
- 学习者需要有8 000个单词的词汇量,才能阅读未经简化的材料。
- 学习者需要认识2 000到3 500个单词,才能做到基本理解和合理运用。

显然,我们在确定需要学习多少词汇方面已经取得相当大的进展,但研究并没有告诉我们应该学习什么词汇,也没有告诉我们应该如何学习。例如,如果我们假设学习者可以通过接触文本、从上下文推断意义等方法获得足够的词汇量,那么教学材料编写者就可能只会提供丰富多样的文本,用来促进附带词汇学习。但是,Folse(2011:363)直接表示,除了这种附带习得的方法,还需要有显性的词汇教学(见第2章),特别是如果学习者需要在短时间内学习大量词汇:

虽然可以通过自然接触学习词汇(如 Pigada & Schmitt 2006),但更多的研究表明,进行显性词汇教学,英语学习者学习和记忆词汇的效果会更好(如 Laufer & Shmueli 1997, Min 2008, Zimmerman 1997)。

鉴于显性词汇教学的规模和特点,我们可以得出的结论是,教学材料中需要对词汇有一些显性关注。

词汇选择和词汇知识

以频次为标准

频次是选择词汇时的一个常识性标准。正如我们已经注意到的,当代的教学材料编写人员可以从COCA和BNC等大型语料库获得词频列表以及搭配和词汇短语列表,并在这方面受益颇多。教学材料编写人员还可以获取特定教学领域的频次列表,如学术英语词汇列表(Coxhead 2000)。如果我们认同频次是一个有用的标准,那么对于我们材料编写者来说,"怎样才能确保教学材料中包含了高频单词?"就是一个重要的问题。对此,我们可以有三种选择:(1)为每个单元列出与主题相关的词汇,(2)构建包含目标词汇的文本,以及(3)从包含在教学材料中用于其他目的(例如阅读或听力相关内容)的文本中选择词汇。需要注意的是,这些选择并不相互排斥。我们可以把它们结合起来,确保学习者充分接触高频单词,而这可能是必要的，也是可取的。

虽然频次在词汇选择中起着一定的作用，但正如McCarten（2007: 8）所观察到的，我们有理由认为它不应该是词汇选择的唯一标准：

> 由于种种原因，我们可能不会使用列表[1]中的所有单词。有些可能是在文化上不合适，有些可能是不适合在课堂上使用，或者可能是因为学生还没有掌握好更多的英语而无法使用。此外，学生的交流需求可能与语料库中收录的会话者的需求不同。例如，像homework这样的词在课堂上很常见，在词频前2 000的单词中却排名靠后，而像supposed、true和already这样的词在词频表中排在前400，但对初级学习者来说却可能是很大的挑战。

词频不能成为唯一标准的另一个明显原因是要考虑教学上的便利性。例如，仅仅因为语料库中一周中有几日被提到的次数比另几日多，就将一周七天在词汇教学大纲中分开教是很荒谬的。

频次之外

我们在选择词汇时显然还要考虑频次以外的其他标准，White（1988: 48-50）在频次之外还考虑了其他一些有趣且有用的选择标准：

- 使用频率
- 覆盖度：例如，与walk相比，go的使用语境更广（O'Dell 1997）
- 范围：优先考虑能在更广的文本范围中使用的词语，例如，acquire a language在语言教学文本中可能很常见，但learn a language可以用在各种文本中
- 可用性：某些词似乎可以很自然地放在一起，尽管它们各自的词频可能不同，例如（如上所述），一周七天对应的单词
- 可学性：虽然成人学习者可能觉得需要学习抽象词汇，但在早期阶段，教具体词汇通常更容易一些；还有一些词汇与学习者自

己文化中的熟知概念和现象相对应，这些词也可能会更容易教。（Gairns & Redman 1986）
- 机会主义：我们要时刻准备着，一旦出现词汇的教学机会，就要牢牢抓住。例如，一个热点事件或者课堂上的一个小插曲可能就是适合教授某个特定单词或一组词汇的机会。
- 兴趣中心：正如O'Dell（1997）所说，随着学习者水平的提高，其自身的兴趣和需求也开始逐渐发挥作用。

如果我们为自己的课堂或教学语境编写教学材料，那么运用机会主义和兴趣中心显然会更容易一些。

搭配和词汇短语的选择标准

虽然单词的选择标准已经相对成熟，并且在某种程度上可以应用到搭配和词汇短语上，但还是有必要考虑一下，是不是也要为搭配和词汇短语制定具体的选择标准。Timmis（2008）提出了以下选择搭配的标准：

- 频次
- 难度
- 语义可预测性
- 搭配强度
- 教学便利

这些标准中有两个（语义可预测性和搭配强度）为搭配所特有，需要解释一下。首先，"语义可预测性"是指由语块的构成部分推断其意义的难易程度，例如，*small talk* 这个语块的意义较难从其构成部分中猜测出来，而 *strong coffee* 则可以。因此，有人认为应该关注前一个语块而不是后一个，因为后者的意义是不言自明的。其次，Conzett（2000: 74）给强搭配下了一个很有用的定义："一个词的出现意味着你强烈期待另一个词出现"。从这个意义上来说，*dulcet tones* 是非常强的搭配,因为除了 *tones* 之外,很难想出任何一个词能跟 *dulcet* 一起用。也就是说,你一听到 *dulcet* 这个词,就强烈期待听到 *tones*。但是,*high prices* 会被视为弱搭配,因为 *high* 可以与许多其他的词搭配使用。Hill(2000)建议我们关注中等强度的搭配,这样的搭配中,一个词的常见搭配词比较有限,例如,动词 *achieve* 可以与 *goal*、*target*、*aim* 和 *objective* 等词语搭配。如果搭配词本身意思相近,就像上述 *achieve* 的搭配词那样,那就再好不过了。

词汇知识

除了考虑需要学习哪些词汇之外,我们还要考虑应该学习词汇的哪些方面,如任务 8.1 所示。

任务 8.1

下例中的问题是由哪方面的词汇知识造成的?将词汇知识的类型(带项目符号的部分)与例子(1—10)匹配起来。匹配时,词汇知识类型可以多次使用。

词汇知识的类型包括:
- 风格/语域
- 发音(重音)
- 单词语法(形态学)
- 单词语法(可数/不可数)
- 搭配
- 语块
- 单词语法(依存介词)

例子:
1. I got big progress in English last year.
2. She commended the learners' courageous trials.
3. Are you married or are you a spinster?
4. I am not responsible of this problem.

5. I reckon TPR is a daft methodology but it might be OK for kids.〔写在学术论文中〕
6. I have problems learning voca**bu**lary.〔黑体标记重读音节〕
7. I am doing a research about learners' pronunciation.
8. Vocabulary is a large theme in my thesis.
9. It's just a figment of your thinking.
10. I admire your seriosity.

任务 8.2

根据任务 8.1 中的例子，思考词汇知识的复杂性对词汇教学材料的影响。

教学材料中的词汇学习

让"过时的技术"归回

现在，我们必须把注意力转向将词汇方面的内容纳入教学材料的实际方法。值得注意的是，某些传统方法（使用单词列表和双语词典学习词汇）最近又开始兴起。虽然这些方法可能与在交际教学法中长大的人的想法相悖，但重要的是，我们要结合相关的研究证据，更客观地评价这些方法。例如，Folse（2011: 363）给出了使用单词列表的理由：

> 乍一看，使用单词列表可能会适得其反。在自然语言学习的热潮中，人们对单词列表不以为然，但是没有实证研究表明用列表学习单词是无效的……事实上，有研究比较了用列表学习单词和在不同语境中学习单词，结果显示，单词列表的学习效果比拓展性语境更好（Laufer & Shmueli 1997; Prince 1996）。

有鉴于此，不管看起来多么过时，教学材料中可能还是会列出每个单元的关键词汇。Folse（2004）强调词典同样也很有价值，他指出，研究表明使用词典比根据上下文猜测更有效，并且使用双语词典比使用单语词典更有效。这意味着教学材料在培训学习者有效使用词典方面可以发挥一定作用。事实上，一些教材在材料包中已经提供了迷你词典。

语义集和主题集

除了"过时"的技术和活动再次兴起，近年来还出现了对当前正统观念的挑战。特别是，在教学材料和一般教学中，非常常见的以语义集方式呈现单词的做法受到了质疑。语义集方法是将单词放在意义相关的词群（如水果、交通工具、家具、家庭成员等）中进行教学。例如，用语义集方法教家庭成员的相关词汇时，我们可能会用家谱图教其中的一些单词。但是，Folse（2004）提出，以"主题集"的方式呈现词汇比语义集更有效，他建议可以通过讲述家庭成员海滩之旅的故事，在主题集中呈现家庭词汇。同样，Papathanasiou（2009: 318）指出，有研究表明语义集方法在词汇教学中可能并不是最有效的：

> 上述结果（即词汇教学的语义集方法可能不是最有效的）与前人的研究结果一致（Tinkham 1997; Waring 1997; Schneider, Healy & Bourne 1998; Finkbeiner & Nicol 2003），这些研究结果表明，把句法和语义相似的生词归在一起，展示给二语学习者（初学者），不仅不利于他们学习这些单词，反而会有所妨碍。

当然，除了语义集，还有其他的词汇分组方式。例如，Gairns 和 Redman（1986: 31）认为，"按照同义、上下义、反义词和其他类型的关系（因果关系、情境、叙述）将单词分组，可以使课程具有连贯性。"但是，他们并没有引用研究证据支持这种论断。由此引出的问题是，方便教学的内容是否与学生的学习过程相吻合。

加工深度

尽管对于如何进行词汇教学有时会有不同的观点，但在三个方面似乎存在共识:"加工深度"(Craik & Lockhart 1972)、学习者策略和词汇循环复现对有效的词汇学习至关重要。下列活动按照Cameron(2001)给出的顺序进行排列,体现了向少儿学习者讲解休闲活动词汇时的不同加工深度:

1. 教师一边模仿休闲活动(如游泳、骑自行车),一边说出单词。
2. 教师说单词,学生进行模仿。
3. 学生画出其中的三项活动。教师大声读出单词,第一个听出他画的三个单词的学生即是获胜者(Bingo游戏)。
4. 学生把活动分成两组:非常危险的和不太危险的。
5. 学生选择他们想尝试的活动。
6. 学生看图片,说出单词。

从这个例子可以看到,学生可以对单词进行视觉加工(1,6)、听觉加工(2,3)、动觉加工(2,3)、认知加工(4)、情感加工(5)和口头加工(6)。当然,这些加工过程没有必要在一节课中同时出现。教学材料可以对加工深度进行解释和举例说明,以便教师在教学中纳入这类"常规做法"。正如Folse(2011: 364)所指出的:"任何词汇练习活动中,最重要的不是[学习者]用单词做了什么,而是[他们]与单词互动了多少次。"

词汇学习策略

O'Dell(1997)、Folse(2011)和Nation(2012, 2013)都强调了词汇学习策略的重要性。在Nation(2012: 100)看来,词汇学习策略教学是教师的第二大任务(仅次于词汇规划),他还对不同的策略进行了优先排序,顺序为"根据上下文猜测、学习使用单词卡片、利用构词法以及使用词典"。他指出,学习者需要一段时间的训练和培养才能完全掌握这些策略。Folse(2011)没有确定具体策略的优先次序,但他认为关键是学习者要有一套自己持续使用的个性化策略。可以看出,教学材料的作用在于可以介绍、示范不同的词汇学习策略,学习者则进行尝试并从中选择他们认为最有效的策略。

词汇循环复现

持续、系统的词汇循环复现这种方法现在已经得到了广泛的认可,广为人知的方法是"渐进式间隔回忆"(Sokmen 1997)或"扩展式重复"(Schmitt & Schmitt 1995),其指导原则是词汇频繁地循环复现,但每次循环复现的间隔时间逐渐加长。例如,一组单词可以在出现后的一天循环复现,然后是一周,然后一个月等等。Sokmen(1997)和McCarten(2007)都强调了个性化在单词记忆中的作用。Sokmen(1997)强调了学习者将词汇与他们的自身经历联系起来的重要性,McCarten(2007: 23)认为"教学材料应该为学生提供机会,让他们有意义地使用词汇,说出、写出他们自己和他们生活的真实情况"。Sokmen还指出学习者将单词意象化(即可视化)有助于词汇记忆。他们提出的这两个观点都表明了产出(production)在词汇记忆中的作用,但Nation(2012: 96)认为这一方面的研究尚不充分,尽管他提出"注重意义的输出"在词汇记忆中确实可以发挥作用。在教学材料中,我们可以通过游戏和测试,也可以通过让学习者在材料中多次遇到关键词汇的方法,来实现词汇的循环复现。

基于文本的词汇工作

在设计纳入教学材料的词汇活动时,有些词汇教学活动比其他活动更易于被采用。例如,教学材料中不可能包含实物教具,也不能表演哑剧(尽管教师用书可以建议教师这样做),但交际教学法中各种常见做法,例如识别、分类、匹配、填空和根据上下文猜测,都可以为词汇教学材料所用(Timmis 2008),都可以用于基于文本的词汇教学,请见下面的示例活动。

任务 8.3

请看下面的六个示例活动,并思考以下问题:

- 活动中使用了哪些方法（如匹配、分类等）？
- 你会在每个活动中增加哪些步骤（如发音、激活）？

注意：做每项活动时，我们都假设学习者已经阅读并理解了含有目标词的一篇或多篇文章。

【示例活动1】

> Accuse; sue; libel; trial; evidence; case; award; damages; an alibi; arrest; charge; perjury; defence; find guilty; sentence; investigation

方框里的单词都取自你刚刚读过的文章。将这些词与以下情况匹配起来。

(a) 警察做的两件事
(b) 警察执行的一件事
(c) 陪审团做的一件事
(d) 警察努力要找到的一件东西
(e) 法官做的两件事
(f) 两项罪行或违法行为
(g) 任何人都可以做的两件事
(h) 与起诉相反的事情
(i) 对被告有利的事
(j) 可以持续几小时、几天、几周甚至几个月的事情
(k) 你可能赢也可能输的事情

【示例活动2】

方框里的单词都取自你刚刚读过的文章。将方框中的单词分成两组：描述思维方式的单词和描述个性的单词。

> logical; emotional; creative; sequential; random; funny; sensible; rational; sensitive; intuitive; nice; holistic; mature; synthesising; considerate; analytical; dumb; objective; subjective; hare-brained

思维方式	个性
logical	emotional

【示例活动3】

音乐词组搭配

1. 根据刚刚读过的文章,从方框A中和方框B中各选一个单词,组成文章里的搭配,完成句子填空。
2. 把正确的搭配填在句子中。

方框A	方框B
record	clubbing
huge	talent
concert	crown
western	hit
sign	deal
theme	market
solo	single
release	award
go	attendance
win	company
raw	on

1. 'Billie Jean' was a _____ for Michael Jackson all over the world.

2. Until recently, no Asian singers had made an impact in the _____ _____.

3. Elton John wrote the _____ for the film *The Lion King*.

4. After The Spice Girls had split up, some of them made _____ _____.

5. The promoters were disappointed because the _____ _____ was lower than expected.

6. There is no denying that he has the _____, but he will need training to make it to the top.
7. Many groups and artists try to _____ a new single just before Christmas.
8. I wonder who will _____ the Emmy _____ this year.
9. The record company was so impressed by her performance that they _____ her _____.
10. Many young people like to _____ until the early hours of the morning at weekends.

【示例活动4】

humanity; proud; poverty; deprivation; liberate; discrimination; freedom; justice; indignity; oppression; achievement; equality

1. 方框里的单词都取自你在本单元中读过的文章。将这些单词分为两类：有积极意义的和有消极意义的。

积极的	消极的

2. 用上面单词的正确形式填空：

例子：I think that this will be a difficult goal to _____.
回答：I think that this will be a very difficult goal to achieve.

(a) This university does not _____ against people on the grounds of gender, religion or race.
(b) In a _____ society there is no discrimination.
(c) Rousseau said: 'Man is born _____ but is everywhere in chains.'
(d) Despite his _____ childhood, he achieved great things.

(e) In some countries, the gap between rich and _____ is getting wider.

(f) King wanted to _____ his people from oppression.

(g) Some people believe it is _____ to perform experiments on animals.

(h) The achievement of nationhood is a source of national _____ _____ for Singaporeans.

(i) You can't guarantee that everyone will achieve the same, but you can make sure that people have _____ opportunities.

【示例活动 5】

1. 用自己的语言解释黑体短语的意思,这些短语都取自你刚刚读过的文章。

- Dublin's alternative scene **has taken off** in the last few years.
- We wear what we like after school **without getting much hassle**.
- Siobhan (17) is **watching the world go by** with her friends Brian (17) and Emma (16).
- 'We're going to **work like mad** to get the right points in our exams next June', says Siobhan.

【示例活动 6】

找出下列各组中**不**能与加黑的单词搭配的单词。

1. **Absorb**	information	water	concrete	details
2. **Take in**	facts	information	details	studies
3. **Avert**	your gaze	a person	a disaster	
4. **Perform**	a role	a task	a match	a play
5. **Carry out**	a task	research	studies	a career
6. **A demanding**	research	role	job	task
7. **To process**	information	job applications	data	facts

评估教学材料中的词汇相关工作

上文对词汇方面的内容进行了理论上的探讨,作为教学材料开发人员,我们还需要从中生成合理且实用的词汇工作设计原则。Gairns 和 Redman(1986)提出了一套教材中词汇工作的评估标准,稍加调整和更新,就可以成为设计原则的基础:

- 有词汇教学大纲吗?选择词汇的依据是什么?
- 单词是如何分组的?
- 一次介绍多少个单词?
- 选择哪些学习方法?是否教学习策略?
- 教师用书中是否对教学流程提出了建议?
- 是否给出了练习和测试活动?词汇是否循环复现?
- 如何鼓励学习者在课外巩固和扩大词汇量?
- 教材中是否包括有用的视觉材料?
- 教材是否预先考虑到了各项技能活动所需的词汇?

最后,McCarten(2007: 19-20)总结了教学材料在词汇方面的作用:

> 教学材料可以在两大方面帮助学生:首先,教学材料需要提供自然语境中经常使用的、最新的并且适合学习者需求的词汇,并进行相关练习。第二,教学材料应该教给学生不同的技巧和策略,让他们可以用于课外学习,从而更好地学习词汇。此外,教学材料还可以通过以下方式帮助教师:
> - 提供有明确标记的词汇课程
> - 通过集中练习和定期复习等,突出目标词汇
> - 列出课上要学的词汇

任务 8.4

运用 Gairns 和 Redman(1986)的评估标准,设计教材中词汇部分的教学内容,教材可以是你所知道的,也可以是你正在使用的。

8.3 语法教学材料

引 言

正如我们在第 2 章中所提到的,语法教学在语言课堂中的地位在一段时间内已经成为一直争论不休的问题。讽刺的是,语法在已出版的教学材料中似乎已处于正统地位。事实上,Stranks(2013)将教材对语法的那种执着关注视作"痴迷"。Waters(2012)也注意到,尽管理论上语法教学的地位仍然没有定论,但某本畅销教材对语法的过度关注,除了一些表面上的变化之外,在最近几年实际上有增无减。尽管我们要考虑诸如学习者年龄、需求和愿望等因素,以便决定是否将语法方面的内容纳入教学材料,但我们也需要确定语法方面的教学材料是否真的有用;如果有用,什么样的语法教学材料可能是有用的。对此,读者可以参考第 2 章的内容,以及二语习得研究在这方面的共识,即对语法的某种关注有利于语法习得。

任务 8.5

你认为教学材料里应该包括语法成分吗?参考第 2 章中的论点来证明你的观点。

语法教学大纲

如果你编写的教学材料有出版计划,你可能会发现语法教学大纲都已事先确定(见第 9 章)。但如果不是为了出版,你就可以评估目标学习者的需求、愿望和学习偏好,据此确定有理论依据的编写原则，并在此基础上编写语法教学大纲。在这种情况下，正如 Swan（2006）和 Stranks（2013）所说，你通常会关注目标学习者经常遇到的具体语法问题。这些问题实际上可能与时态或条件句等"大语法主题"无关，而可能与 Timmis（2008）所说的"微观语法"方面相关，如动词搭配（例如，*blame something on someone*）、动词和介词搭配（例如，*depend on*、*rely on*）、动名词/不定式的使用（例如，"*I hope to go*" "*I don't mind going*"）以及冠词的某些用法。如果你对制定语法教学大纲有决定权，你还会关注目标学习者想要和需要说什么，以及哪种结构最能让他们表达所思所想，包括是不是教倒置条件结构，比如 "*Had I assessed their needs, I would not have taught inverted conditionals.*"。

我们认为，在考虑是否将某个语法项纳入语法教学大纲中时，教学材料设计者需要问以下两个重要的问题：

1. 学习者可以用这个语法结构做什么？
2. 我有什么证据证明（这些）学习者在这个结构上有问题？

要注意的是，在制定这些标准时，我们并没有认定在教学材料设计之初就要确定好教学大纲。正如我们在第 2 章中所指出的那样，我们编写教材时会选择合适的文本和/或任务，而教学大纲可能是从这些文本和任务中产生的。此时，我们会追溯性地应用上面提到的选择标准。设计语法教学大纲时需要考虑学习者的需求、愿望和母语，这可能是一项艰巨的任务，但我们完全有理由把现有的教学大纲或《欧洲语言共同参考框架》等已有文件当作一份项目清单，根据我们上面提到的标准从中选择。

任务 8.6

- 针对特定学习者群体，研究某一本教材中的语法教学大纲。
- 用等级量表评定每个语法项是否有用：

    5   4   3   2   1

    （5=极其有用；1=毫无用处）

针对语法教学材料的教学法

教学法的选择

我们注意到，人们一致认为对语法的某种关注会起一定作用。但是，对于什么样的语法教学会起作用，目前还没有达成共识（另见第2章）。Swan(2006: 122-3)指出，"对教学方法的研究尚无定论。隐性教学相较于显性教学，归纳式学习相较于演绎式学习，对语言结构的单独学习相较于交际活动中的偶发型形式聚焦（incidental focus on form），研究都没有显示可见的、持久的和广泛的影响。"虽然PPP似乎是教材中最主要的教学方法，但也还有一系列其他方法可供教材编写者选择。Swan(2006)列出的方法包括：

- 通过解释和例子进行演绎式教学
- 归纳式的发现性活动
- 去语境化的练习
- 交际性练习
- 交际任务中的偶发型形式聚焦
- 教师纠正和重铸（recast）
- 语法游戏
- 背诵规则和例子

值得一提的是，Timmis(2012b)区分了主动式（proactive）和反应式（reactive）教学法：主动式语法教学是事先计划好的，反应式教学则是对课堂上出现的问题或者机会做出反应。Swan(2006)提到的"偶发型形式聚焦"和"教师纠正和重铸"本质上是反应式的和自发的，因此，尽管在出版的教学材料中，教师用书中可能会提到这些教学方法，但是对于教学材料编写者来说，却无法真正用在教学材料里。Swan(2006)提倡兼收并蓄，但我们必须强调，应该有原则地兼收并蓄，选择不能是随机的，正如Swan(2006)所说，采用哪种教学方法要取决于"所教的语法点、学习者和语境"。

讲授、练习、产出：批判与改造

尽管受到了相当严重的攻击（例如，Lewis 1993; Skehan 2003），但PPP已经被证明是教材中非常有弹性的一种语言教学范式（Tomlinson等2001）。Timmis（2012b: 121）概述了PPP的典型次序。

这个过程通常包括在某种说明性语境中讲授目标结构，并且解释和/或引出目标结构的形式、意义和用法。接下来进行控制性练习和自由练习，控制性练习指学习者通过各种训练或练习操练目标项目，自由练习的重点仍然是目标形式，但是学习者在说什么方面有更大的自由。

这种技能培养过程有一定的逻辑性，在教学材料中也很容易实现。但问题是它有效吗？让我们先来看看反对PPP的理由。二语习得研究（见第2章）表明，习得一个结构往往是局部的、累积的、渐进的过程。大多数教师，包括我们自己在内，都可以讲述我们用PPP方式上课的经历，这些课程看起来非常有效，只是学习者却无法在自由会话中使用该结构，即使是在课程马上结束之后也不行。那么，有原则的教学材料编写者应该抛弃PPP吗？尽管我们承认PPP并没能按照预期的方式发挥作用，即在需要时候可以即时产出目标结构，但我们还是认为，现在还不应该，也不能完全将它抛弃。有可能的是，PPP有延迟效应，可以使学习者从以后的输入中习得目标结构，虽然这并不是PPP最初的理论依据。Ellis（2006: 94）指出，包含练习的语法强化教学（如PPP）具有潜在的延迟效应优势：

近期研究（如Spada & Lightbown 1999）表明，即使学习者还没有准备好学习目标结构，高强度的语法教学也可以帮助他们在各个阶段不断进步，最终习得该目标结构。

虽然PPP的批评者认为其他的语法教学方法,比如"注意"(noticing)(见第2章及下文),可能会有延迟效应,但他们似乎不同意PPP也有此效应。不过我们也应该注意到Sheen(2003)的说法,比较研究表明,显性的教学和练习方法,如PPP,至少与其他方法一样有效。因此,似乎有理由将PPP保留在我们兼收并蓄的教学方法里。但另一方面,这个理由还远不足以证明在已出版的教学材料中PPP应该占据主导地位。我们将在下文中考虑何时在教学材料中使用PPP比较适合。

超越讲授、练习、产出

作为教学材料编写者,我们还需要考虑PPP以外的选择。我们首先看一下基于输入的教学方法,这种方法侧重于"输入"(input,即学习者接触的语言)和"吸收"(intake,即成为学习者潜在产出内容的那部分输入)之间的关系(关于输入和吸收的讨论,见第2章)。Schmidt(1990)认为,输入和吸收之间的关键一环是"注意"的过程,即学习者意识到他们能够产出的内容和二语输入之间存在一定的差距(见第2章)。从这一思路得出的结论是,教学材料需要鼓励学习者有意识地注意输入中的形式,以便他们遇到的语言,比如在听力和阅读文本中,能够成为输出。强调要对输入加以注意的教学方法与意识提升(Willis 1996)(见第2章的讨论和例子)和"语言意识教学法"(language awareness approach)(Bolitho等2003)有很多共同之处:它们都侧重于引导学生注意语境化的目标特征,并要求学生进行归纳,"发现"其形式、意义和用法。使用基于输入的教学方法时,学习者不一定需要产出目标形式。

但是,有些方法要求将输出视为语法学习过程的一部分,而不仅仅是语法练习活动。Thornbury(2001)和Cullen(2008)都强调了基于输出的教学活动在促进语法学习方面的潜在价值:这类活动通常要求学习者给词汇"加上语法",从而产生了"语法技能或语法化(grammaticisation)任务"这一相当别扭的术语。这类任务的理论依据是,语法的基本作用是充当一种"解放力量"(Cullen 2008),即语法将说话者从对词汇的依赖和对语境的依赖中解放出来,以传达意义。Thornbury（2001: 21）概述了语法化任务的基本设计要求：

> [它们]需要减少学习者对直接语境以及对单词单纯的依赖,并鼓励他们使用语法,以使语意清晰明了。同时,活动还需要为学习者提供适当的条件,包括充足的加工时间,以便他们能够调动自己的语法技能。最后,活动需要得到明确的信息,说明它们的精确程度如何：反馈必须是明确和即时的。

在Cullen（2008: 221）看来,语法技能任务的基本特点是"学习者可以选择使用哪些语法结构,学习者可以将语法应用于词汇的'语法化'过程,以及学习者有机会进行比较,并注意到在语法使用上的差距。"

两位研究者都给出了可以反映他们理论的活动实例。例如,Cullen（2008）指出,一些相当传统的活动可以转而为"语法技能"服务,例如,将报纸标题扩展成简短的新闻段落；将短小且不复杂的句子连成一个段落；根据一个带有文字提示的图片故事,撰写一篇简短的记叙文。

Thornbury（1997）特别关注重构（reconstruction）和重述（reformulation）任务,他指出合作听写（dictogloss,一种改进的听写方式,在教师朗读文本和学习者写出文本之间有一定的延迟）是一种重构,而教师重写学习者的文本则是重述。但要注意的是,教学材料编写者只能建议开展这些具体的活动,而不能直接将它们放入到教学材料中。

练习：质量而非数量

我们还需要考虑练习的作用。Swan（2005）指出,对PPP等涉及练习的教学方法持批评态度的人经常讽刺这些方法中的练习部分,好像它们必然是毫无意义的重复操练。但我们也会把输出当作对语言特征的练习,这反映了语言本质上是一种技能的观点。这种观点（DeKeyser 2003）认为,学习者可以通过有意义的强化练习,对之前明确学习过的结构做到自动控制。这里要强调的是,练习必须是有意义的——练习不仅仅是一个数量上的问题,也是质量上的问题。

任务 8.7

你认为在以下哪种情况中老师是在教语法？

(a) 老师：What did you do at the weekend, Miguel?
学生：I goed to the cinema.
老师：Oh, you went to the cinema, did you? Which film did you see?

(b) 学生交了一份书面作业。老师重写了一遍，改正了所有语法错误，然后把它还了回去，不作任何评价。

(c) 老师写了一篇文章，故意用了很多被动句，但没有对结构做出任何解释，也没有做进一步的练习。

(d) 老师设计了一个需要使用简单过去式的任务。学习者分组完成，期间老师不做干预。之后，老师让一组学生在全班面前进行演示，并纠正学生在简单过去式方面的错误。

(e) 老师朗读一篇短文，然后要求学生尽可能写下他们记住的单词和短语，如此重复三到四次。随后让学生分组，根据他们写下的单词和短语重构短文。最后，老师给出原文，让学生把自己重构的版本与原文进行比较。

任务 8.8

将任务 8.7 中 (a) 至 (e) 的活动与下面的活动类型进行匹配：

1. 重构
2. 重述
3. 泛滥式输入（input flooding）
4. 预先计划的形式聚焦（planned focus on form）
5. 重铸

有原则的兼收并蓄

在设计语法教学材料时，教学材料编写者会有各种选择。兼收并蓄很容易实现，但我们必须回到有原则的兼收并蓄这一概念上来。我们要基于什么来做决定呢？以下部分概述了主要的设计标准（Timmis 2012b）：

- **年龄**：由于成年学习者在认知上更成熟，显性教学方法对一些成年人比对少儿学习者更有吸引力。但是，年龄这一标准并不意味着，我们必须在少儿学习者的语法教学中放弃原有计划。如果通过歌曲、韵文、故事和戏剧等有趣的方式，可以冲淡重复练习的痛苦，那么我们也可以采用隐性的教学方法和隐蔽的结构练习（Cameron 2001）。
- **水平**：我们有理由假设，随着学习者水平的提高，我们更倾向于采用反应式教学法，因为学习者很可能在之前遇到过某个语法项，甚至可能已经学过该语法点（Timmis 2012b）。
- **学习者期望**：我们在上文提到（我们也将在第9章提到），学习者、教师和出版社似乎希望教学大纲中包括语法方面的内容，对如何教语法也可能有所期待，希望可以通过明确的讲授和练习进行教学。正如 Timmis（2012a: 127）所说，"一个仅仅基于满足学习者期望的课程会停滞不前"，但那些不关注学习者期望的教学材料也可能会不受欢迎。
- **学习者能力**：Spada 和 Lightbown（2008）认为，学习者的母语读写能力和语法术语知识会影响我们在多大程度上可以采用显性教学方法。我们还注意到，分析型学习者可能更容易接受归纳法。
- **要教授的语言点的性质**：语法教学争论中的这个方面可以说没有得到太多关注。Willis（2003）认为，语法项目的概念难度应该是决定采用哪种教学方法的主要标准：对于概念上简单明了，形式上可以很快教会的语言点，如以"-ed"结尾的简单过去时应采用主动的显性教学方法，然而在输入中进行渐进式的提升意识则更适用于概念上更为微妙的语言点，如简单过去时与现在完成时的对比。

在决定用哪种方法开发语法教学材料时,我们面临的一个挑战是,如果从广义上考虑语法教学的构成要素,那么可供选择的方法范围很大,正如Ellis(2006: 84)所提出的:

> **语法教学**包括任何可以让学习者注意到特定语法形式的教学方法,帮助他们从元语言的角度理解这种语法形式,并且/或者在理解和/或产出中对其加工处理,从而内化这种语法形式。

可见,在决定哪种方法比较合适时,教学材料开发人员必须考虑与学习者相关和与要教授的结构相关的一系列因素。我们认为,研究证据支持的是"有原则的兼收并蓄"。语法教学材料的开发没有"放之四海而皆准"的方法,这是一个挑战,但它也让生活变得有趣。

8.4 延伸阅读一

McCarten, J. (2007). *Teaching Vocabulary: Lessons from the Corpus, Lessons for the Classroom.* **Cambridge: Cambridge University Press.**

McCarten(2007)指出,虽然口语和书面语词汇有很多共同之处,但它们在某些方面也有所不同。她指出,口语词汇的一些特征与会话的互动性有关,通常与组织说话内容或组织整个谈话相关,对建立和维持关系也很重要。McCarten描述并举例说明了互动式会话词汇中的一些类别(注意,有些单词或短语可能属于多个类别):

(a) 话语标记语
(b) 应答
(c) 监控式表达
(d) 模糊性表达

(e) 模糊限制（hedging）
(f) 立场表达

以下定义和解释摘自 McCarten（2007: 9-14）：

(a) 话语标记语："话语标记语是以某种方式组织或管理话语的单词或短语。在本小节中，话语的类型是会话。"
(b) 应答："人们在表达自己所思所想之前，用来对别人说的话做出反应或回应的词语和表述。"
(c) 监控式表达："在谈话中，说话者经常会让其他会话者参与进来，以判断谈话的进展情况。例如，说话人可能会说 'you know what I mean'，或者用更短的句式 'you know'，来确认谈话中的其他人是否理解、支持或者同意他或她所说的话。"
(d) 模糊性表达："这些表达包括非常笼统的、且通常是非正式的词语，而不用具体的词语指代事物、活动或情况。其中最常见的短语是 or something、and things like that、and stuff、and everything、or whatever、and that kind of thing 和 and that sort of stuff。"
(e) 立场表达："立场指说话者如何表达他们对自己所说的话的态度。例如，他们可能用表达个人意见的方式给出信息，并使用 personally、I think、from my point of view 等表达方式。"
(f) 模糊限制表达："当说话者不希望听起来过于生硬、直接、自信或'黑白分明'时，他们会使用模糊表达。"

任务 8.9

将下面的例子（粗体部分）与上面 (a) 到 (f) 的定义和解释匹配起来（除了例 5 和例 6 之外，所有例子都取自 McCarten 2007）：

【例 1】
A:［……］they want to really publish it.
B: **Wow**.

【例2】

She's very sophisticated and she travels **and things like that**.

【例3】

He's very smart but he's also **kind of** young and naïve and quiet and **sort of** shy.

【例4】

A: [……] I won first prize.

B: Oh you always win.

A: I don't win.

B: Yes you do.

A: And **so anyway** the prize was ten dollars.

【例5】

Unfortunately, I have to go now.

【例6】

He's not the easiest person to get on with **if you know what I mean**.

任务 8.10

如果要拓宽设计词汇学习材料的思路和方法，一个方法是回想一下你自己作为语言学习者的经历。你是怎样开始学习词汇的？你用了哪些词汇学习策略？

8.5　延伸阅读二

Stranks, J. (2013). Materials for the teaching of grammar. In B. Tomlinson (ed.), *Developing Materials for Language Teaching*,

2nd edn (pp. 337–51). London: Bloomsbury.

Stranks在这一章强烈批评了教学材料中正统的语法处理方式。首先,他对语法在教材中占有主导地位颇有意见,在他看来,这似乎是一种过度的痴迷。随后,他指出语法方面的相关工作就是"随机地词汇化",即用来举例说明某结构,并进行结构练习的词汇并不是通常使用该结构的词汇。例如,Biber和Conrad(2010)注意到,有些动词常常用于现在进行时,如*joking*、*bleeding*和*starving*。Stranks认为教材中通常提供的语法练习往往严格受控并且脱离了语境。虽然有这些抱怨,但他也指出材料编写者并没有完全按照自己的原则设计语法教学材料的自由,还必须考虑"所采用的方法在多大程度上满足了(a)学习者、(b)教师、(c)学习者和教师身处的教育文化的期望"(第339页)。最后,Stranks指出语法应该用现实中实际使用的语言来举例说明,并呼吁相关产出活动应能让学习者产出有意义的话语,说出他们在现实世界中想说的话。

任务 8.11

从上文对Stranks文章的概述中,推导出4—5个语法教学材料的评估标准。

任务 8.12

Stranks认为语法教学材料应使用"实际使用"的语言。阅读该章节和书中的其他章节,思考并列出(如果可能的话,与其他人进行头脑风暴)这类语法教学材料有哪些来源,例如语料库、报纸、社交媒体等。

8.6 结 论

本章探讨了设计词汇和语法教学材料的相关问题,在结论部分有必要总结一下各小节的要点。关于第8.2节开发**词汇教学材料**,要点可以归纳如下：

- 高效的词汇学习对语言学习至关重要；
- 语料库研究使我们对学习者要掌握的单词数量有了更清晰的认识；
- 语料库研究使人们注意到了搭配和语块的重要性以及单个词汇的重要性；
- 附带词汇学习通常无法使学习者学到足够的词汇；
- 决定教哪些词汇时，要有有原则的标准，例如频率、可学性和学习者的兴趣；
- 学习单词不仅仅指学习单词的基本意思。完全掌握一个单词是一个渐进的过程；
- 研究表明，一些流行的词汇学习方法（如在语义集中学习单词）是无效的；研究还表明，翻译或用单词列表学习词汇等"过时"的方法是有效的；
- 深度加工是词汇学习的一个重要原则。

在第8.3节中，关于**语法**教学材料：

- 我们注意到教材中通常都包含语法部分。将语法纳入教材可能有三个原因，可以概括为：(1) 市场所需，(2) 有助于交流，(3) 具有教育发展性；
- 我们参考了第2章关于二语习得的内容，回顾了人们对语法教学的共识，即语法教学有助于提高准确性；
- 我们认为语法的"使能观"（enabling view）可以让我们思考语法结构如何帮助学习者交流；
- 我们主张"有原则的兼收并蓄"，即语法教学的方法既要考虑所教语法点的性质，也要考虑学习者因素，如年龄、水平和他们的需要。我们还指出练习的质量比数量更重要。

8.7 补充阅读

Ellis, R. (2006). Current issues in the teaching of grammar: an SLA perspective. *TESOL Quarterly*, 40(1): 83–107.

如标题所示，这篇文章概述了人们关于语法教学的最佳方法的争论。文章总结了大量已有的实证研究，如果想跟进这一话题的某个方面的情况，这篇文章是一篇很好的参考资料。你还可以在"读者回应"一文（Sheen 2006）中跟进 Ron Sheen 对这篇文章的评论。

Folse, K. (2011). Applying L2 lexical research findings in ESL. *TESOL Quarterly*, 45(2): 362–9.

这篇文章简明扼要地阐述了词汇教学的目的、内容和方法。Folse 提到一些研究表明有时"过时"的教学方法反而比当前流行的方法更有效。

Nation, P. (2013). Materials for teaching vocabulary. In B. Tomlinson (ed.), *Developing Materials for Language Teaching*, 2nd edn (pp. 351–65). London: Bloomsbury.

Nation 首先强调了制定词汇教学计划的必要性，然后提到了三个"学习条件"：注意、提取和细化。（细化涉及已知单词的知识发展，例如学习动词的名词形式，或者学习单词的不同义项。）这一章还介绍了基于输入和基于输出的词汇学习活动，以及侧重于培养流利度的活动。

Sheen, R. (2003). Focus on form: a myth in the making? *ELT Journal*, 57(3): 225–33.

如果你喜欢言辞激烈、有争议的文章，那么这篇正适合你。Sheen 认为，在几乎没有证据支持的情况下，人们转向了形式聚焦

（focus on form）。他报告了他的一项实验，指出该实验表明，与形式聚焦相比，传统的全形式聚焦（focus on forms）更有助于学习者习得语法形式。

注　释

1. McCarten指的是北美口语语料库中最常见的单词，该语料库是剑桥国际语料库的一部分。

9 教学材料设计:从过程到结果

9.1 引言

许多人编写教学材料时会问:"我从哪里开始?"我们希望这一章至少能给大家提供一份从起点到终点的教学材料设计之旅的粗略地图。重要的是,编写之初就要考虑到Timmis(2014)对"无中介"和"有中介"教学材料编写所做的区分。如果你编写的是无中介教学材料,那么教学材料会直接进入课堂,不受外界的干预。事实上,编写人员和老师可能是同一个人。如果你正在编写有中介的材料,那么正如我们将看到的,各种中介,比如编辑和政府官员,都可能对教学材料的最终形式产生一定影响。编写商业性的教学材料时尤其如此。如果你正在为一个大型机构编写内部教学材料,可能也是如此。Amrani(2011: 268)强调说,如果你正在编写要出版的教学材料,很多决定可能不在你的掌握之中:"课程内容、方法和任务设计往往已经由考试大纲、指导方针或标准(如《欧洲语言共同参考框架》)确定下来了。"Amrani(2011)还指出,教学材料的设计规范往往以出版社通常所说的"必备清单"为基础,这种规范一般被认为有助于材料编写。但是,正如Timmis(2014)所说,当这样的规范在编写过程中零零散散地出现时,会让人沮丧不已。从坊间证据来看,这种情况并不少见。

本章中,我们将主要关注有中介的教学材料的编写。与本书的其他章节不同,在本章中,我们假设本书读者正在为商业出版而编写教学材料。我们认为,无论你是否打算为出版而编写材料,了解为出版而写作的过程,特别是当你为你自己和你班级以外的使用者编写教学材料时可能发挥作用的各种因素,你可以从中受益匪浅。

本章中,我们将探讨教学材料编写过程的两个方面:(1)典型的制作顺序,即编写者从构思到成品可能经历的阶段;以及(2)创作过程,即编写者创建教学材料的心理过程和策略。

9.2 制作顺序

理想化的顺序

根据已有文献(如St Louis等 2010; Prowse 2011; Tomlinson 2013b),教学材料制作依次有以下阶段:

1. 信念声明
2. 需求分析
3. 目的和目标
4. 教学大纲设计
5. 起草
6. 试用
7. 制作
8. 修改

需要注意的是,这是一个理想化的顺序。实际应用中,这一顺序可能不是以线性的方式,而是以循环的方式展开。比如,许多编写者可能会省略阶段1,在试用以后再审定目的和目标,甚至可能在整个顺序完成之后,修订信念声明(Timmis 2014)。

信 念 声 明

正如上文所说,关于教学材料编写,一个显而易见的问题是"从哪里开始？"对此，Tomlinson（2013b）采取了理想主义立场，他认为编写材料应该从对编写者的核心教学法原则和信念的声明开始。St Louis等人（2010：249）也持相同观点："进行需求分析之前，教学材料开发人员就要对语言、学习和学习者有清晰的看法，因为他们的看法将会决定教学活动的设计方式。"

Timmis（2014：245）指出，如果教学材料是由团队编写，原则和信念的声明可以确保教学材料的连贯性：

> 如果正在编写要出版的教学材料，特别是作为团队的一员撰写教学材料，为了保证教学材料的质量和一致性，你可能需要起草一套设计规范和/或教学法原则。你还要约定如何设计和呈现教学材料的版面。

但实际上，这种声明似乎很少见（Tomlinson 2013b），大多数人都是按照一个心照不宣的信念框架编写材料（Hadfield 2014）。虽然我们不希望这一部分被出版商主导，但我们应该注意到，正如Timmis（2014）所描述的，很难将这种默认的信念框架与出版社的要求和声明协调起来。

需 求 分 析

设计教学材料之前，显然有必要对目标最终用户进行需求分析（如Richards 1995; St Louis等人2010; Jolly & Bolitho 2011; Stoller & Robinson 2014）。需求分析可以为教学材料编写提供所需的相关信息，St Louis等人（2010：256）给出了为委内瑞拉的大学一年级学生设计英语补习课程时，进行需求分析的例子。他们的需求分析包括以下内容：

- 就读的中学
- 对不同技能/领域能力的自我认知

- 元认知策略问卷（O'Neil & Abedi 1996）
- 语法多选题测试

虽然这些信息对课程材料编写很有价值，但我们也要注意：学习者对语言能力的自我认知有多可靠？为什么语法是语言能力测试的唯一要素？对于后一个问题，很现实的回答是，测试语法是因为语法可以做到快速且廉价。比如，用面试的方式测试口语流利度则会非常耗时。当然，某些情况下，为多样化的、基本上未知的人群编写教材时，就像编写全球化教材那样，根本无法进行需求分析。但如果为将英语作为专门用途的小群体编写材料——如飞行员英语——那么需求分析将会意义重大。

目的和目标

假设我们已经有了一套统一的教学法原则，无论是默认的还是显性的，并且也已经了解了目标人群的需求，那么接下来该做什么呢？有了这些背景信息，我们可以为编写教学材料制定总体的目的和目标，同时也可以制定教学大纲（除非出版商或教育部已经制定好，我们要全盘接受）。这看起来任务艰巨，但令人欣慰的是，我们并不需要从零开始。以下是我们可以参考的一些资料来源：

- 对目标群体的需求分析
- 对目标群体的考试要求
- 针对类似目标群体出版的其他教学材料
- 《欧洲语言共同参考框架》

《欧洲语言共同参考框架》中针对不同语言水平等级详细说明了语言运用指标。撰写本书时，已有越来越多的人根据该框架制定教材的教学大纲。"英语概况"这一研究项目对这些指标做了进一步的详细说明。根据 English Profile 网站的介绍，"英语概况"这一项目旨在：

给出一个英语的"概况"描述或一套参考等级描述。这些等级描述将详细说明学习者在《欧洲语言共同参考框架》的六个级别中可以用英语"做什么",为英语学习者的进步提供一个明确的参照基准。

Prowse(2011: 158)注意到,编写教材时,"大家默认的设定是教学大纲先于教材编写",即要有一个先验性的教学大纲。但是,正如Prowse(2011)所说,已有论证支持扭转这一传统流程,从教学材料的文本中推导出语言教学大纲(Willis 2003; Tomlinson 2013b);事实上,我们在第2章中就提到了"文本驱动法"。这里没有足够的篇幅阐述这种教学大纲设计方法的理论基础(进一步的讨论参见Tomlinson 2013b和Timmis 2014),不过要指出的是,这种方法基于以下两个假设:

1. 学习者不一定按照讲解的顺序学习语言项。
2. 学习者更有动力学习他们在语境中,特别是在文本中遇到的语言项。

Timmis(2014)指出,对这种基于文本的方法人们有两点保留意见:固定的先验性教学大纲中,责任透明清晰,这是出版社、教师和学习者所追求的,而基于文本的方法则不太可能实现。此外,这种新兴的教学大纲设计方法可能只适合有经验的教师或者编写者(关于在实践中进行基于文本的设计方法的详细说明,参见Timmis 2014)。

我们还可以根据任务来制定教学大纲,但除非已经有了明确的任务设计标准和任务难度的评估标准,否则很难保证进展有序(Skehan 1998)。Swan(2005)还指出,基于任务的设计方法很难保证可以系统性地覆盖到所有语言项。有人认为基于文本的方法明显缺乏系统性,这一保留意见同样也适用基于任务的方法。

为了达到机构的教学目标或者为了达到考试目标,教学中需要涵盖一定的语言项。无论是基于文本还是基于任务的教学大纲,都可能会把从教学材料的文本或任务分析中得出的教学大纲,与应涵盖的语言项相比较，找出差距，加以弥补（Tomlinson 2013b）。但这个想法要被出版商接受并非易事。有趣的是，Prowse（2011）注意到，在向出版社提出出书计划时，他和他的合著者一开始在计划书中只包括了语法教学大纲，后期才增加了词汇、发音、技能教学大纲等内容。正如我们在第8章中所讨论的，语法教学大纲在印制出版的教学材料中具有象征意义，它似乎可以使这些材料更具可信度和权威性。在撰写本书时，课语整合式学习（content and language integrated learning）这种教学法非常受欢迎，正如Prowse（2011）指出的，这是教学大纲设计中一种比较激进的方法，因为至少从其最纯粹的形式来看，决定教学大纲的是内容或主题，而不是语言项。

起　草

有了需求分析的结果、目的和目标以及教学大纲，我们可以开始编写教材了。但是，我们不妨回想一下二战时期英国首相温斯顿·丘吉尔在一次战斗胜利后说的话："这不是结束，这甚至不是结束的开始，但这也许是开始的结束。"

我们需要考虑起草、试用和修订的过程，以及编辑、教师、教育部官员和课程顾问等利益相关方或中介机构在这一过程中可能进行的干预。不过Hadfield（2014）指出，关于编写教学材料的实际创作过程的文章少得惊人，我们将在下一节中详细讨论这个问题（尽管第3章的"延伸阅读"部分已经简要讨论过了）。甚至在教学材料进入试用阶段之前，可能就要根据利益相关方的反馈意见，编写若干教学材料草稿。现在，我们暂且假设，编写想法都来自编写者自己，并且已经进入试用阶段，即正在课堂上试用教学材料，或由教学材料编写者亲自观察材料的使用情况，或征求教师和/或学习者的反馈意见。

试　用

Stoller和Robinson（2014: 265）广泛试用了他们的教学材料（化

学专业学生的写作教学材料),并大力倡导这一过程的价值:"多年来,我们与不同的利益相关方在各种课堂环境中,系统性地试用教学材料,以各种方式帮助我们改进我们的教科书材料……"他们接着列出了教学材料可以从试用过程中受益的各个方面(Stoller & Robinson 2014: 266):

- 总体范围
- 方法
- 水平
- 内容的组织和顺序
- 任务的组织和顺序
- 易于使用,且适合不同的课堂环境

可以说,编写者对最终目标用户的了解越少,试用的价值就越大:当你了解了学习者之后,会更容易猜测他们对编写材料有何反应。例如,Perkins(2008)报告说,在她的研究中,教学材料编写者对目标群体(在这个案例中是有学习障碍的成年人)知之甚少,因而特别重视试用反馈,编写者能够从哪些活动效果好、哪些活动效果差的准备信息中受益。我们还可以将试用这一概念进一步扩大,了解对最终产品(即教材)的使用反馈,因为这也很能说明问题。例如,Prowse(个人交流)询问使用者时得知,他们使用他编写的材料的方式与他想象的完全不同,对此他惊讶不已。同样,Timmis(2014)对中国教师让学生背诵他教材中的对话也表示十分惊讶,这可是他从未想到过的。

虽然乍一看,试用似乎是一个常识性的步骤,但也有人对它的价值持保留意见,其中包括:

- 反馈意见可以在多大程度上代表最终用户?
- 课堂上出现的问题是由教学材料造成的,还是由教师造成的?
- 反馈意见是针对教学材料的整体方法,还是仅仅与特定活动的操作性困难相关?
- 教学材料应该试用多少次,多长时间?

鉴于上述保留意见,特别是最后一个问题,Amrani(2011)指出,在出版截止日期的压力下,出版社采取减少试用、增加审阅的方法,也就不奇怪了。审阅通常要将教学材料或材料样本寄送给有经验的从业人员或评估人员,听取他们的反馈意见。如果试用工作越来越不常见,那么 Prowse(2011: 166)对教学材料编写者和课堂之间可能出现脱节的反思就格外有意义:"如果能对编写者和课堂之间的关系有更多的了解,那会……很有意思:有多少编写者还会定期上课、访问学校和观察课堂情况,并且与教师团队合作。"

利益相关方的作用

已经试用了教学材料并征求了教师和学习者的意见,或者至少已经征求了审阅人的意见,你现在可能松了一口气:已经是"开始的结束"了。但是,我们还要考虑一系列其他利益相关方。正如 Singapore Wala(2013: 63)指出的:"教学材料开发过程通常是一个多阶段的过程,不同的利益相关方会在课程体系开发框架内的不同节点上,对过程和结果施以不同程度的影响。"从最初的提议到制作阶段中的任何一个阶段,利益相关方的反馈可以被视为序列上的循环,反复出现。

可以说,需要考虑的最重要的利益相关方是将要使用你编写的教学材料的教师。正如 Mares(2003: 131)所观察到的那样,想象一个背景与你不同的教师,在一个与你截然不同的语境中使用你的教学材料,这着实是个挑战:

> 我第一次开始编写商业性教学材料时,潜意识里是在为另一个自己编写——为那些选择继续深造来更好认知如何教和学的老师和那些已经熟悉语言习得原则的老师编写教学材料。

Singapore Wala（2013）也强调，必须考虑最终用户教师的需求和能力，特别是要考虑他们在教学材料中采用创新做法的能力和动机。

除了教师之外，Timmis（2014）还提到了以下的潜在利益相关方：

- 编写团队的内部领导
- 出版社编辑
- 作为最终用户的教师
- 当地教育部门
- 教育部
- 项目评估人员
- 父母

我们也不能忘记市场营销团队日益增长的影响力，Prowse（2011）注意到，他们现在在出版过程中拥有相当大的影响力。Timmis（2014）记述了被迫对这些机构的反馈意见作出妥协的挫折经历，但Stoller和Robinson（2014: 266）对"各利益相关方的意见的价值"持更乐观的看法，"这些意见可以为正在进行的教学材料创作、修订和改进过程提供相关信息"。实际上，应该说，让Timmis（2014）感到沮丧的，更多的是出版社干预的方式和时机，而不是反馈本身。他承认，归根结底，最终产品可能会受益于出版社的干预。Timmis（2014）描述了他与出版社的谈判情况，有两个问题尤为突出：

1. 出版社坚持要突出语法教学大纲，并采用显性的语法教学
2. 社会文化适宜性问题

根据我们的经验，这些问题通常会成为编写者和出版社之间的"战场"。第8章已经全面地讨论了语法之争，这里我们要讨论一下社会文化适宜性的问题（另见第3章）。编写者和出版社所熟知的首字母缩略词PARSNIP代表了教学材料中要避免的话题：

Politics	Alcohol	Religion	Sex	Narcotics	Isms	Pork
（政治	酒精	宗教	性	毒品	主义	猪肉）

Prowse（个人交流）认为PARSNIP的应用并不像一些评论家所说的那样严格，其应用在很大程度上取决于教材的最终用户。但是，Timmis（2014）讲述了他如何不得不在一篇给东南亚青少年的文章中删除有关喝酒和吸毒的内容，尽管这篇文章实际上谴责了这些行为。他还讲述了他是如何被要求删除一篇关于亚洲歌手李玟的文章，原因是她接受了西方的价值观。

通过这种方式筛选内容时，出版社通常会按照上面列出的利益相关方的利益行事，或者至少他们声称自己是这样做的。进行这种内容筛选，尤其是如果不加区分地进行筛选，教学材料可能会变得平淡无奇、不痛不痒（Saraceni 2013）。例如，Tomlinson（个人交流）回忆说，他被要求从教学材料中删除"三只小猪"的童话故事，原因是它涉及猪肉。可以说，PARSNIP涉及的话题本身不应该被禁止，问题在于我们该如何对待它们。例如，本书的一位编写者回忆说，他在一个多语言和多文化的成人课堂上开展了一项活动，他让非穆斯林学生从穆斯林学生那里了解伊斯兰教的五大支柱。我们认为这项活动非常成功，它利用了学生间的跨文化好奇心，但又不对任何人的信仰进行评判，这也许是一个去PARSNIP的案例。

然而，政府部门等利益相关方的影响并不只限于对内容的审查。有些情况下，他们可能要求纳入某些类型的内容。Mukundan（2008）提请大家注意马来西亚的教材是如何被用来推进国家议程，特别是五项国家原则的。例如，在一个单元中，一个13岁的男孩被带到国家科学博物馆过生日，这反映了国家推广科学技术的政策。Mukundan（2008）诙谐地指出，这在大多数13岁孩子的议程中并不重要。Mukundan（2008年）还指出，在有些单元中不同民族的代表聚在一起解决问题，这体现了促进种族和谐的国家议程。同样，Timmis（2014）讲述了他如何不得不在教学材料的每个单元中提及国家的使命宣言。当然，促进种族间的和谐和对科学的兴趣是值得称赞的，但如果国家议程在教学材料中过于公开明显，就会使材料显得非常生硬。

如上所述，其他利益相关方可能产生巨大的影响。不可避免的，教学材料编写者的愿望和意图与其他利益相关方的需求间要进行妥协。Feak 和 Swales（2014: 301）指出了妥协的重要性（强调为笔者所加）：

> 虽然能够取得相对而言的成功的具体原因很复杂，但我们认为，很大程度上是因为我们吸纳了相关研究成果，并且**努力调整不同利益相关方的意见，这些利益相关方在最终的教学材料成品中都会有一定的既得利益**。

然而，如果我们认为"骆驼是委员会设计的马"，我们可能会担心妥协的结果。对此，Timmis（2014: 258-9）为了区分"妥协后的原则"和"有原则的妥协"，拟定了以下"妥协原则"：

1. 反馈意见是否基于实践证据？如果是，请考虑妥协；
2. 你在多大程度上相信你的原则是合理的？如果相信是合理的，拒绝或尽量减少妥协；
3. 反馈意见是否基于对当地情况的可靠的了解？如果是，请考虑妥协；
4. 无论你喜欢与否，采纳反馈意见是否不会严重损害你的原则？如果不会，请考虑妥协。

制 作

经过起草、修订、试用、审查、筛选和妥协，教学材料现在（终于！）准备进入制作阶段。这个阶段中可能会有新人加入，其中包括（Prowse 2011: 160）：

- 案头编辑

- 设计师（通常是自由职业者）
- 录音室制作人
- 演员
- 艺术家和摄影师
- 图片研究人员
- 版权清算人
- 校对人员

鉴于我们上面描述的程序，Prowse（2011: 156）对制作一本教材所需的时间的估计也许并不令人惊讶：

> 在现代教科书的制作过程中，从最初的想法到进入到课堂的教材需要三到五年的时间。但荒谬的是，课程的实际创作时间比编写者所有其他方面［其他方面的活动包括会议、汇报、修订、试用……］所花的时间都要少。

任务9.1

上文中提到，《欧洲语言共同参考框架》被越来越多地用来指导如何设计教材的教学大纲：

- 访问《欧洲语言共同参考框架》网站
- 选择其中一个级别（例如A2或B1）和四种技能中的一种
- 思考该级别和技能的描述语在多大程度上可以帮助设计相应级别的教学材料的教学大纲？

任务9.2

你认为教学材料的内容应该在多大程度上受PARSNIP的约束？

任务9.3

我们在上文中参考了Singapore Wala（2013）的观点，并指出在编写教学材料时,还应考虑最终用户教师的需求和能力,特别是他们调整教学材料的能力和动机。

- 思考一下你自己制作的教学材料或选择的教材的"适应性"问题,即是否可以进行调整和增补,请举例说明。这方面的内容可以参考第4章第4.4节。

9.3 实际制作顺序

下面我们来看一下文献中对编写过程的描述,这将颇有益处。

Richards(1995)

在Richards给出的编写过程中,教师起到了重要作用,试用也有一定作用(尽管作用有限),同时审稿人也会参与其中:

- 向教师了解他们的需求
- 成立一个教师顾问小组(并从学生那里征求信息)
- 教师试讲一个单元,教学材料开发者对此进行观察
- 就该单元征询教师和学生的意见
- 将反馈意见纳入初稿中
- 由出版社指定的审稿人审阅初稿
- 根据审稿人和编辑的反馈意见编写第二稿
- 实地试用第二稿,然后征询进一步的反馈意见

St Louis等人(2010)

St Louis等人所概述的编写过程有两个显著特征(2010)。首先,步骤5(如下)中涉及使用语料库软件分析所选文本,以确定其词汇密度:这是通过计算文本中不同单词的数量与总词数的比例来实现的(见第7章),因此是文本难度的指标之一。步骤6(如下)给出了

活动必须满足的相当具体的标准。

1. 反思我们的信念
2. 进行需求分析
3. 制定可实现的目标
4. 查找输入材料
5. 分析文本
6. 创建活动（照顾到学生的个人学习风格；运用不同的学习策略；涉及学生的元认知技能；运用学生已有的知识；让学生在情感上参与进来；允许学生创造性表达自己；鼓励互动；培养学习者的自主性；培养学习者的自信心）

Stoller & Robinson（2014）

　　文中提到的过程与 St Louis 等人的过程一样（2010），也涉及（下面的步骤3）语料库软件的使用。不过在 Stoller 与 Robinson 的研究中，语料库软件用来确定不同类型化学文本的典型语言特征。在这个过程中，首先确定应关注的语言项有哪些，进而将语料库分析结果直接用于教学材料中（下面的步骤4）。

1. 阐明优先事项和原则
2. 为教学方法提供支架式支持
3. 选择目标体裁，汇编含有全文文本范例的语料库，并使用语料库语言学以及话语分析、体裁分析和语步分析工具进行分析
4. 将分析结果转化为教学材料
5. 试用和评估教学材料
6. 根据反馈意见改进教学材料

Prowse（2011: 159–60）

　　Prowse 对过程的描述极为详细，为了便于参考，我们在 Prowse 的描述中穿插了我们的评论（加粗部分）：

1. 研究需要什么；找出其他教学材料中的空白和缺点。

   这实际上是市场调查，不过，鉴于许多教材惊人的相似，结论肯定是"市场想要它已然拥有的东西"。

2. 与合著者会面，讨论并起草编写依据：全书结构、单元结构以及语法教学大纲。

   Prowse表示这是整个过程中特别耗时的一个部分。前文里提到，Prowse只提交了语法教学大纲。

3. 草拟一个单元（通常是第1单元）。

4. 编写者和合著者继续构思其他方面的教学大纲（例如，词汇、写作、语音），并建立一个真实文本库。

   据说，在早期阶段收集真实文本好像是教学材料编写者的普遍做法。

5. 与设计和艺术编辑会面，讨论书的"外观"。

   有趣的是，Prowse评论说，在编写者开始编写材料之前，页面模板可能就已经确定好了。

6. 拿到单元样稿和编写依据的反馈报告后，与出版社和项目经理会面。

   Prowse诙谐地评论道："这时候通常火花四溅！"

7. 初稿。

   Prowse评论道："在初稿阶段，我们写的时候，不用担心页面、详细的美术要求、录音、答案等问题。"

8. 初稿试用。

   初稿发给了大约14位读者和试用者。

9. 与出版社会面。

10. 第二稿。

    Prowse评论说，这个阶段是密集的写作期。在这个阶段，他们要"按照页面来写"，即按照设计者给的模板来写。也是在这个阶段，教材撰写者要向配套练习册和教师用书的作者简要介绍情况（这些部分通常由不同的作者编写）。

11. 第三稿。

在这个阶段,要进行录音并编写答案。
12. 后续的制作工作:设计、删减和规范要求。

现在我们的教学材料设计之旅似乎接近了尾声,但是,还是要不时地对书稿进行修改和更新。根据上文的长篇讨论,可以预见这也并非易事,Feak 和 Swales(2014: 299)指出:

[修订学术英语教材]似乎只需要更新示例文本,纳入最新的研究成果,并根据从业者的经验对任务和解释进行微调。但是,很快就会发现,鉴于修订过程中有多个利益相关方,没有什么是简单的。

任务 9.4

- 为一家出版社撰写一份简短的出书计划书,计划书中要说明三或四个教学法原则以及三或四个独特卖点。
- 尝试在《龙穴》(*Dragons' Den*)的场景中向你的同学"推销"你的图书创意。(《龙穴》是一部电视连续剧,在剧中,企业家和发明家必须将他们的创意推销给潜在的投资者。)

任务 9.5

St Louis 等人(2010)指出他们的教学材料有以下目标:

- 照顾到学生的个人学习风格
- 运用不同的学习策略
- 涉及学生的元认知能力
- 让学生在情感上参与进来
- 培养学习者的自主性

从这些目标中选择至少两个,思考如何在教学材料中实现这些目标。关于这些目标及其具体要求,请参阅第 2 章、第 6 章和第 7 章。

任务9.6

可以考虑加入以下教学材料写作国际论坛，这些论坛鼓励大家交流想法，并培养创造力：

- 国际英语教师协会（The International Association of Teachers of English as a Foreign Language, IATEFL））中的一个教学材料写作特别兴趣小组：MaWSIG（Materials Writing Special Interest Group）
- 由英语教学材料编写者兼作家Alan Maley创建的创意小组：the C（creativity）group

9.4 创作过程

从上文可以看出，虽然已有一些文献记述了教学材料写作过程的不同阶段，但正如Hadfield（2014: 321）所说，针对"如何编写教学材料或如何找到想法"方面的指导寥寥无几。Harwood（2010）也指出，这一领域的研究也很匮乏，部分原因在于很难研究材料编写者的心理过程。但是，专业文献中也有一些记述可以借鉴。例如，Perkins（2008）对一个教学材料独立编写者（TW1）如何完成编写教学材料的任务展开研究，他在研究中使用了被称为"有声思维"（think-aloud protocol）或"并行口头表达"（concurrent verbalisation）的方法：研究对象（TW1）在教学材料编写过程中必须同时口头表述他的想法。

Perkins（2008: 393）注意到，TW1编写教学的方法有一个显著特点，即设计过程循环往复：

> 要强调的是，他的教材编写具有典型的循环性，也就是说，他不是通过完全离散的步骤进行推进，而是倾向于在小的重复部分中一起完成某些步骤，有时为了遵循对教材设计至关重要的原则，他会一次又一次地回到他之前已经完成的部分，进行改动或修正。

Hadfield（2014: 320）也强调了设计过程的周期性或循环性。通过对自己写作教学材料过程的内省研究，她提请人们注意循环过程和线性过程之间以及自发性和有序性之间的矛盾：

> 界定了两种对立：一种是编写者描述的迂回和循环的过程与设计过程中更加线性、更加有序的进展之间的对立，另一种是编写者描述的临时自发的、凭直觉的过程与以原则性框架为基础的设计要求之间的对立。

Samuda（2005: 397）指出具体任务设计的编写过程有一定的循环性："任务设计是一个复杂的、高度循环的，同时又是经常混乱的过程，设计者要记住与任务设计相关的大量变量。"

Hadfield（2014: 346）强调了与活动概念化有关的设计过程的非线性性质：

> 尽管编写任务时同样要考虑目标、各阶段的次序以及如何分组，但这都没有固定的顺序。有时候，在编写开始前就先把目标确定下来了；有时候，活动定下来一段时间后，目标才得以明确下来，并进行修改。

Prowse（2011）与一些英语教学材料编写名家讨论了他们的设计过程，并据此指出了教学材料编写过程中（明显的）自发性和直觉性。但是，Hadfield（2014）强调，不应将教学材料编写的直觉性等同于无原则，他认为有经验的教学材料编写者会使用一个默认的原则框架。

在Perkins（2008）研究中，编写者经常提到教材编写项目中的其他利益相关者，因为他"经验丰富，知道自己什么时候经验不足，并且在他觉得有必要或有需要的时候，会向外界寻求教学材料编写方面的指导"（第397页）。Perkins观察到，TW1的经验还体现在他始终关注教材的最终用户以及教材如何在课堂上的实际使用：

编写过程中，TW1的关注点显然是教材的最终使用者，他努力使教材包对学生、对教师都尽可能地方便使用。此外，他有教师、教师培训师和教学材料编写者的经验，这都有助于他在概念层面厘清教育者最终将如何使用教材。（同上）。

"在概念层面厘清教育者最终将如何使用教材"与Kim（2010）的观点相呼应，Kim认为，经验丰富的评估者能够对教学材料的使用语境进行可视化想象，并在评估材料时与语境联系起来。同样，Johnson（2003：129）观察到，有经验的任务设计者有"具体可视化的能力"。另外，这还呼应了Mares（2003）对不同教师在不同语境编写教材的挑战的反思。

Hadfield（2014）将编写过程中考虑利益相关方的过程称为"进行对话"（与特定的利益相关方就教学材料内容进行假想式对话）。她还将语境可视化的过程称为"想象场景"，再次呼应了Kim（2010）的结论，即经验丰富的评估者能够对特定语境中使用的教学材料进行可视化想象。Hadfield（2014）认为这"对教学材料设计过程绝对至关重要，因为可以促使编写者从他人的角度看待教学材料，分析材料中的问题，进行修改，并验证修改部分的合理性"。同样，Perkins（2008）引用了Johnson（2003：137）的"最大变量控制"概念，讲述TW1如何在整个写作过程中记住各种要考虑的因素。Hadfield（2014）提出，有经验的教学材料编写者还有一个或许令人惊讶不已的特点，那就是他们愿意放弃一个特定想法，即使已经对如何实施这个想法有过反复思考。Johnson（2003：130）也指出，这种"会放弃的能力"是有经验的任务设计者的一种品质。

可见，经验丰富的教学材料编写者有一些共同的品质。他们会采用循环过程，不断返回去进行修改；他们还能"一心多用"，在编写过程中考虑其他参与者，如教师、学生和出版社的观点。有经验的教学材料编写者也会求助于各种"储备"（Perkins，个人交流），这里的储备指设计具体活动（如词汇或语法任务）的各种小型框架，或处理阅读或听力文本的方法。Hadfield（2014）在反思她自己编写教学材料的过程时，提出了以下指导原则。我们在了解这些原则时，也不能忘记 Hadfield(2014)所说的，这些原则只是从她对自己设计的有限活动的内省分析中得出的。

1. 理论目标是什么？
2. 如何将其转化为实践？
3. 这项活动要达到什么目标？
4. 达到活动目标的方式是否是最佳的？
5. 活动是否服务于目标？有与活动目标无关的部分吗？
6. 活动对老师和学生都有吸引力吗？
7. 活动可行吗（从概念、任务难易度和语言水平来看，学生是否可以完成）？活动是否有一定的挑战性？
8. 活动的各个阶段是否是按最佳逻辑顺序划分的？
9. 学生是否为活动任务做了充分的准备？
10. 活动各阶段的划分是否可以帮助学生一步步地完成任务？
11. 分组是否合适，是否有助于互动的多样性和平衡性？
12. 活动是否有一定的节奏，并带有一定的势头，可以确保大家兴趣不减？
13. 它能产生积极的影响吗？
14. 在本书、本章或本节中，它可以吸引不同的学习风格吗？
15. 它会让学生对结果感到满意，并产生成就感吗？
16. 它是否能带来良好的群体动力？
17. 它是否能让学生创造性地使用语言，有助于他们二语身份的建立？

Hadfield(2014)指出，这套原则会让人想起 Tomlinson(2011b)的原则框架。但要注意的是，可能因为 Hadfield 的原则是从具体活动中得出的，其中许多原则看起来更像是任务或活动的设计标准，而不是教学材料的整体设计原则（这一点从频繁使用代词"它"中就可以明显看出）。无论将这些看作是设计规范还是设计原则，Hadfield

(2014)的观点都值得关注：经验丰富的教学材料编写者可以将指导其编写工作的默认的原则或设计标准明确地表达出来，来帮助教学材料编写新手。

任务 9.7

Hadfield 上面的清单有 17 条，看上去相当长，而且有一些重叠或重复的内容。请试着把清单缩减到 8 到 10 条标准，用来指导你编写教学材料。

任务 9.8

Perkins（2008）指出，编写人员通常会使用小型框架为特定领域（如四项技能或词汇/语法）生成活动。例如，介绍词汇的小型框架可能涉及以下一系列活动：（1）匹配单词和词义，（2）填空，（3）标记单词的重音，以及（4）练习单词发音。

- 你知道有哪些框架可以应用于教学材料编写？

任务 9.9

下次制作课堂教学材料时，可以记录下教学材料的开发过程。记录方法请参考 Hadfield（2014）和 Prowse（2011）（这两个研究在前面章节中已经讨论过）以及 Johnson（2003）。他们使用的方法包括"并行口头表达"（即有声思维法）（可以两人一组，这样不会显得那么不自然），对教学材料设计过程的讨论进行录音，回顾性口头报告，以及撰写反思日记或日志。

9.5 延伸阅读一

下面我们将介绍一个著名的教学材料开发框架，即 Tomlinson（2013c）的基于文本的框架。需要指出的是，我们并非无条件地认同这一框架——要了解在实践中实施基于文本的教学法所面临的困难可参见Timmis（2014）。我们向大家介绍这个框架的根本原因是它便于使用，最重要的是，这个框架的教学法原则公开透明。当然，我们认为，学习教学材料编写的最好方法之一就是去实践。

Tomlinson, B. (2013c). Developing principled frameworks for materials development. In B. Tomlinson (ed.), *Developing Materials for Language Teaching*, 2nd edn (pp. 95–118). London: Bloomsbury.

在这一章中，Tomlinson介绍了一种文本驱动的教学材料开发方法（从第99页开始）。在这个教学材料开发框架中，教学材料编写过程从文本收集和文本选择开始。编写者选择可能吸引目标学习者的一个口头或书面文本，然后设计一些准备活动，帮助学习者"为体验文本做好心理准备"（第119—120页）。下一步是开发体验性活动，也就是学习者在听或读的时候进行的活动。这些活动鼓励学习者享受文本体验，而不是学习文本。然后，教学材料编写者设计吸收响应（intake response）活动，鼓励学习者谈谈他们从文本中收获了什么。吸收响应活动之后是发展性活动，在这些活动中，学习者基于他们从文本中学到的内容进行口头或书面语言产出。输入响应（input response）任务将学习者带回到文本中，研究语言在文本中的使用方式，可能会关注语法、词汇、话语或语用方面。该框架旨在灵活应用，同时给编写者一定的自由度，让他们可以调整活动顺序或者省略某些活动。

任务9.10

选择一篇文本，应用Tomlinson（2013c）的框架，为特定群体设计教学材料。

任务9.11

反思你的设计过程，你认为这个框架在帮助你生成教学材料方面的效果如何？它的优点和缺点是什么？

9.6　延伸阅读二

Willis, J. (1996). *A Framework for Task-Based Learning*. **London: Longman.**

在 Willis 的任务型学习框架中（第155页），各主要阶段（解释请见后）包括：

1. 任务前
2. 任务周期
   2.1　任务
   2.2　计划
   2.3　汇报
3. 语言聚焦（与任务中使用的语言相关）
   3.1　语言分析
   3.2　语言练习（分析活动中的语言）

在这个框架中，Willis（1996）概述了老师和学生在每个阶段扮演的角色：

1. 任务前
   老师：
   □ 介绍并解释主题
   □ 通过活动帮助学生回忆或学习有用的单词和短语
   □ 确保学生理解任务要求
   □ 可以播放其他人做相同或相似任务的录音
   学生
   □ 记下任务开始前的活动中以及/或者录音中有用的单词和短语
   □ 每个人可以花几分钟时间为任务做准备

2. 任务周期
　2.1 任务
　学生：
　☐ 基于阅读文本或听力文本，以结对或者小组形式完成任务
　老师：
　☐ 担任监督员的角色，鼓励学生
　2.2 计划
　学生：
　☐ 准备向全班汇报他们是如何完成任务的，以及他们有什么发现或者做了什么决定
　☐ 演练他们的班级汇报，或者撰写给全班同学的书面报告
　老师：
　☐ 确保报告的目的明确
　☐ 担任语言顾问
　☐ 帮助学生演练口头汇报或组织书面报告
　2.3 汇报
　学生：
　☐ 向全班进行口头汇报，或者传阅/展示他们的书面报告
　老师：
　☐ 担任主席，选择下一位发言人，或者确保所有学生阅读大部分的书面报告
　☐ 可以就内容和形式给出简短的反馈
　☐ 可以播放其他人做同样或类似任务的录音
3. 语言聚焦
　3.1 语言分析
　学生：
　☐ 进行意识提升活动，找出任务、文本和/或转写文本中的特定语言特征，并对其进行加工处理
　☐ 询问他们是否注意到其他的语言特征

老师：
- 和全班一起仔细回顾每一项分析活动
- 向学生介绍其他有用的单词、短语和句型
- 可以再次提及班级汇报中使用的语言

3.2 语言练习

老师：
- 必要时进行练习活动和分析活动，建立学生的自信心；

学生：
- 练习分析活动中的单词、短语和句型
- 练习在任务、文本或报告阶段出现的其他语言特征
- 在笔记本上记下有用的语言方面的内容

任务 9.12

Willis（1996: 26-7）建议的任务类型包括：列表、排序并分类、比较、解决问题、分享个人经历以及创造性任务。运用其中的一种，为特定的群体设计一个任务。

任务 9.13

根据以下方面，讨论将任务型学习周期作为教学材料开发框架的优势和劣势。

- 语言覆盖率
- 技能覆盖率
- 流利度、准确度和复杂度

9.7 结 论

在本章的最后，我们总结了本章的如下要点：

- 编写给自己用的和给别人用的教学材料（或出版用的教学材料）有很大的区别。
- 教学材料编写过程分为多个阶段，包括计划（教学大纲和教学法）、起草和撰写、试用和修订。这个过程通常是循环往复的，有些阶段可以省略。
- 《欧洲语言共同参考框架》等文件有助于生成内容。
- 出版商、教育官员和教师等利益相关方可以影响编写过程，他们的影响涉及教学材料的各个方面，如语法内容、视觉材料和文化主题。
- 各利益相关方参与其中，不可避免地会有一定的妥协。
- 大多数教学材料编写者似乎都有一套默认的信念。
- 有经验的教学材料编写者能够对教学材料的使用情况进行可视化想象，并预测各种利益相关方的反应。
- 一些已出版的教学材料编写框架可以帮助你开始编写工作，但没有一个框架可以完美适合所有语境。

9.8 延伸阅读

Bell, J. and Gower, R. (2011). Writing course materials for the world: a great compromise. In B. Tomlinson (ed.), *Materials Development in Language Teaching*, 2nd edn (pp. 135–51). Cambridge: Cambridge University Press.

这一章的作者是两位经验丰富的教材编写者，他们对出版教学材料的编写过程提出了有益的见解。这一章特别有趣，因为它对我们上文讨论的妥协问题做了详细的案例研究。

Jolly, D. and Bolitho, R. (2011). A framework for materials writing. In B. Tomlinson (ed.) *Materials Development in Language Teaching*, 2nd edn (pp. 107–35). Cambridge: Cambridge University Press.

这一章阐述了为特定群体编写补充教学材料的流程。作者提出了一个包含五个阶段的框架，并用四个案例研究对该框架进行说明：

1. 确定需求或发现问题
2. 分析确定下来的需求或问题
3. 语境的实现（找到合适的想法、语境或文本）
4. 教学的实现（找到合适的练习和活动，并编写说明）
5. 教学材料的实际制作

Prowse, P. (2011). How writers write: testimony from authors. In B. Tomlinson (ed.), *Materials Development in Language Teaching*, 2nd edn (pp. 151–74). Cambridge: Cambridge University Press.

我们在上文中提到过这一章，这篇文章读起来很有意思，因为它涵盖了文献中不常讨论的一些话题：与合著者合作、创作过程以及与出版商合作。文章还采用了历时视角，针对同一批编写者的编写实践，在时隔15年后再次对他们进行采访。

10　结　论

　　本书的写作方法反映了我们对语言教学本身的信念和方法,我们写作时采用了一种广义上的归纳法,请读者自己形成评估已有教学材料的标准,然后推断出开发教学材料的原则。在本总结性章节里,我们将综述这些原则。同时,鉴于教学材料开发领域已经稳步开展了一系列应用研究,本章中也会指出这一领域中颇具前景的未来发展方向。

　　第2章直击教学材料开发的核心内容,从**二语习得**研究和理论中寻找学习材料的开发原则的基础。参考二语习得的核心人物 Ellis (例如,2010) 和教学材料开发的核心人物 Tomlinson (例如,2013a, 2013b) 的研究,我们注意到,二语习得日益成为材料开发领域的试金石。我们发现,这些原则可以应用于输入材料及对其的调整,可以应用于输入材料的教学框架,同时当然也可以应用于学习者,他们对教学材料的接受度和参与度是衡量教学材料有效性的重要指标。

　　在**第3章**中,我们探讨了**文化**和**语境**如何"变幻莫测"(事实上英语语言本身也是如此),而语言学习材料必须在此基础之上定位设计,我们还考察了这对于教学材料出版的影响。虽然英语教学出版存在着全球传播和本地需求之间的矛盾,但我们认为,通过足够灵活的全球化教科书以及"有全球视角的本地教科书"(Ates 2012: 19),这些需求可以得到调和,这些教科书可以接纳本地观点(包括本地教学观点)。我们注意到,本地化已经被认为是该领域的未来发展方向之一(例如,Tomlinson 2013)。

　　第4章讨论了教学材料的评估和调整。我们在这一章中强调了区分系统性的和有原则的评估和调整，以及临时的、凭直觉的评估和调整过程的重要性。我们强调，有原则的评估和调整要遵照可以明确表达出来的、有连贯性的标准，而这些标准的合理性可以由语言学习理论加以论证。最重要的是，我们认为制定评估标准的过程有助于教师反思他们的信念和原则，促进教师教育。

技术在语言教学中的应用改变了我们对语言学习材料的认知，这也是**第5章**的重点。自交际教学法诞生以来，互动一直是我们语言教学的核心（至少在西方是如此），并因（自2000年以来）网络2.0与移动技术的可供性得以进一步巩固。因为有了这些可供性，传统的编写者身份概念已经被拓宽，互动在某种意义上"成为"教学材料。这意味着，在这种环境下，关键的教学结构构成是可以构建互动的任务。我们预测，对教学材料的更宽泛的概念认知将成为技术常态化的一部分。混合式学习就是技术常态化在教学中的实现形式，（在写本书的时候）这种方式正在日益兴起（例如，参见McCarthy 2015; Tomlinson & Whittaker 2013）。

第6章是技能教学材料的第一个章节，这一章伊始提出了几个注意事项。我们并不完全赞同将语言技能简单地划分为读、听、说、写四种，因为这样划分忽视了交际能力和跨文化能力。我们也不希望将各项技能的教学材料作为单独的实体，因为技能一般都是放在一起练习的。尽管如此，与其他学者（例如，McDonough, Shaw & Masuhara 2013）一样，我们认识到将各项技能分开处理是教学和材料的惯例。第6章就分开讨论了**阅读**和**听力**。多年来，技能教学与语言教学同步发展，我们探讨了现在流行的过程教学法，教学材料的设计旨在鼓励学生掌握技能和策略。此外，我们还强调，资源的类型（印刷文本、油管视频等）并不能决定用于哪种技能，资源和技能在教学材料中可以任意组合。

在**第7章**中，我们讨论了所谓的产出技能，即**口语**和**写作**。口语是一种复杂且要求很高的技能，必须系统性地培养，而不仅仅是开展活动让学生开口说话。我们既需要不同口语话语类型的教学大纲，也需要与口语语言特征相关的教学大纲。关于写作技能，我们认为传统的结果/过程划分是相当无益的,这两种方法各有其用武之地,实际上可以在过程体裁方法中结合起来使用。我们的结论是,教学材料在培养写作技能方面的主要作用是提供写作刺激,并在撰写特定类型文本时,提供组织结构的类别和话语/词汇/语法特征方面的支架式支持。

第8章讨论了**词汇**教学材料和**语法**教学材料。我们注意到,语料库可以帮助我们确定在这两种教学材料中应当关注语言的哪些方面。在词汇方面,语料库使我们意识到不仅要关注单个单词,还要关注搭配和语块。我们注意到"加工深度"是词汇学习的一个关键原则,然而"过时"的技巧,如翻译和从词表中学习单词,也不应该被忽视。在语法方面,我们观察到采取一种"使能"的语法观,即关注语法如何帮助我们说出我们想说的话,可能比简单地遵循教材中固有的教学大纲更有成效。此外,我们还提出了"有原则的兼收并蓄",即将我们的教学方法与语言点和学习者相匹配。

第9章的副标题是"从过程到结果",这一章把本书的内容整合在一起,为**教学材料设计**之旅勾勒出一幅从起点到终点的粗略路线图。它首先强调了无中介教学材料编写和有中介教学材料编写之间的区别,强调有中介教学材料编写将一系列潜在的利益相关方,如出版社、教育部官员和最终用户教师,放在一起考虑。我们概述了教学材料编写过程中的一些典型阶段,同时指出这通常是一个循环往复的过程。事实上,我们注意到,经验丰富的教学材料编写者都有一个特点,他们常常以循环而不是线性的方式编写材料。有经验的教学材料编写者还会时刻把最终用户记在心里,并愿意放弃没有结果的想法。我们注意到,《欧洲语言共同参考框架》等内容框架以及类似Tomlinson(2013)的灵活框架那样的写作框架可以是非常有用的教学材料编写起点。

在本书的开篇,我们问为什么需要一本关于教学材料开发的书。在随后的章节中,我们展示了如何精心制作语言学习材料,以符合二语习得、语言教学语境、语言教学法、批判性评估、真实语言数据和语用方面的原则。这些领域本身都是语言教学的重要组成部分,这说明教学材料开发是语言教学领域不可或缺的组成部分,而不是其附属部分。因此,我们认为教学材料开发在语言教师教育中应占有更重要的位置:

> 语言学习材料是教与学过程中的关键要素,在教师教育计划中,我们不能轻视语言学习材料的选择、使用和设计……教学材料评估和设计应该是职前研究生课程和有工作经验的研究生课程的核心组成部分。(McGrath 2013: 100)

鉴于教学材料开发培训所关注的问题也是语言教学的核心问题,实际上,教学材料开发培训本身就可以被看作教师教育的"终极"工具。它为教师赋能,赋予他们对教学材料的控制权,并使他们不受制于"机构"制作的教学材料。

总之,我们坚持认为,既然语言学习材料是语言教学课堂中不可或缺的一部分,如若不提供教学材料开发方面的培训,那么语言教师对其职业中最重要的工具,即他们使用的教学材料,只能有肤浅的认识和理解。

任务10.1

- 上文引用了McGrath(2013: 100)关于教学材料开发在教师教育中地位的观点,将这一观点与下面的观点进行比较:

> 在Grossman和Thompson(2008)的研究中,[职前]受训者专注于从零开始创建教学材料,而不是学习如何利用教科书。鉴于教科书在大多数课堂中占据中心位置,这种做法是毫无益处的。(Harwood 2014: 28-9)

- 你赞同哪种观点?

任务10.2

- 思考并讨论以下截然不同的两个观点:

每个教师都是教学材料的开发者。(Tomlinson 2003a: 1, 引自 1997 年英语语言中心的讲义)

教学材料编写者所需的专业知识与课堂教师所需的专业知识截然不同。(Allwright 1981: 6)

任务 10.3

以前很多语言老师……是语言文化工匠,他们使用为学生量身定制的、用来提高学生语言能力的教学材料,引导学生了解东道国文化的方方面面……但企业大学的新的行为准则已经将他们的专业身份变为语言服务技术员,专门负责纠正蹩脚的语言,维持住精简了的授课体系(Hadley 2014: 209; 引自 Giroux 2004: 206)

- 你如何理解"语言文化工匠"和"语言服务技术员"这两个描述语言教师/教学材料开发人员的术语?
- 你认为教师和/或教学材料开发人员的角色是"语言文化工匠"还是"语言服务技术员"?
- 还可以怎样描述教师和教学材料之间的关系?

参考文献

Abdel Latif, M. (2017). Teaching grammar using inductive and communicative materials: exploring Egyptian EFL teachers' practices and beliefs. In H. Masuhara, F. Mishan and B. Tomlinson (eds), *Practice and Theory for Materials Development in L2 Learning* (pp. 275–89). Newcastle upon Tyne: Cambridge Scholars Publishing.

Ableeva, R. and Stranks, J. (2013). Listening in another language: research and materials. In B. Tomlinson (ed.), *Applied Linguistics and Materials Development* (pp. 199–212). London: Bloomsbury.

Afflerbach, P., Pearson, D. and Scott, G. P. (2008). Clarifying differences between reading skills and reading strategies. *Reading Teacher*, 61(5): 364–73.

Akbari, R. (2007). Transforming lives: introducing critical pedagogy into ELT classrooms. *ELT Journal*, 62(3): 276–83.

Alderson, J. (1984). Reading in a foreign language: a reading problem or a language problem? In J. C. Alderson and A. H. Urquhart (eds), *Reading in a Foreign Language* (pp. 1–24). Harlow: Longman.

Al Khaldi, A. (2011). Materials development in Jordan: an applied linguistic challenge. Unpublished PhD thesis, Leeds Metropolitan University, UK.

Allan, R. (2009). Can a graded reader corpus provide 'authentic' input? *ELT Journal*, 63(1): 23–32.

Allwright, D. (1981). What do we want teaching materials for? *ELT Journal*, 36(1): 5–18.

Alptekin, C. (1996). Target-language culture in EFL materials. In T. Hedge and N. Whitney (eds), *Power, Pedagogy and Practice* (pp. 53–61). Oxford: Oxford University Press.

Alptekin, C. (2002). Towards intercultural communicative competence in ELT. *ELT Journal*, 56(1): 57–64.

Amrani, F. (2011). The process of evaluation: a publisher's view. In B. Tomlinson (ed.), *Materials Development in Language Teaching*, 2nd edn (pp.

267–95). Cambridge: Cambridge University Press.

Anderson, L. and Krathwohl, D. A. (2001). *A Taxonomy for Learning, Teaching and Assessing: A Revision of Bloom's Taxonomy of Educational Objectives*. New York: Longman.

Anderson, N. (2002). The role of metacognition in second language teaching and learning. ERIC Digest. Washington: ERIC Clearinghouse on Languages and Linguistics.

Arikan, A. (2004). Professional development programs and English language instructors: a critical-postmodern study. *Hacettepe University Journal of Education*, 27: 40–9. Retrieved 2 January 2015 from http://www.efdergi.hacettepe.edu.tr/200427ARDA%20ARIKAN.pdf Arnold, J. (ed.) (1999). *Affect in Language Learning*. Cambridge: Cambridge University Press.

Arnold, J. and Brown, H. D. (1999). A map of the terrain. In J. Arnold (ed.), *Affect in Language Learning* (pp. 1–24). Cambridge: Cambridge University Press.

Ates, M. (2012). The English Textbook Writing Project in Turkey. *Folio*, 14(2): 18–21.

Au, K. (1998). Social constructivism and the school literacy learning of students of diverse backgrounds. *Journal of Literacy Research*, 30(2): 297–319.

Badger, R. and White, G. (2000). A process genre approach to teaching writing. *ELT Journal*, 54(2): 153–60.

Bandler, R. and Grinder, J. (1979). *Frogs into Princes*. Moab: Real People Press.

Bartlett, F. C. (1932). *Remembering*. Cambridge: Cambridge University Press. Reissued 1995.

Basturkmen, H. (2001). Descriptions of spoken language for higher level learners: the example of questioning. *ELT Journal*, 55(1): 4–12.

Bax, S. (2003). CALL: past, present and future. *System*, 31(2): 13–28.

Bell, J. and Gower, R. (2011). Writing course materials for the world: a great compromise. In B. Tomlinson (ed.), *Materials Development in Language Teaching*, 2nd edn (pp. 135–51). Cambridge: Cambridge University Press.

Benson, P. and Voller, P. (1997). *Autonomy and Independence in Language Learning*. London: Longman.

Berardo, S. (2006). The use of authentic materials in the teaching of reading. *Reading Matrix*, 6(2): 60–9.

Bernardini, S. (2000). Systematising serendipity: Proposals for concordancing large corpora with language learners. In L. Burnard and T. McEnery (eds), *Rethinking Language Pedagogy from a Corpus Perspective* (pp. 79–105). Frankfurt: Peter Lang.

Berns, N. (1995). English in Europe: Whose language, which culture?

International Journal of Applied Linguistics, 5(1): 21-32.
Biber, D. and Conrad, S. (2010). *Corpus Linguistics and Grammar Teaching*. Retrieved 10 November 2014 from http://www.pearsonlongman.com/ae/emac/newsletters/may-2010-grammar.html
Biber, D., Conrad, S. and Reppen, R. (1998). *Corpus Linguistics: Investigating Language Structure and Use*. Cambridge: Cambridge University Press.
Blake, R. (2008). *Brave New Digital Classroom: Technology and Foreign Language Learning*. Washington: Georgetown University Press.
Blake, R. (2014). Best practices in online learning: is it for everyone? In F. Rubio and J. Thoms (eds), *Hybrid Language Teaching and Learning: Exploring Theoretical, Pedagogical and Curricular Issues* (pp. 10-26). Boston: Heinle Cengage Learning.
Blau, E. (1982). The effect of syntax on readability for ESL students in Puerto Rico. *TESOL Quarterly*, 16: 517-28.
Bloom, B., Engelhart, M., Furst, E., Hill, W. and Krathwohl, D. (1956). *Taxonomy of Educational Objectives: The Classification of Educational Goals. Handbook I: The Cognitive Domain*. New York: David McKay.
Blyth, C. (2014). Opening up foreign language education with open educational resources: the case of *Françis interactif*. In F. Rubio and J. Thoms (eds), *Hybrid Language Teaching and Learning: Exploring Theoretical, Pedagogical and Curricular Issues* (pp. 196-218). Boston: Heinle Cengage Learning.
Bolitho, R. (2008). Materials used in Central and Eastern Europe and the Former Soviet Union. In B. Tomlinson (ed.), *English Language Learning Materials: A Critical Review* (pp. 213-22). London: Continuum.
Bolitho, R., Carter, R., Hughes, R., Ivanic, R., Masuhara, H. and Tomlinson, B. (2003). Ten questions about language awareness. *ELT Journal*, 57(3): 251-9.
Bolster, A. (2014). Materials adaptation of EAP materials by experienced teachers: part I. *Folio*, 16(1): 16-22.
Bolster, A. (2015). Materials adaptation of EAP materials by experienced teachers: part II. *Folio*, 16(2).
Borg, S. (1999). Teachers' theories in grammar teaching. *ELT Journal*, 53(3): 157-67.
Boulton, A. (2009). Testing the limits of data-driven learning: language proficiency and training. *ReCALL*, 21(1): 37-54.
Bowler, B., Cunningham, S., Moor, P. and Parminter, S. (1999). *New Headway Pronunciation Course: Intermediate: Student's Practice Book*. Oxford: Oxford University Press.
Brazil, D. (1995). *A Grammar of Speech*. Oxford: Oxford University Press.
Brindle, M. (2012). A Wordle in your ear. *Folio*, 15(1): 25-7.
British Council Teaching English (2008). Retrieved 24 March 2013 from http://

www.teachingenglish.org.uk/node/3036/results

Brown, G. and Yule, G. (1983). *Teaching the Spoken Language*. Cambridge: Cambridge University Press.

Bruthiaux, P. (2003). Squaring the circles: issues in modeling English worldwide. *International Journal of Applied Linguistics*, 13(2): 159–78.

Burden, K. (2002). Learning from the bottom up: the contribution of school based practice and research in the effective use of interactive whiteboards for the FE/HE sector. Paper presented at the Learning and Skills Research: Making an Impact Regionally conference, Doncaster, UK.

Burns, A. and Hill, D. (2013). Teaching speaking in a second language. In B. Tomlinson (ed.), *Applied Linguistics and Materials Development* (pp. 231–51). London: Bloomsbury.

Burton, G. (2012). Corpora and coursebooks: destined to be strangers forever? *Corpora*, 7: 91–108.

Bygate, M. (2001). Speaking. In R. Carter and D. Nunan (eds), *The Cambridge Guide to TESOL* (pp. 14–20). Cambridge: Cambridge University Press.

Byram, M. (1997). *Teaching and Assessing Intercultural Competence*. Clevedon: Multilingual Matters.

Byram, M., Morgan, C. and Colleagues (1994). *Teaching-and-Learning Language-and-Culture*. Clevedon: Multilingual Matters.

Byrne, D. (1988). *Teaching Writing Skills*. London: Longman.

Cameron, L. (2001). *Teaching Languages to Young Learners*. Cambridge: Cambridge University Press.

Canagarajah, S. (1999). *Resisting Linguistic Imperialism in Language Teaching*. Oxford: Oxford University Press.

Carter, R. (2004). *Language and Creativity: The Art of Common Talk*. London: Routledge.

Chambers, E. and Gregory, M. (2006). *Teaching and Learning English Literature*. London: Sage.

Chapelle, C. (2003). *English Language Learning and Technology*. Amsterdam: John Benjamins.

Chapelle, C. (2009). The relationship between second language acquisition theory and computer-assisted language learning. *Modern Language Journal*, 93: 741–53.

Chapelle, C. (2010). The spread of computer-assisted language learning. *Language Teaching*, 43(1): 66–74.

Chen, Y-S. and Shao-Wen Su, S-W. (2012). A genre-based approach to teaching EFL summary writing. *ELT Journal*, 66(2): 184–92.

Chomsky, N. (1988). *Language and Problems of Knowledge*. Cambridge, MA: MIT Press.

Clavel-Arriotia, B. and Fuster-Márquez, M. (2014). The authenticity of real texts in advanced English language textbooks. *ELT Journal*, 68(2): 124−34.

Clement, R., Gardner, R. C. and Smythe, P. C. (1977). Motivational variables in second language acquisition: a study of francophones learning English. *Canadian Journal of Behavioural Science*, 9: 123−33.

Cobb, T. (1999). Breadth and depth of vocabulary acquisition with hands-on concordancing. *Computer Assisted Language Learning*, 12: 345−60.

Cohen, A. and Ishihara, N. (2013). Pragmatics. In B. Tomlinson (ed.), *Applied Linguistics and Materials Development* (pp. 113−26). London: Bloomsbury.

Coleman, H. (1986). Evaluating teachers' guides: do teachers' guides guide teachers? *JALT Journal*, 8: 17−36.

Conrad, S. (2000). Will corpus linguistics revolutionize grammar teaching in the 21st century? *TESOL Quarterly*, 34(3): 548−60.

Conrad, S. (2004). Corpus linguistics, language variation, and language teaching. In J. Sinclair (ed.), *How to Use Corpora in Language Teaching* (pp. 67−85). Amsterdam: John Benjamins.

Conzett, J. (2000). Integrating collocation into a reading and writing course. In M. Lewis (ed.), *Teaching Collocation: Further Developments in the Lexical Approach* (pp. 70−87). Hove: Language Teaching.

Cook, G. (1995). Theoretical issues: transcribing the untranscribable. In G. Myers and G. Leech (eds), *Spoken English on Computer* (pp. 35−53). New York: Longman.

Cook, G. (1998). 'The uses of reality': a reply to Ron Carter. *ELT Journal*, 52(1): 57−63.

Cook, V. (2003). Materials for adult beginners from an L2 user perspective. In B. Tomlinson (ed.), *Developing Materials for Language Teaching* (pp. 275−91). London: Continuum.

Cortazzi, M. and Jin, L. (1999). Cultural mirrors: materials and methods in the EFL classroom. In E. Hinkel (ed.), *Culture in Second Language Teaching* (pp. 196−219). Cambridge: Cambridge University Press.

Coupland, N. (2001). Introduction: sociolinguistic theory and social theory. In N. Coupland, S. Sarangi and C. Candlin (eds), *Sociolinguistics and Social Theory* (pp. 1−26). Harlow: Pearson Education.

Coxhead, A. (2000). The academic word list: a corpus-based word list for academic purposes. In B. Kettemann and G. Marko (eds), *Teaching and Learning by Doing Corpus Analysis: Proceedings of the Fourth International Conference on Teaching and Language Corpora* (pp. 73−90). New York: Rodopi.

Craik, F. I. M. and Lockhart, R. S. (1972). Levels of processing: a framework for memory research. *Journal of Verbal Learning and Verbal Behavior*, 11:

671–84.

Craven, M. (2008). *Real Listening and Speaking*. Cambridge: Cambridge University Press.

Criado, R. and Sánchez, A. (2009). English language teaching in Spain: do textbooks comply with the official methodological regulations? A sample analysis. *International Journal of English Studies*, 9(1): 1–28.

Crookes, G. and Schmidt, R. (1991). Motivation: reopening the research agenda. *Language Learning*, 41: 469–512.

Crossley, S. A., Louwerse, M. M., McCarthy, P. M. and McNamara, D. S. (2007). A linguistic analysis of simplified and authentic texts. *Modern Language Journal*, 91: 15–30.

Crystal, D. (2001). *Language and the Internet*. Cambridge: Cambridge University Press.

Crystal, D. (2003). *The Cambridge Encyclopedia of the English Language*, 2nd edn. Cambridge: Cambridge University Press.

Csikszentmihalyi, M. (1997). *Finding Flow: The Psychology of Engagement with Everyday Life*. New York: Basic Books.

Cullen, R. (2008).Teaching grammar as a liberating force. *ELT Journal*, 62(3): 221–30.

Cullen, R. and Kuo, I-C. (2007). Spoken grammar and ELT course materials: a missing link? *TESOL Quarterly*, 41(2): 361–86.

Cunningham, S. and Moor, P. (1998). *Cutting Edge Intermediate Student's Book*. Harlow: Pearson Education.

Cunningham, S. and Moor, P. (2005). *New Cutting Edge Upper Intermediate Student's Book*, 2nd edn. Harlow: Pearson Education.

Cunningsworth, A. (1995). *Choosing Your Course Book*. Cambridge: Cambridge University Press.

Cutting, J. (2014). *Understanding Language*. Edinburgh: Edinburgh University Press.

Darian, S. (2001). Adapting authentic materials for language teaching. *English Teaching Forum Online*, 39(2).

Dat, B. (2008). ELT materials used in Southeast Asia. In B. Tomlinson (ed.), *English Language Learning Materials: A Critical Review* (pp. 263–81). London: Continuum.

Dat, B. (2013). Materials for developing speaking skills. In B. Tomlinson (ed.), *Developing Materials for Language Teaching*, 2nd edn (pp. 407–29). London: Bloomsbury.

Davis, D. R. (2006). World Englishes and descriptive grammars. In B. Kachru, Y. Kachru and C. L. Nelson (eds), *The Handbook of World Englishes* (pp. 507–22). Oxford: Blackwell.

de Andres, V. (1999). Self-esteem in the classroom or the metamorphosis of butterflies. In J. Arnold (ed.), *Affect in Language Learning* (pp. 87–102). Cambridge: Cambridge University Press.

de Bot, K. (1996). Review article: the psycholinguistics of the output hypothesis. *Language Learning*, 46(3): 529–55.

Deardorff, D. (ed.) (2009). *The Sage Handbook of Intercultural Competence*. Los Angeles: Sage.

Deci, E. L. and Ryan, R. M. (1985). *Intrinsic Motivation and Self-Determination in Human Behaviours*. New York: Plenum.

DeKeyser, R. (2003). Implicit and explicit learning. In C. Doughty and M. Long (eds), *The Handbook of Second Language Acquisition* (pp. 313–48). Malden: Blackwell.

Delialioglu, O. and Yildirim, Z. (2007). Students' perceptions on effective dimensions of interactive learning in a blended learning environment. *Journal of Educational Technology and Society*, 10(2): 133–46.

Dellar, H. (2004). What have corpora ever done for us? Retrieved 17 March 2013 from http://www.developingteachers.com/articles_tchtraining/corporapf_hugh.htm

Dellar, H. (2007). *Advanced Innovations*. Andover: Heinle Cengage Learning.

Dellar, H. and Walkley, A. (2008). *Innovations Advanced*. Andover: Heinle Cengage Learning.

Dellar, H. and Walkley, A. (2010). *Outcomes*. Andover: Heinle Cengage Learning.

Dendrinos, B. (1992). *The EFL Textbook and Ideology*. Athens: N. C. Grivas.

Dewaele, J-M. (2009). Individual differences in second language acquisition. In W. Ritchie and T. Bhatia (eds), *The New Handbook of Second Language Acquisition* (pp. 623–46). Bingley: Emerald Group.

Dewey, J. (2007). English as a lingua franca and globalization: an interconnected perspective. *International Journal of Applied Linguistics*, 17(3): 332–54.

Dönyei, Z. (1998). Motivation in second and foreign language learning. *Language Teaching*, 31: 117–35.

Dönyei, Z. (2001). *Teaching and Researching Motivation*. London: Pearson Education.

Dönyei, Z. (2009). The L2 motivational self system. In Z. Dönyei and E. Ushioda (eds), *Motivation, Language Identity and the L2 Self* (pp. 9–42). Bristol: Multilingual Matters.

Doughty, C. and Long, M. (2003a). The scope of enquiry and goals of SLA. In C. Doughty and M. Long (eds), *The Handbook of Second Language Acquisition* (pp. 3–16). Malden: Blackwell.

Doughty, C. and Long, M. (2003b). Optimal psycholinguistic environment for distance foreign language learning. *Language Learning & Technology*, 7(3): 50–80.

Doyle, R. (1993). *Paddy Clarke Ha Ha Ha*. London: Secker and Warburg.

Dudeney, G., Hockly, N. and Pegrum, M. (2013). *Digital Literacies*. Harlow: Pearson Education.

Duke, N., Pearson, P. D., Strachan, S. L. and Billman, A. K. (2011). Essential elements of fostering and teaching reading comprehension. In S. J. Samuels and A. E. Farstrup (eds), *What Research Has to Say About Reading Instruction*, 4th edn (pp. 51–93). Newark: International Reading Association.

Dushku, S. and Thompson, P. (2012). An example of corpus-informed materials development: 'Campus Talk' – advanced oral communication textbook for international students. Paper presented at the TESOL Convention, Philadelphia, USA.

Eapan, L. (2014). Issues in English textbook construction for primary schools in multilingual contexts. *Folio*, 16(1): 9–11.

Edge, J. (1987). From Julian Edge. *ELT Journal*, 41(4): 308–9.

Ediger, A. (2001). Teaching children literacy skills in a second language. In M. Celce-Murcia (ed.), *Teaching English as a Second or Foreign Language*, 3rd edn (pp. 153–69). Boston: Heinle & Heinle.

Egbert, J. (ed.) (2010). *CALL in Limited Technology Contexts*. San Marcos: CALICO.

Ellis, R. (1994). *The Study of Second Language Acquisition*. Oxford: Oxford University Press.

Ellis, R. (1997). *Second Language Acquisition*. Oxford: Oxford University Press.

Ellis, R. (2004). Individual differences in second language learning. In A. Davies and C. Elder (eds), *The Handbook of Applied Linguistics* (pp. 525–51). Malden: Blackwell.

Ellis, R. (2006). Current issues in the teaching of grammar: an SLA perspective. *TESOL Quarterly*, 40(1): 83–107.

Ellis, R. (2008). *The Study of Second Language Acquisition*, 2nd edn. Oxford: Oxford University Press.

Ellis, R. (2010). Second language acquisition research and language teaching materials. In N. Harwood (ed.), *English Language Teaching Materials: Theory and Practice* (pp. 33–57). Cambridge: Cambridge University Press.

Ellis, R. (2011). Macro- and micro-evaluations of task-based teaching. In B. Tomlinson (ed.), *Materials Development in Language Teaching*, 2nd edn (pp. 212–36). Cambridge: Cambridge University Press.

Ellis, R., Loewen, S., Elder, C., Erlam, R., Philp, J. and Reinders, H. (2009).

Implicit and Explicit Knowledge in Second Language Learning, Testing and Teaching. Bristol: Multilingual Matters.

Ellison, L. (2001). *The Personal Intelligences: Promoting Social and Emotional Learning*. Thousand Oaks: Corwin Press.

English Language Centre (1997). Unpublished handout from the English Language Centre, Duran, South Africa.

Eoyang, E. (1999). The worldliness of the English language: a lingua franca past and future. *ADFL Bulletin*, 31(1): 26–32.

Eskey, D. E. (2005). Reading in a second language. In E. Hinkel (ed.), *Handbook of Research in Second Language Teaching and Learning* (pp. 563–80). London: Routledge.

Evans, G. (2012). A materials evaluation toolkit. Unpublished MA dissertation, Leeds Metropolitan University, UK.

Everett, D. (2008). *Don't Sleep, There Are Snakes*. London: Profile Books.

Feak, C. and Swales, J. (2014). Tensions between the old and the new in EAP textbook revision: a tale of two projects. In N. Harwood (ed.), *English Language Teaching Textbooks: Content, Consumption, Production* (pp. 299–319). Basingstoke: Palgrave Macmillan.

Felix, U. (2008). The unreasonable effectiveness of CALL: what have we learned in two decades of research? *ReCALL*, 20: 141–61.

Field, J. (2008). *Listening in the Language Classroom*. Cambridge: Cambridge University Press.

Finkbeiner, M. and Nicol, J. (2003). Semantic category effects in second language word learning. *Applied Psycholinguistics*, 24: 369–83.

Folse, K. (2004). Myths about teaching and learning second language vocabulary: what recent research says. *TESL Reporter*, 37(2): 1–13.

Folse, K. (2011). Applying L2 lexical research findings in ESL teaching. *TESOL Quarterly*, 45(2): 362–9.

Forehand, M. (2012). Bloom's taxonomy. Retrieved 18 March 2014 from http://projects.coe.uga.edu/epltt/index.php?title=Bloom%27s_Taxonomy

Foster, P. and Skehan, P. (1996). The influence of source of planning and focus of planning on task-based performance. *Language Teaching Research*, 3(3): 215–47.

Fox, G. (1998). Using corpus data in the classroom. In B. Tomlinson (ed.), *Materials Development in Language Teaching* (pp. 25–43). Cambridge: Cambridge University Press.

Freeman, D. (2014). Reading comprehension questions: the distribution of different types in global EFL textbooks. In N. Harwood (ed.), *English Language Teaching Textbooks: Content, Consumption, Production* (pp. 72–110). Basingstoke: Palgrave Macmillan.

Gadd, N. (1998). Towards less humanistic English teaching. *ELT Journal*, 52(3): 223-34.

Gagliardi, G. and Maley, A. (eds) (2010). *EIL, ELF, Global English: Teaching and Learning Issues*. Bern: Peter Lang.

Gairns, R. and Redman, S. (1986). *Working with Words: A Guide to Teaching and Learning Vocabulary*. Cambridge: Cambridge University Press.

Galloway, N. and Mariou, E. (2014). Global Englishes. In J. Cutting, *Understanding Language* (pp. 43-69). Edinburgh: Edinburgh University Press.

Gardner, H. (1983). *Frames of Mind*. New York: Basic Books.

Gardner, R. C. (1995). Interview with Jelena Mihaljevic Djigunovic. *Stranijezici*, 24: 94-103.

Ghosn, I.-K. (2013). Language learning for young learners. In B. Tomlinson (ed.), *Applied Linguistics and Materials Development* (pp. 61-74). London: Bloomsbury.

Gill, S. (2000). Against dogma: a plea for moderation. *IATEFL Issues*, 154: 18-19. Retrieved 7 September 2011 from http://www.thornburyscott.com/tu/gill.htm

Gilmore, A. (2004). A comparison of textbook and authentic interactions. *ELT Journal*, 58(4): 363-74.

Gilmore, A. (2007). Authentic materials and authenticity in foreign language learning. *Language Teaching*, 40(2): 97-118.

Gilmore, A. (2011). 'I prefer not text': Developing Japanese learners' communicative competence with authentic materials. *Language Learning*, 61(3): 786-819.

Giroux, H. (2004). Teachers as transformative intellectuals. In A. Canestrari and B. Marlowe (eds), *Educational Foundations: An Anthology of Critical Readings* (pp. 205-14). Thousand Oaks: Sage.

Godwin-Jones, R. (2011). Emerging technologies: challenging hegemonies in online learning. *Language Learning and Technology*, 16(2): 4-13.

Goh, C. (2007). *Teaching Speaking in the Language Classroom*. Singapore: SEAMO.

Gor, K. and Long, M. (2009). Input and second language processing. In W. Ritchie and T. Bhatia (eds), *The New Handbook of Second Language Acquisition* (pp. 445-72). Bingley: Emerald Group.

Grabe, W. (2009). *Reading in a Second Language: Moving from Theory to Practice*. Cambridge: Cambridge University Press.

Grant, N. (1987). *Making the Most of Your Textbook*. Harlow: Longman.

Gray, J. (2010). *The Construction of English: Culture, Consumerism and Promotion in the ELT Global Coursebook*. Basingstoke: Palgrave Macmillan.

Gregg, K. (1984). Krashen's monitor and Occam's razor. *Applied Linguistics*, 5: 79–100.

Grgurović, M., Chapelle, C. A. and Shelley, M. C. (2013). A meta-analysis of effectiveness studies on computer technology-supported language learning. *ReCALL*, 25: 165–98.

Grigg, T. (1986). The effects of task, time and rule knowledge on grammar performance for three English structures. *University of Hawaii Working Papers in ESL*, 5(1): 37–60.

Grossman, P. and Thompson, C. (2008). Learning from curriculum materials: scaffolds for new teachers. *Teaching and Teacher Education*, 24: 2014–26.

Gruba, P. and Hinkelman, D. (2012). *Blending Technologies in Second Language Classrooms*. Basingstoke: Palgrave Macmillan.

Guiora, A., Beit-Halllahmi, R., Brannon, R., Dull, C. and Scovel, T. (1972). The effects of experimentally induced changes in ego states on pronunciation ability in second language: an exploratory study. *Comprehensive Psychiatry*, 13: 421–8.

Hadfield, J. (2014). Chaosmos: spontaneity and order in the materials design process. In N. Harwood (ed.), *English Language Teaching Textbooks: Content, Consumption, Production* (pp. 320–60). Basingstoke: Palgrave Macmillan.

Hadley, G. (2002). Sensing the winds of change: an introduction to data-driven learning. *RELC Journal*, 33(2): 99–124.

Hadley, G. (2014). Global textbooks in local contexts: an empirical investigation of effectiveness. In N. Harwood (ed.), *English Language Teaching Textbooks: Content, Consumption, Production* (pp. 205–40). Basingstoke: Palgrave Macmillan.

Hampel, R. (2006). Rethinking task design for the digital age: a framework for language teaching and learning in a synchronous online environment. *ReCALL*, 18(1): 105–21.

Hartley, B. and Viney, P. (1978). *Streamline English Departures*. Oxford: Oxford University Press.

Hartley, B. and Viney, P. (1979). *Streamline English Connections*. Oxford: Oxford University Press.

Hartley, B. and Viney, P. (1985). *Streamline English Directions*. Oxford: Oxford University Press.

Hartley, B. and Viney, P. (1987). *Streamline English Destinations*. Oxford: Oxford University Press.

Harwood, N. (2002). Taking a lexical approach to teaching: principles and problems. *International Journal of Applied Linguistics*, 12(2): 139–55.

Harwood, N. (ed.) (2010). *English Language Teaching Materials: Theory and*

Practice. Cambridge: Cambridge University Press.

Harwood, N. (ed.) (2014). *English Language Teaching Textbooks: Content, Consumption, Production*. Basingstoke: Palgrave Macmillan.

Healy, A. F. and Bourne L. E., Jr (eds) (1998) *Foreign Language Learning: Psycholinguistic Studies on Training and Retention*. Mahwah: Erlbaum.

Hedge, T. (2005). *Writing*. Oxford: Oxford University Press.

Hedge, T. and Whitney, N. (eds) (1996). *Power, Pedagogy and Practice*. Oxford: Oxford University Press.

Hewings, M. and Thaine, C. (2012). *Cambridge Academic English Students' Book Advanced*. Cambridge: Cambridge University Press.

Hill, J. (2000). Revising priorities: from grammatical failure to collocational success. In M. Lewis (ed.), *Teaching Collocation: Further Developments in the Lexical Approach* (pp. 47–69). Hove: Language Teaching.

Hinkel, E. (2006). Current perspectives on teaching the four skills. *TESOL Quarterly*, 40(1): 109–31.

Hockly, N. (2011). The digital generation. *ELT Journal*, 65(3): 322–5.

Hockly, N. (2013a). Technology for the language teacher: mobile learning. *ELT Journal*, 67(1): 80–4.

Hockly, N. (2013b). Moving with the times: mobile literacy and ELT. Paper presented at the IATEFL Conference, 9–13 April, Liverpool, UK.

Hockly, N. (2014). Digital technologies in low-resource ELT contexts. *ELT Journal*, 68(1): 79–84.

Hoffman, E. (1989). *Lost in Translation: A Life in a New Language*. New York: Penguin.

Holliday, A. R. (1994). *Appropriate Methodology and Social Context*. Cambridge: Cambridge University Press.

Howatt, A. P. and Widdowson, H. G. (2004). *A History of English Language Teaching*. Oxford: Oxford University Press.

Hu, G. (2002). Potential cultural resistance to pedagogical imports: the case of communicative language teaching in China. *Language, Culture and Curriculum*, 15(2): 93–105.

Huang, L-S. (2011). Corpus-aided language learning. *ELT Journal*, 65(4): 481–4.

Hughes, A. (2013). The teaching of reading in English for young learners: some considerations and next steps. In B. Tomlinson (ed.), *Applied Linguistics and Materials Development* (pp. 183–98). London: Bloomsbury.

Hughes, R. (2002). *Teaching and Researching Speaking*. Harlow: Pearson.

Hughes, R. (2010). Materials to develop the speaking skill. In N. Harwood (ed.), *English Language Teaching Textbooks: Content, Consumption, Production* (pp. 207–24). Cambridge: Cambridge University Press.

Humphries, S. (2012). From policy to pedagogy: exploring the impact of new communicative textbooks on the classroom practice of Japanese teachers of English. In C. Gitsaki and R. B. Baldauf, Jr (eds), *Future Directions in Applied Linguistics: Local and Global Perspectives* (pp. 488–507). Newcastle: Cambridge Scholars.

Hyland, K. (2003). *Second Language Writing*. Cambridge: Cambridge University Press.

Hyland, K. (2007) Genre pedagogy: language, literacy and L2 writing instruction, *Journal of Second Language Writing*, 16: 148–64.

Hyland, K. (2013). Materials for developing writing skills. In B. Tomlinson (ed.), *Developing Materials for Language Teaching*, 2nd edn (pp. 391–407). London: Bloomsbury.

Hymes, D. (1972). On communicative competence. In J. Pride and J. Holmes (eds), *Sociolinguistics* (pp. 269–93). Harmondsworth: Penguin.

Islam, C. and Mares, C. (2003). Adapting classroom materials. In B. Tomlinson (ed.), *Developing Materials for Language Teaching* (pp. 86–100). London: Continuum.

Jenkins, J. (2005). Implementing an international approach to English pronunciation: the role of teacher attitudes and identity. *Tesol Quarterly*, 39(3): 535–43.

Jenkins, J. (2006). Global intelligibility and local diversity: possibility or paradox? In R. Rubdy and M. Saraceni (eds), *English in the World: Global Rules, Global Roles* (pp. 32–9). London: Continuum.

Jenkins, J. (2007). *English as a Lingua Franca: Attitude and Identity*. Oxford: Oxford University Press.

Jenkins, J. (2010). ELF still at the gate: attitudes towards English. In J. Jenkins and R. Cagliero (eds), *Discourses, Communities and Global Englishes* (pp. 101–14). Bern: Peter Lang.

Jenks, D., Stone, P. and Navarro, D. (2012). Material gains: the benefits of collaborative and creative materials development. *Folio*, 14(2): 14–17.

Johns, T. (1991). Should you be persuaded: two examples of data-driven learning. *English Language Research Journal*, 4: 1–16.

Johnson, K. (2003). *Designing Language Teaching Tasks*. Basingstoke: Palgrave Macmillan.

Johnson, K. (ed.) (2005). *Expertise in Second Language Learning and Teaching*. Basingstoke: Palgrave Macmillan.

Johnson, K., Kim, M., Ya-Fang, L., Nava, A., Perkins, D., Smith, A., Soler-Canela, O. and Lu, W. (2008). A step forward: investigating expertise in materials evaluation. *ELT Journal*, 62(2): 157–63.

Johnstone Young, T. and Walsh, S. (2010). Which English? Whose English? An investigation of 'non-native' teachers' beliefs about target varieties.

Language, Culture and Curriculum, 23(2): 123–37.

Jolly, D. and Bolitho, R. (2011). A framework for materials writing. In B. Tomlinson (ed.), *Materials Development in Language Teaching*, 2nd edn (pp. 107–35). Cambridge: Cambridge University Press.

Jones, C. (2007). Spoken grammar: is 'noticing' the best option? *Modern English Teacher*, 16(4): 155–60.

Jones, R. E. (2001). A consciousness-raising approach to the teaching of conversational story-telling. *ELT Journal*, 55(2): 155–63.

Kachru, B. (1982). *The Other Tongue: English Across Cultures*. Oxford: Pergamon.

Kachru, B. (1985). Standards, codification and sociolinguistic realism: the English language in the outer circle. In R. Quirk, H. G. Widdowson and Y. Cantù (eds), *English in the World: Teaching and Learning the Language and Literatures* (pp. 11–30). Cambridge: Cambridge University Press.

Kachru, Y. and Nelson, C. L. (2006). *World Englishes in Asian Contexts*. Hong Kong: Hong Kong University Press.

Kadepurkar, H. (2009). Coursebook development: An Indian perspective. *Folio*, 13(2): 20–1.

Kaltenbök, G. and Mehlmauer-Larcher, B. (2006). Computer corpora and the language classroom: on the potential and limitations of computer corpora in language teaching. *ReCALL*, 17(1): 65–84.

Kay, S. and Jones, V. (2000). *Inside Out*. Oxford: Macmillan.

Kay, S. and Jones, V. (2009). *New Inside Out Intermediate Student's Book*. Oxford: Macmillan.

Kessler, J. (ed.) (2008). *Processability Approaches to Second Language Development and Second Language Learning*. Newcastle: Cambridge Scholars.

Kiddle, T. (2013). Developing digital language learning materials. In B. Tomlinson (ed.), *Developing Materials for Language Teaching*, 2nd edn (pp. 189–206). London: Bloomsbury.

Kim, M. (2010). Expertise in EFL coursebook evaluation. Unpublished PhD thesis, University of Lancaster, UK.

Koda, K. (2004). *Insights into Second Language Reading: A Cross-Linguistic Approach*. Cambridge: Cambridge University Press.

Kolb, D. A. (1984). *Experiential Learning: Experience as the Source of Learning and Development. Vol. 1*. Englewood Cliffs: Prentice Hall.

Koprowski, M. (2005). Investigating the usefulness of lexical phrases in contemporary course-books. *ELT Journal*, 59(4): 322–32.

Kramsch, C. (1993). *Context and Culture in Language Teaching*. Oxford: Oxford University Press.

Krashen, S. (1982). *Principles and Practice in Language Acquisition*. New York: Pergamon.
Krashen, S. (1985). *The Input Hypothesis*. New York: Longman.
Krashen, S. (1993). *The Power of Reading; Insights from the Research*. Englewood: Libraries Unlimited.
Krashen, S. (2009). Hypotheses about free voluntary reading. In J. Mukundan (ed.), *Readings on ELT Materials III* (pp. 181–4). Selangor Darul Ehsan: Pearson Malaysia.
Kukulska-Hulme, A. and Shield, L. (2008). An overview of mobile-assisted language learning: from content delivery to supported collaboration and interaction. *ReCALL*, 20: 271–89.
Kumaravadivelu, B. (1996). Maximising learning potential in the communicative classroom. In T. Hedge and N. Whitney (eds), *Power, Pedagogy and Practice* (pp. 241–53). Oxford: Oxford University Press.
Kumaravadivelu, B. (2006). TESOL methods: changing tracks, challenging trends. *TESOL Quarterly*, 40(1): 59–81.
Kumaravadivelu, B. (2008). *Cultural Globalisation and Language Education*. New Haven: Yale University Press.
Kuo, I. V. (2006). Addressing the issue of teaching English as a lingua franca. *ELT Journal*, 60(3): 213–21.
Lambert, W. (1974). Culture and language as factors in learning and education. In F. Aboud and R. Meade (eds), *Cultural Factors in Learning and Education* (pp. 91–122). Bellingham: Fifth Western Washington Symposium on Learning.
Larsen-Freeman, D. (1991). *An Introduction to Second Language Acquisition Research*. London: Longman.
Larsen-Freeman, D. (2000). Second language acquisition and applied linguistics. *Annual Review of Applied Linguistics*, 20: 165–81.
Laufer, B. and Hulstijn, J. (2001). Incidental vocabulary acquisition in a second language: the construct of task-induced involvement. *Applied Linguistics*, 21(1): 1–26.
Laufer, B. and Shmueli, K. (1997). Memorizing new words: does teaching have anything to do with it? *RELC Journal*, 28: 89–108.
Lazar, G. (1994). Using literature at lower levels. *ELT Journal*, 48(2): 115–24.
Learned, J. E., Stockdill, D. and Moje, E. B. (2011). Integrating reading strategies and knowledge building in adolescent literacy instruction. In S. J. Samuels and A. E. Farstrup (eds), *What Research Has to Say about Reading Instruction*, 4th edn (pp. 159–87). Newark: International Reading Association.
Leow, R. (1993). To simplify or not to simplify: a look at intake. *Studies in*

Second Language Acquisition, 15(3): 333–55.
Levelt, W. J. M. (1989). *Speaking: From Intention to Articulation*. Cambridge, MA: MIT Press
Lewis, M. (1993). *The Lexical Approach*. Hove: Language Teaching.
Lewis, M. (ed.) (2000). *Teaching Collocation: Further Developments in the Lexical Approach*. Hove: Language Teaching.
Li, D. (1998). 'It's always more difficult than you plan and imagine' : teachers' perceived difficulties in introducing the communicative approach in South Korea. *TESOL Quarterly*, 32, (4): 677–703.
Littlejohn, A. P. (2011). The analysis of language teaching materials: inside the Trojan horse. In B. Tomlinson (ed.), *Materials Development in Language Teaching*, 2nd edn (pp. 179–212). Cambridge: Cambridge University Press.
Littlewood, W. (2004). The task-based approach: some questions and suggestions. *ELT Journal*, 58(4): 319–26.
Littlewood, W. (2006). Communicative and task-based language teaching in East Asian classrooms. Revised version of a plenary paper presented at the International Conference of the Korean Association for Teachers of English, June, Seoul, Korea. Retrieved 1 October 2014 from http://www.zanjansadra.ir/attaches/30062.pdf
Littlewood, W. (2009). Process-oriented pedagogy: facilitation, empowerment, or control? *ELT Journal*, 63(3): 246–54.
Liu, Y., Mishan, F. and Chambers, A. (2018). Investigating EFL teachers' perceptions of task-based language teaching in higher education in China. *The Language Learning Journal*, 49(24): 131–146.
Lockhart, R. and Craik, H. (1990). Levels of processing: a retrospective commentary on a framework for memory research. *Canadian Journal of Psychology*, 44(1): 87–112.
Long, M. (1983). Linguistic and conversational adjustments to non-native speakers. *Studies in Second Language Acquisition*, 5(2): 177–93.
Long, M. (1991). A feeling for language: the multiple values of teaching literature. In J. Brumfit and R. Carter (eds), *Literature and Language Teaching* (pp. 42–59). Oxford: Oxford University Press.
Long, M. (1993). Assessment strategies for SLA theories. *Applied Linguistics*, 14: 225–49.
Long, M. (1996). The role of the linguistic environment in second language acquisition. In W. Ritchie and T. Bhatia (eds), *The Handbook of Second Language Acquisition* (pp. 413–68). San Diego: Academic Press.
Long, M. H. and Larsen-Freeman, D. (1991). *An Introduction to Second Language Acquisition Research*. London: Longman.
Lozanov, G. (1978). *Suggestology and Outlines of Suggestopedy*. New York:

Gordon & Breach.

MacAndrew, R. and Martinez, R. (2002). *Taboos and Issues*. Boston: Heinle.

Maley, A. (2011). Squaring the circle: reconciling materials as constraint with materials as empowerment. In B. Tomlinson (ed.), *Materials Development in Language Teaching*, 2nd edn (pp. 379–403). Cambridge: Cambridge University Press.

Maley, A. (2013). Vocabulary. In B. Tomlinson (ed.), *Applied Linguistics and Materials Development* (pp. 95–113). London: Bloomsbury.

Maley, A. and Prowse, P. (2013). Reading. In B. Tomlinson (ed.), *Applied Linguistics and Materials Development* (pp. 165–82). London: Bloomsbury.

Mares, C. (2003). Writing a coursebook. In B. Tomlinson (ed.), *Developing Materials for Language Teaching* (pp. 130–40). London: Continuum.

Mariani, L. (1997). Teacher support and teacher challenge in promoting learner autonomy. *Perspectives*, 23(2): 1–10.

Martin, J. R. (1984). Language, register and genre. In F. Christie (ed.), *Children Writing: Reader* (pp. 21–9). Geelong: Deakin University Press.

Martinez, R. and Schmitt, N. (2012). A phrasal expressions list. *Applied Linguistics*, 33(3): 299–320.

Masuhara, H. (2003). Materials for developing reading skills. In B. Tomlinson (ed.), *Developing Materials for Language Teaching* (pp. 340–63). London: Continuum.

Masuhara, H. (2011). What do teachers really want from coursebooks? In B. Tomlinson (ed.), *Materials Development in Language Teaching*, 2nd edn (pp. 236–67). Cambridge: Cambridge University Press.

Masuhara, H., Haan, N., Yi, Y. and Tomlinson, B. (2008). Adult EFL courses. *ELT Journal*, 62(3): 294–312.

Masuhara, H., Mishan, F. and Tomlinson, B. (2017). *Practice and Theory in Materials Development in L2 Learning*. Newcastle upon Tyne: Cambridge Scholars Publishing.

Mayer, R. (2005). Introduction to multimedia learning. In R. Mayer (ed.), *The Cambridge Handbook of Multimedia Learning* (pp. 1–16). Cambridge: Cambridge University Press.

McCarten, J. (2007). *Teaching Vocabulary: Lessons from the Corpus, Lessons for the Classroom*. Cambridge: Cambridge University Press.

McCarten, J. (2010). Corpus-informed coursebook design. In A. O'Keeffe and M. McCarthy (eds), *The Routledge Handbook of Corpus Linguistics* (pp. 413–28). London: Routledge.

McCarthy, M. (2003). Talking back: 'small' interactional response tokens in everyday conversation. *Research in Language and Social Interaction*, 36(1): 37–63.

McCarthy, M. (2004). *Touchstone*: from corpus to coursebook. Retrieved 1 October 2014 from http://salsoc.com/downloads.php?action=show&id=13

McCarthy, M. and Carter, R. (1995). Spoken grammar: what is it and how should we teach it? *ELT Journal*, 49(3): 207-17.

McCarthy, M. (2015). *The Cambridge Guide to Blended Learning for Language Teaching*. Cambridge: Cambridge University Press.

McCarthy, M. and McCarten, J. (2010). Bridging the gap between corpus and coursebook: the case of conversation strategies. In F. Mishan and A. Chambers (eds), *Perspectives on Language Learning Materials Development* (pp. 11-32). Bern: Peter Lang.

McCarthy, M. and McCarten, J. (2012). Corpora and materials design. In K. Hyland, M. H. Chau and M. Handford (eds), *Corpus Applications in Applied Linguistics* (pp. 225-41). London: Continuum.

McCarthy, M., McCarten, J. and Sandiford, H.(2005). *Touchstone 2*. New York: Cambridge University Press.

McCarthy, M., McCarten, J. and Sandiford, H. (2006). *Touchstone*. New York: Cambridge University Press.

McCarthy, M., McCarten, J. and Sandiford, H. (2008). *Touchstone*. Cambridge: Cambridge University Press.

McDonough. J. and Shaw, C. (1993). *Materials and Methods in ELT*. Oxford: Blackwell.

McDonough, J., Shaw, C. and Masuhara, H. (2013). *Materials and Methods in ELT*, 3rd edn. Malden: John Wiley and Sons.

McEnery, T. and Xiao, R. (2011). What corpora can offer in language teaching and learning. In E. Hinkel (ed.), *Handbook of Research in Second Language Teaching and Learning. Vol. 2* (pp. 364-80). London: Routledge.

McGrath, I. (2002). *Materials Evaluation and Design for Language Teaching*. Edinburgh: Edinburgh University Press.

McGrath, I. (2006). Teachers' and learners' images for coursebooks: implications for teacher development. *ELT Journal*, 60(2): 171-80.

McGrath, I. (2013). *Teaching Materials and the Roles of EFL/ESL Teachers*. London: Bloomsbury.

McKay, S. (2002). English as an international language. In S. McKay, *Teaching English as an International Language: Rethinking Goals and Perspectives*. New York: Cambridge University Press.

McNamara, N. (2011). Exploring experiences with technology: a psychological perspective. In L. Murray, E. Riordan and T. Hourigan (eds), *Quality Issues in ICT Integration: Third Level Disciplines and Learning Contexts* (pp. 179-94). Newcastle: Cambridge Scholars.

Medgyes, P. (1996). Native or non-native: who's worth more? In T. Hedge and N. Whitney (eds), *Power, Pedagogy and Practice* (pp. 31–42). Oxford: Oxford University Press.

Meskill, C. (2007). 20 minutes into the future. In J. Egbert and E. Hanson-Smith (eds), *CALL Environments*, 2nd edn (pp. 423–36). Alexandria, VA: TESOL.

Min, H. T. (2008). EFL vocabulary acquisition and retention: reading plus vocabulary enhancement activities and narrow reading. *Language Learning*, 58(1): 73–115.

Mishan, F. (2005). *Designing Authenticity into Language Learning Materials*. Bristol: Intellect.

Mishan, F. (2010a). Task and task authenticity: paradigms for language learning in the digital era. In F. Mishan and A. Chambers (eds), *Perspectives on Language Learning Materials Development* (pp. 149–71). Bern: Peter Lang.

Mishan, F. (2010b). Withstanding washback: thinking outside the box in materials development. In B. Tomlinson and H. Masuhara (eds), *Research for Materials Development in Language Learning: Evidence for Best Practice* (pp. 353–68). London: Continuum.

Mishan, F. (2013a). Demystifying blended learning. In B. Tomlinson (ed.), *Developing Materials for Language Teaching*, 2nd edn (pp. 207–23). London: Bloomsbury.

Mishan, F. (2013b). Studies of pedagogy. In B. Tomlinson (ed.), *Applied Linguistics and Materials Development* (pp. 269–86). London: Bloomsbury.

Mishan, F. (2016). Re-conceptualising materials for the blended language learning environment. In M. McCarthy and D. Marsh (eds), *The Cambridge Guide to Blended Learning for Language Teaching*. Cambridge: Cambridge University Press.

Mishan, F. and Chambers, A. (eds) (2010). *Perspectives on Language Learning Materials Development*. Bern: Peter Lang.

MobiThinking (n.d.). Retrieved 26 October 2014 from http://mobiforge.com

Modiano, M. (2000). Rethinking ELT. *English Today*, 16: 28–34.

Modirkhameneh, S. and Samadi, M. (2013). Personalizing the teaching of reading and vocabulary through the Diglot-Weave technique. *Folio*, 15(2): 14–17.

Mol, H. and Tin, T. B. (2008). EAP materials in Australia and New Zealand. In B. Tomlinson (ed.), *English Language Learning Materials: A Critical Review* (pp. 74–99). London: Continuum.

Moskowitz, G. (1978). *Caring and Sharing in the Foreign Language Class: A Sourcebook on Humanistic Techniques*. Boston: Heinle & Heinle.

Motteram, G. (2011). Developing language-learning materials with technology. In B. Tomlinson (ed.), *Materials Development in Language Teaching*, 2nd edn (pp. 303–27). Cambridge: Cambridge University Press.

Motteram, G. (2013). *Innovations in Learning Technologies for English Language Teaching*. London: British Council.

Mukundan, J. (2008). Agendas of the state in developing world English language textbooks. *Folio*, 12(2): 17–19.

Mukundan, J. (2009). *ESL Textbook Evaluation: A Composite Framework*. Cologne: Lambert Academic.

Munandar, M. and Ulwiyah, I. (2012). Intercultural approaches to the cultural content of Indonesia's high school ELT textbooks. *Cross-Cultural Communication*, 8(5): 67–73.

Murphy, T. (2011). *Essential Grammar in Use*, 2nd edn, French edn. Cambridge: Cambridge University Press.

Murphy, T. and García Clemente, F. (2008). *Essential Grammar in Use*, 3rd edn, Spanish edn. Cambridge: Cambridge University Press.

Myskow, G. and Gordon, K. (2010). Focus on purpose: using a genre approach in an EFL writing class. *ELT Journal*, 64(3): 283–92.

Nakahama, Y., Tyler, A. and van Lier, L. (2001). Negotiation of meaning in conversational and information gap activities: a comparative discourse analysis. *TESOL Quarterly*, 35(3): 377–405.

Nation, I. S. and Newton, J. (2009). *Teaching ESL/EFL Listening and Speaking*. New York: Routledge.

Nation, P. (2012). Teaching vocabulary. In M. Eisenmann and T. Summer (eds), *Basic Issues in EFL Teaching and Learning* (pp. 93–104). Heidelberg: Winter.

Nault, D. (2006). Going global: rethinking culture teaching in ELT contexts. *ELT Contexts, Language, Culture and Curriculum*, 19(3): 314–28.

Norton, J. (2009). Developing speaking skills: how are current theoretical and methodological approaches represented in course books? Paper presented at the 43rd IATEFL Conference, Cardiff, UK.

Nunan, D. (1987). Communicative language teaching: making it work. *ELT Journal*, 4(2): 136–45.

Oblinger, D. (2003). Boomers and gen-Xers millennials: understanding the new students. *Educause Review*, 38(4): 37–47. Retrieved 30 April 2013 from http://net.educause.edu/ir/ library/pdf/erm0342.pdf

O'Dell, F. (1997). Incorporating language into the syllabus. In N. Schmitt and M. McCarthy (eds), *Vocabulary: Description, Acquisition and Pedagogy* (pp. 258–79). Cambridge: Cambridge University Press.

O'Keeffe, A., McCarthy, M. and Carter, R. (2007). *From Corpus to Classroom*. Cambridge: Cambridge University Press.

O'Neil, H. F. and Abedi, J. (1996). Reliability and validity of a state metacognitive inventory: potential for alternative assessment. *Journal of*

Educational Research, 89(4): 234–45.

Oxenden, C. and Latham-Koenig, C. (1999). *English File Student's Book*. Oxford: Oxford University Press.

Oxenden, C. and Latham-Koenig, C. (2008a). *New English File Intermediate Student's Book*. Oxford: Oxford University Press.

Oxenden, C. and Latham-Koenig, C. (2008b). *New English File Upper Intermediate Student's Book*. Oxford: Oxford University Press.

Oxford, R. (1999). Anxiety and the language learner: new insights. In J. Arnold (ed.), *Affect in Language Learning* (pp. 58–67). Cambridge: Cambridge University Press.

Oxford, R. and Crookall, D. (1989). Research on language learning strategies: methods, findings, and instructional issues. *Modern Language Journal*, 73: 404–19.

Papathanasiou, E. (2009). An investigation of two ways of presenting vocabulary. *ELT Journal*, 6(4): 313–22.

Paran, A. (2012). Language skills: questions for teaching and learning. *ELT Journal*, 66(4): 450–8.

Parker, C-A. (2012). The relevance of Received Pronunciation in teaching phonemics for Irish English teachers. Unpublished MA thesis, University of Limerick, Ireland.

Peacock, M. (1997). The effect of authentic materials on the motivation of EFL learners. *ELT Journal*, 51(2): 144–54.

Peacock, M. (1998). Usefulness and enjoyableness of teaching materials as predictors of on-task behavior. *TESL-EJ*, 3(2).

Perkins, D. (2008). Expertise in ELT textbook writing: what a case study of an experienced materials designer at work can reveal about materials development. In M. Pawlak (ed.), *Investigating Language Learning and Teaching* (pp. 387–401). Poznań : Adam Mickiewicz University.

Phillipson, R. (1992). *Linguistic Imperialism*. Oxford: Oxford University Press.

Phillipson, R. (1996). ELT: the native speaker's burden. In T. Hedge and N. Whitney (eds), *Power, Pedagogy and Practice* (pp. 23–30). Oxford: Oxford University Press.

Pica, T., Young, R. and Doughty, C. (1987). The impact of interaction on comprehension. *TESOL Quarterly*, 21(4): 737–58.

Pienemann, M. (1984). Psychological constraints on the teachability of languages. *Studies in Second Language Acquisition*, 6: 186–214.

Pigada, M. and Schmitt, N. (2006). Vocabulary acquisition from extensive reading: a case study. *Reading in a Foreign Language*, 18(1): 1–28.

Pintrich, P. (2002). The role of metacognitive knowledge in learning, teaching, and assessing. *Theory into Practice*, 41(4): 219–25.

Pit Corder, S. (1974). The significance of learners' errors. In J. Richards (ed.), *Error Analysis: Perspectives in Second Language Acquisition* (pp. 19–30). London: Longman.

Popovici, R. and Bolitho, R. (2003). Personal and professional development through writing: the Romanian Textbook Project. In B. Tomlinson (ed.), *Developing Materials for Language Teaching* (pp. 505–17). London: Continuum.

Prabhu, N. (1987). *Second Language Pedagogy*. Oxford: Oxford University Press.

Prabhu, N. (2001). *A Sense of Plansibility* (unpublised manuscript).

Prensky, M. (2001). Digital natives, digital immigrants. *On the Horizon*, 9(5): 1–6. Retrieved 2 May 2013 from http://www.scribd.com/doc/9799/Prensky-Digital-Natives-Digital-Immi grants-Part1

Prensky, M. (2009). *H. sapiens* digital: from digital immigrants and digital natives to digital wisdom. *Innovate* 5(3). Retrieved 28 April 2013 from http://www.innovateonline.info/ index.php?view=article&id=705

Prince, P. (1996). Second language vocabulary learning: The role of context versus translations as a function of proficiency. *Modern Language Journal*, 80: 478–93.

Prodromou, L. and Mishan, F. (2008). Materials used in Western Europe. In B. Tomlinson (ed.), *English Language Learning Materials: A Critical Review* (pp. 193–212). London: Continuum.

Prowse, P. (2011). How writers write: testimony from authors. In B. Tomlinson (ed.), *Materials Development in Language Teaching*, 2nd edn (pp. 151–73). Cambridge: Cambridge University Press.

Pulverness, A. (1999). Context or pretext? Cultural content and the coursebook. *Folio*, 5(2): 5–9.

Pulverness, A. (2003). Materials for cultural awareness. In B. Tomlinson (ed.), *Developing Materials for Language Teaching* (pp. 426–38). London: Continuum.

Pulverness, A. and Tomlinson, B. (2013). Materials for cultural awareness. In B. Tomlinson (ed.), *Developing Materials for Language Teaching*, 2nd edn (pp. 443–60). London: Bloomsbury.

Raimes, A. (1983). *Techniques in Teaching Writing*. New York: Oxford University Press.

Redston, C. and Cunningham, G. (2006). *face2face*. Cambridge: Cambridge University Press.

Redston, C. and Cunningham, G. (2013a). *face2face Intermediate Student's Book*. Cambridge: Cambridge University Press.

Redston, C. and Cunningham, G. (2013b). *face2face Upper Intermediate*

Student's Book. Cambridge: Cambridge University Press.

Reid, J. (2001). Writing. In R. Carter and D. Nunan (eds), *The Cambridge Guide to TESOL* (pp. 28–34). Cambridge: Cambridge University Press.

Reigeluth, C. (1999). *Instructional-Design Theories and Models: A New Paradigm of Instructional Theory*. New York: Routledge.

Reinders, H. and White, C. (2010). The theory and practice of technology in materials development and task design. In N. Harwood (ed.), *English Language Teaching Materials: Theory and Practice* (pp. 58–80). Cambridge: Cambridge University Press.

Reinhardt, J. (2010). The potential of corpus-informed L2 pedagogy. *Studies in Hispanic and Lusophone Linguistics*, 3(1): 239–51.

Renandya, W. A. and Farrell, T. S. (2011). 'Teacher, the tape is too fast!' Extensive listening in ELT. *ELT Journal*, 65(1): 52–9.

Riazi, A. M. (2003). What do textbook evaluation schemes tell us? A study of the textbook evaluation schemes of three decades. In W. Renyanda (ed.), *Methodology and Materials Design in Language Teaching: Current Perceptions and Practices and their Implications* (pp. 52–69). Singapore: SEAMEO.

Richards, J. (1995). Easier said than done: an insider's account of a textbook project. In A. Hidalgo, D. Hall and G. Jacobs (eds), *Getting Started: Materials Writers on Materials Writing* (pp. 95–135). Singapore: SEAMEO.

Richards, J. (2001). The role of instructional materials. In J. Richards, *Curriculum Development in Language Teaching* (pp. 251–85). Oxford: Oxford University Press.

Richards, J. and T. Rodgers. (2001). *Approaches and Methods in Language Teaching*, 2nd edn. New York: Cambridge University Press.

Rinvolucri, M. (2002). *Humanising Your Coursebook*. Peaslake: Delta.

Risager, K. (2007). *Language and Culture Pedagogy*. Clevedon: Multilingual Matters.

Ritchie, W. and Bhatia, T. (eds) (2009). *The New Handbook of Second Language Acquisition*. Bingley: Emerald Group.

Röer, U. (2004). Comparing real and ideal language learner input: the use of an EFL textbook corpus in corpus linguistics and language teaching. In G. Aston, S. Bernardini and D. Stewart (eds), *Corpora and Language Learners* (pp. 151–68). Amsterdam: John Benjamins.

Röer, U. (2006). Pedagogical applications of corpora: some reflections on the current scope and a wish list for future developments. *ZAA (Zeitschrift fur Anglistik und Amerikanistik)*, 54(2): 121–34.

Rossner, R. (1988). Materials for communicative language teaching and learning. *Annual Review of Applied Linguistics*, 8: 140–63.

Rubdy, R. (2003). Selection of materials. In B. Tomlinson (ed.), *Developing Materials for Language Teaching* (pp. 37–58). London: Continuum.

Rubdy, R. and Saraceni, M. (eds) (2006). *English in the World: Global Rules, Global Roles*. London: Continuum.

Rumelhart, D. E. (1977) Understanding understanding. In G. Mandler, W. Kessen, A. Ortony and F. I. M. Craik (eds), *Memories, Thoughts, and Emotions: Essays in Honor of George Mandler* (pp. 257–66). Hillsdale: Erlbaum.

Samuda, V. (2005). Expertise in pedagogic task design. In K. Johnson (ed.), *Expertise in Second Language Learning and Teaching* (pp. 230–54). Basingstoke: Palgrave Macmillan.

Saraceni, C. (2013). Adapting coursebooks: a personal view. In B. Tomlinson (ed.), *Developing Materials for Language Teaching*, 2nd edn (pp. 49–63). London: Bloomsbury.

Saville-Troike, M. (2003). Extending 'communicative' concepts in the second language curriculum: a sociolinguistic perspective. In D. L. Lange and R. N. Paige (eds), *Culture as the Core: Perspectives on Culture in Second Language* (pp. 3–18). Greenwich, CT: Information Age.

Scarborough, D. (1984). *Reasons for Listening*. Cambridge: Cambridge University Press.

Scheffler, P. (2009). Rule difficulty and the usefulness of instruction. *ELT Journal*, 63(3): 5–12.

Schmidt, R. (1990). The role of consciousness in second language learning. *Applied Linguistics*, 11(2): 129–58.

Schmitt, N. (2010). *Researching Vocabulary: A Vocabulary Research Manual*. Basingstoke: Palgrave Macmillan.

Schmitt, N. and Schmitt, D. (1995). Vocabulary notebooks: Theoretical underpinnings and practical suggestions. *English Language Teaching Journal*, 49(2): 133–43.

Schneider, V. I., Healy, A. F. and Bourne, L. E., Jr (1998). Contextual interference effects in foreign language vocabulary acquisition and retention. In A. F. Healy and L. E. Bourne, Jr (eds), *Foreign Language Learning: Psycholinguistic Studies on Training and Retention* (pp. 77–90). Mahwah: Erlbaum.

Schumann, J. (1978b). *The Pidginization Process: A Model for Second Language Acquisition*. Rowley: Newbury House.

Schumann, J. H. (1999). A neurobiological perspective on affect and methodology in second language learning. In J. Arnold (ed.), *Affect in Language Learning* (pp. 28–42). Cambridge: Cambridge University Press.

Schwartz, H. (2009). Facebook: the new classroom commons? *Chronicle of*

Higher Education: Chronicle Review, 28 September.
Scott, M. (2013). Wordsmith tools, version 6.0.
Scotton, C. and Bernsten, J. (1988). Natural conversations as a model for textbook dialogue. *Applied Linguistics*, 9(3): 372–84.
Seidhofer, B. (2006). English as a lingua franca in the expanding circle: what it isn't. In R. Rubdy and M. Saraceni (eds), *English in the World: Global Rules, Global Roles* (pp. 40–50). London: Continuum.
Shanahan, D. (1997). Articulating the relationship between language, literature and culture: towards a new agenda for foreign language teaching and research. *Modern Languages Journal*, 81(2): 164–74.
Shawer, S., Gilmore, D. and Banks-Joseph, S. (2008). Student cognitive and affective development in the context of classroom-level curriculum development. *Journal of the Scholarship of Teaching and Learning*, 8(1): 1–28.
Sheen, R. (2003). Focus on form: a myth in the making? *ELT Journal*, 57(3): 225–33.
Sheen, R. (2006). Comments on R. Ellis's 'Current issues in the teaching of grammar: an SLA perspective': a reader responds. *TESOL Quarterly*, 40(4): 828–32.
Sheldon, L. (1988). Evaluating ELT textbooks and materials. *ELT Journal*, 42(4): 237–46.
Shimada, K. (2009). The globalisation and individuality of EFL composition textbooks in Japan. *Folio*, 13(2): 29–31.
Shin, D. and Nation, P. (2008). Beyond single words: the most frequent collocations in spoken English. *ELT Journal*, 62(4): 339–48.
Shirky, C. (2010). Does the internet make you smarter? *Wall Street Journal*, June 4. Retrieved 6 January 2015 from http://www.wsj.com/articles/SB10001424052748704025304575284973472694334
Sidaway, R. (2006). The genre-based approach to teaching writing. *English*, spring, 24–7.
Siegel, J. (2014). Exploring L2 listening instruction: examinations of practice. *ELT Journal*, 68, (1): 22–30.
Sikafis, N. and Sougari, A-M. (2010). Between a rock and a hard place: an investigation of EFL teachers' beliefs on what keeps them from integrating global Englishes in their classrooms. In C. Gagliardi and A. Maley (eds), *EIL, ELF, Global English: Teaching and Learning Issues* (pp. 301–20). Bern: Peter Lang.
Sinclair J. M. (1987). Collocation: a progress report. In R. Steele and T. Threadgold (eds), *Language Topics: Essays in Honour of Michael Halliday* (pp. 319–31). Amsterdam: John Benjamins.

Sinclair, J. and Renouf, A. (1988). A lexical syllabus for language learning. In R. Carter and M. McCarthy (eds), *Vocabulary and Language Teaching* (pp. 140-60). Harlow: Longman.

Singapore Wala, D. (2003). A course book is what it is because of what it has to do. In B. Tomlinson (ed.), *Developing Materials for Language Teaching* (pp. 58-71). London: Continuum.

Singapore Wala, D. (2013). Publishing a coursebook: the role of feedback. In B. Tomlinson (ed.), *Developing Materials for Language Teaching*, 2nd edn (pp. 63-89). London: Bloomsbury.

Skehan, P. (1998). *A Cognitive Approach to Language Learning*. Oxford: Oxford University Press.

Skehan, P. (2003). Task-based instruction. *Language Teaching*, 36(1): 1-14.

Skehan, P. and Foster, P. (1997) Task type and processing conditions as influences on foreign language performance. *Language Teaching Research*, 1(3): 185-211.

Slaouti D. (2013). Technology in ELT. in J. McDonough, C. Shaw and H. Masuhara (eds), *Materials and Methods in ELT*, 3rd edn (pp. 79-105). Oxford: Wiley-Blackwell.

Smiley, J. and Masui, M. (2008). Materials in Japan: coexisting traditions. In B. Tomlinson (ed.), *English Language Learning Materials: A Critical Review* (pp. 245-62). London: Continuum.

Soars, L. and Soars, J. (1986). *Headway Intermediate Student's Book*. Oxford: Oxford University Press.

Soars, L. and Soars, J. (1996). *New Headway Intermediate Student's Book*. Oxford: Oxford University Press.

Soars, L. and Soars, J. (2003a). *New Headway Intermediate Student's Book*, 3rd edn. Oxford: Oxford University Press.

Soars, L. and Soars, J. (2003b). *New Headway Advanced Student's Book*. Oxford: Oxford University Press.

Soars, L. and Soars, J. (2005). *New Headway Upper-Intermediate Student's Book*, 3rd edn. Oxford: Oxford University Press.

Soars, L. and Soars, J. (2009). *New Headway Intermediate Student's Book*, 4th edn. Oxford: Oxford University Press.

Sokmen, A. (1997). Current trends in vocabulary teaching. In N. Schmitt and M. McCarthy (eds), *Vocabulary: Description, Acquisition and Pedagogy* (pp. 237-57). Cambridge: Cambridge University Press.

Spada, N. and Lightbown, P. (1999). Instruction, first language influence, and developmental readiness in second language acquisition. *Modern Language Journal*, 83: 1-22.

Spada, N. and Lightbown, P. (2008). Form-focused instruction: isolated or

integrated? *TESOL Quarterly*, 42(2): 181–207.
Spiro, J. (2013). *Changing Methodologies in TESOL*. Edinburgh: Edinburgh University Press.
St Louis, R., Trias, M. and Pereira, S. (2010). Designing materials for a twelve-week remedial course for pre-university students: a case study. In F. Mishan and A. Chambers (eds), *Perspectives on Language Learning Materials Development* (pp. 249–70). Bern: Peter Lang.
Stapleton, P. and Radia, P. (2010). Tech-era L2 writing: towards a new kind of process. *ELT Journal*, 64(2): 175–83.
Stokes, A. (2012). ICT: the age factor. *Loud and Clear*, 31(2): 2.
Stoller, F. and Robinson, M. (2014). An interdisciplinary textbook project: charting the paths taken. In N. Harwood (ed.), *English Language Teaching Textbooks: Content, Consumption, Production* (pp. 262–99). Basingstoke: Palgrave Macmillan.
Stranks, J. (2013). Materials for the teaching of grammar. In B. Tomlinson (ed.), *Developing Materials for Language Teaching*, 2nd edn (pp. 337–51). London: Bloomsbury.
Swain, M. (1985). Communicative competence: some roles of comprehensible input and comprehensible output in its development. In S. Gass and C. Madden (eds), *Input in Second Language Acquisition* (pp. 165–79). Rowley: Newbury House.
Swain, M. (1995). Three functions of output in second language learning. In G. Cook and B. Seidelhofer (eds), *Principle and Practice in Applied Linguistics: Studies in Honor of H. G. Widdowson* (pp. 125–44). Oxford: Oxford University Press.
Swales, J. M. (1990). *Genre Analysis: English in Academic and Research Settings*. Cambridge: Cambridge University Press.
Swales, J. and Feak, C. B. (2009). *Abstracts and the Writing of Abstracts*. Ann Arbor: University of Michigan Press.
Swales, J. and Feak, C. B. (2010). From text to task: Putting research on abstracts to work. In M. F. Ruiz-Garrido, J. C. Palmer-Silveira and I. Fortanet-Gómez (eds), *English for Professional and Academic Purposes* (pp. 167–80). Amsterdam: Rodopi.
Swan, M. (2005). Legislation by hypothesis: the case of task-based instruction. *Applied Linguistics*, 26(3): 376–401.
Swan, M. (2006). Teaching grammar: does grammar teaching work? *Modern English Teacher*, 15(2): 5–13.
Sybing, R. (2011). Assessing perspectives on culture in EFL education. *ELT Journal*, 65(4): 467–9.
Tan, M. (2003). Language corpora for language teachers. *Journal of Language*

and Learning 1(2). Retrieved 12 May 2014 from http://www.jllonline.co.uk/journal/jllearn/1_2/tan1.html

Tasseron, M. (2017). How teachers use the global ELT coursebook (pp. 290–311). In H. Masuhara, F. Mishan and B. Tomlinson (eds), *Practice and Theory for Materials Development in L2 Learning*. Newcastle upon Tyne: Cambridge Scholars Publishing.

Taylor, L. (1997). *International Express Intermediate*. Oxford: Oxford University Press.

Thomas, M. (2009). *Handbook of Research on Web 2.0 and Second Language Learning*. Hershey: IGI Global.

Thomas, M (ed.) (2011). *Deconstructing Digital Natives: Young People, Technology and the New Literacies*. London: Routledge.

Thomas, M. and Reinders, H. (2010). *Task-Based Language Learning and Teaching with Technology*. London: Continuum.

Thompson, G. (1996). Some misconceptions about communicative language teaching. *ELT Journal*, 50(1): 9–15.

Thornbury, S. (1997). Reformulation and reconstruction: tasks that promote 'noticing'. *ELT Journal*, 51(4): 326–35.

Thornbury, S. (2000a). Deconstructing grammar. In A. Pulverness (ed.), *IATEFL 2000: Dublin Conference Selections* (pp. 59–67). Canterbury: IATEFL.

Thornbury, S. (2000b). A dogma for EFL. *IATEFL Issues*, 153(1–2). Retrieved 24 September 2011 from http://www.thornburyscott.com/tu/Dogma%20article.htm

Thornbury, S. (2001). *Uncovering Grammar*. Oxford: Macmillan Heinemann.

Thornbury, S. and Slade, D. (2006). *Conversation: From Description to Pedagogy*. Cambridge: Cambridge University Press.

Timmis, I. (2002). Native-speaker norms and international English: a classroom view. *ELT Journal*, 56(3): 240–9.

Timmis, I. (2005). Towards a framework for teaching spoken grammar. *ELT Journal*, 59(2): 117–25.

Timmis, I. (2008). The lexical approach is dead: long live the lexical dimension! *Modern English Teacher*, 17(3): 5–10.

Timmis, I. (2012a). Spoken language research and ELT: where are we now? *ELT Journal*, 66(4): 514–22.

Timmis, I. (2012b). Language in use: grammar. In M. Eisenmann and T. Summer (eds), *Basic Issues in EFL Teaching and Learning* (pp. 135–46). Heidelberg: Winter.

Timmis, I. (2013). Spoken language research: the applied linguistic challenge. In B. Tomlinson (ed.), *Applied Linguistics and Materials Development* (pp.

79–95). London: Bloomsbury.

Timmis, I. (2014). Writing materials for publication: questions raised and lessons learned. In N. Harwood (ed.), *English Language Teaching Textbooks: Content, Consumption, Production* (pp. 241–61). Basingstoke: Palgrave Macmillan.

Tims, C., Redstone, C. and Cunningham, G. (2005). *face2face Pre-Intermediate*, Polish edn. Cambridge: Cambridge University Press.

Tinkham, T. (1997). The effects of semantic and thematic clustering on the learning of second language vocabulary. *Second Language Research*, 13(2): 138–63.

Tomalin, B. (2000). Using films in ELT. Paper presented at IATEFL conference, Dublin, Ireland.

Tomlinson, B. (2001). Materials development. In R. Carter and D. Nunan (eds), *The Cambridge Guide to Teaching English to Speakers of Other Languages* (pp. 66–72). Cambridge: Cambridge University Press.

Tomlinson, B. (ed.) (2003a). *Developing Materials for Language Teaching*. London: Continuum.

Tomlinson, B. (2003b). Materials evaluation. In B. Tomlinson (ed.), *Developing Materials for Language Teaching* (pp. 15–36). London: Continuum.

Tomlinson, B. (2003c). Developing principled frameworks for materials development. In B. Tomlinson (ed.), *Developing Materials for Language Teaching* (pp. 107–29). London: Continuum.

Tomlinson, B. (2008). *English Language Learning Materials: A Critical Review*. London: Continuum.

Tomlinson, B. (2010). Principles of effective materials development. In N. Harwood (ed.), *English Language Teaching Materials: Theory and Practice* (pp. 81–108). Cambridge: Cambridge University Press.

Tomlinson, B. (2011a). Introduction: principles and procedures of materials development. In B. Tomlinson (ed.), *Materials Development in Language Teaching*, 2nd edn (pp. 1–31). Cambridge: Cambridge University Press.

Tomlinson, B. (ed.) (2011b). *Materials Development in Language Teaching*, 2nd edn. Cambridge: Cambridge University Press.

Tomlinson, B. (2012). State of the art review: materials development for language learning and teaching. *Language Teaching*, 45(2): 143–79.

Tomlinson, B. (ed.) (2013a). *Applied Linguistics and Materials Development*. London: Bloomsbury.

Tomlinson, B. (2013b). *Developing Materials for Language Teaching*, 2nd edn. London: Bloomsbury.

Tomlinson, B. (2013c). Developing principled frameworks for materials development. In B. Tomlinson (ed.), *Developing Materials for Language*

Teaching, 2nd edn (pp. 95–118). London: Bloomsbury.
Tomlinson, B. (2014). Looking out for English. *Folio*, 16(1): 5–9.
Tomlinson, B. and Masuhara, H. (2004). *Developing Language Course Materials*. Singapore: SEAMO.
Tomlinson, B. and Masuhara, H. (eds) (2010). *Research for Materials Development in Language Learning: Evidence for Best Practice*. London: Continuum.
Tomlinson, B. and Masuhara, H. (2013). Adult coursebooks. *ELT Journal*, 67(2): 233–49.
Tomlinson, B. and Whittaker, C. (2013). *Blended Learning in English Language Teaching: Course Design and Implementation*. London: British Council.
Tomlinson, B., Dat, B., Masuhara, H. and Rubdy, R. (2001). EFL courses for adults. *ELT Journal*, 55(1): 80–101.
Tran-Hoang-Thu (2010). Teaching culture in the EFL/ESL classroom. Paper presented at the Los Angeles Regional Conference, California Teachers of English to Speakers of Other Languages, 11 September, Fullerton, USA. Retrieved 29 March 2013 from http://files.eric.ed.gov/fulltext/ED511819.pdf
Tremblay, P. F. and Gardner, R. C. (1995). Expanding the motivation construct in language learning. *Modern Language Journal*, 79: 505–20.
Ur, P. (1996). *A Course in Language Teaching: Practice and Theory*. Cambridge: Cambridge University Press
Vogel, T. (2001). Learning out of control: some thoughts on the World Wide Web in learning and teaching foreign languages. In A. Chambers and G. Davies (eds), *ICT and Language Learning: A European Perspective* (pp. 133–42). Lisse: Swets & Zeitlinger.
Vygotsky, L. S. (1978). *Mind in Society: The Development of Higher Mental Processes*. Cambridge, MA: Harvard University Press.
Vygotsy, L. S. (1981). The genesis of higher mental functions. In J. V. Wertsch (ed.), *The Concept of Activity in Soviet Psychology* (pp. 144–88). Armonk: M. E. Sharpe.
Walter, C. (2007). First- to second-language reading comprehension: not transfer, but access. *International Journal of Applied Linguistics*, 17(1): 14–37.
Wang, L.-Y. (2005). A study of junior high school teachers' perceptions of the liberalization of the authorized English textbooks and their experience of textbook evaluation and selection. Unpublished MA dissertation, Yunlin University of Science and Technology.
Waring, R. (1997). The negative effects of learning words in semantic sets: a replication. *System*, 25(2): 261–74.
Waters, A. (2007a). ELT and 'the spirit of the times'. *ELT Journal*, 61(4): 353–9.
Waters, A. (2007b). Ideology, reality and false consciousness in ELT. *ELT*

Journal, 61(4): 367–8.
Waters, A. (2009). Advances in materials design. In M. Long and C. Doughty (eds), *The Handbook of Language Teaching* (pp. 311–27). Oxford: Blackwell.
Waters, A. (2012). Trends and issues in ELT methods and methodology. *ELT Journal*, 66(4): 440–9.
Weber, J.-J. (2001). A concordance and genre-informed approach to essay writing. *ELT Journal*, 55(1): 14–20.
White, R. (1988). *The ELT Curriculum: Design, Innovation and Management*. Oxford: Blackwell.
Widdowson, H. G. (1998). Context, community, and authentic language. *TESOL Quarterly*, 32(4): 705–16.
Widdowson, H. G. (2000). On the limitations of linguistics applied. *Applied Linguistics*, 21(1): 3–25.
Wilkins, D. (1972). *Linguistics in Language Teaching*. Cambridge, MA: MIT Press.
Wilkins, D. (1976). *Notional Syllabuses: A Taxonomy and its Relevance to Foreign Language Curriculum Development*. Oxford: Oxford University Press.
Williams, M. and Burden, R. (1997). *Psychology for Language Teachers*. Cambridge: Cambridge University Press.
Williams, R. (1986). 'Top ten' principles for teaching reading. *ELT Journal*, 40(1): 42–5.
Willis, D. (2003). *Rules, Patterns and Words: Grammar and Lexis in ELT*. Oxford: Oxford University Press.
Willis, J. (1996). *A Framework for Task-Based Learning*. London: Longman.
Willis, J. and Willis, D. (1996). *Challenge and Change in Language Teaching*. Oxford: Heinemann.
Yano, Y., Long, M. and Ross, S. (1994). The effects of simplified and elaborated texts on foreign language reading comprehension. *Language Learning*, 44: 198–219.
Young, D. (1999). Linguistic simplification of SL reading material: effective instructional practice? *Modern Language Journal*, 83(3): 350–66.
Yu, L. (2001). Communicative language teaching in China: progress and resistance. *TESOL Quarterly*, 35(1): 194–8.
Yuen, K.-M. (2011). The representation of foreign cultures in English textbooks. *ELT Journal*, 65(4): 458–66.
Zacharias, N. T. (2005). Teachers' beliefs about internationally-published materials: a survey of tertiary English teachers in Indonesia. *RELC Journal*, 36: 23–37.

Zeng, Y. (2007). Metacognitive instruction in listening: a study of Chinese non-English major undergraduates. Unpublished MA dissertation, National Institute of Education, Nanyang Technological University, Singapore.

Zhang, X. (2013). Foreign language listening anxiety and listening performance: conceptualizations and causal relationships. *System*, 41(1): 164–77.

Zimmerman, C. (1997). Do reading and interactive vocabulary instruction make a difference? An empirical study. *TESOL Quarterly*, 31: 121–40.

Zlatkovska, E. (2010). WebQuests as a constructivist tool in the EFL teaching methodology class in a university in Macedonia. *CORELL: Computer Resources for Language Learning*, 3: 14–24.